AF464518

Bibliothèque de Philosophie scientifique

FÉLIX LE DANTEC
Chargé de cours à la Sorbonne

L'Égoïsme
seule base de toute société

ÉTUDE DES DÉFORMATIONS RÉSULTANT
DE LA VIE EN COMMUN

> Si l'égoïsme est la base de notre édifice social, l'hypocrisie en est la clef de voûte.

PARIS
ERNEST FLAMMARION, ÉDITEUR
26, RUE RACINE, 26

L'Égoïsme

seule base de toute société

AUTRES OUVRAGES DU MÊME AUTEUR

A la librairie E. Flammarion :

Les Influences ancestrales (10e mille). 1 vol. in-18. 3 50

La Lutte universelle (8e mille). 1 vol. in-18. . . . 3 50

L'Athéisme (10e mille). 3 50

De l'Homme à la Science (Philosophie du xxe siècle) (6e mille). 3 50

Science et Conscience (6e mille). 3 50

A la librairie A. Colin :

Le Conflit. Entretiens philosophiques, 5e édit. 1 vol. in-16 . . . . 3 50

A la librairie Félix Alcan :

Théorie nouvelle de la vie. 4e édition. 1 vol. in-8, cartonné . . . . 6 »

Le Déterminisme biologique et la personnalité consciente. 3e édition. 1 vol. in-16. . . . . 2 50

L'Individualité et l'erreur individualiste. 3e édition. 1 vol. in-16 . . . . 2 50

Évolution individuelle et hérédité. 1 vol. in-8, cart. 6 »

Lamarckiens et Darwiniens. 3e édition. 1 vol. in-16. 2 50

L'Unité dans l'être vivant. 1 vol. in-8 . . . . 7 50

Les Limites du connaissable. 3e édition, 1 vol. in-8. 3 75

Traité de biologie. 2e édit. 1 vol. grand in-8 illustré. 15 »

Les Lois naturelles. 2e édition. 1 vol. in-8. . . . . 6 »

Introduction à la Pathologie générale . . . . . . 15 »

Éléments de philosophie biologique. 3e édit. 1 vol. in-16 . . . . 3 50

La Crise du Transformisme. 2e édition. 3 50

La Stabilité de la vie. . . . . 6 »

Le Chaos et l'harmonie universelle 2 50

Bibliothèque de Philosophie scientifique

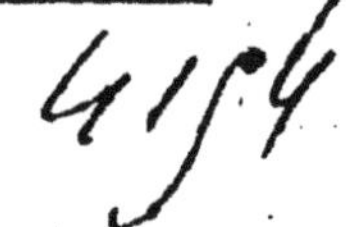

FÉLIX LE DANTEC

CHARGÉ DE COURS A LA SORBONNE

L'ÉGOÏSME

seule base de toute société

ÉTUDE DES DÉFORMATIONS RÉSULTANT DE LA VIE EN COMMUN

> Si l'égoïsme est la base de notre édifice social, l'hypocrisie en est la clef de voûte.

PARIS

ERNEST FLAMMARION, ÉDITEUR

26, RUE RACINE, 26

1911

PRÉFACE

Je devrais dire plutôt « postface », car j'écris ces lignes après avoir terminé mon livre; mais je les place au début de l'ouvrage pour expliquer immédiatement au lecteur le titre que je viens de choisir « L'Égoïsme, seule base de toute société ». Ce titre n'est pas l'expression d'une opinion personnelle; c'est le résumé et la conclusion de toutes les déductions auxquelles je me suis livré en suivant de mon mieux la méthode scientifique, et, par conséquent, en faisant abstraction à chaque instant de mes goûts et de mes préférences individuelles. Le mot « égoïsme » ne me satisfait pas pleinement; on a en effet donné à ce mot une signification psychologique qui en fait le qualificatif désignant une classe d'hommes, par opposition à une autre classe d'hommes, les « altruistes » ou gens dévoués. J'aurais donc peut-être préféré le terme « Instinct de conservation ». Mais à la réflexion, je me suis décidé à conserver le mot « Égoïsme » en lui attribuant le sens étymologique que tout le monde comprend.

La méthode que j'ai suivie devait me conduire à ce résultat ou me laisser en route; en effet, j'ai voulu tout tirer de la Biologie. Or, la Biologie, science objective, ne nous enseigne que la lutte et la sélection résultant de la lutte. Je sais bien que les philosophes qui s'occupent de sociologie prétendent trouver *autre chose* dans l'homme; mais j'avoue que leurs arguments m'ont paru être surtout la preuve d'une sentimentalité particulière.

« N'est-il pas de plus en plus reconnu, écrit M. Goblet d'Alviella dans un article destiné à réfuter mes affirmations [1], n'est-il pas de plus en plus reconnu que la loi universelle de la concurrence vitale, avec ses conséquences inexorables dans le monde animal, se complète et se corrige chez l'homme par *d'autres lois* dont la sociologie seule nous révèle l'existence? A ce point de vue, la Biologie ne peut occuper qu'un rang subordonné sur l'échelle de nos connaissances, comme l'ont du reste admis tous ceux qui se sont occupés d'établir la hiérarchie des sciences, depuis Auguste Comte jusqu'à Herbert Spencer ».

Malheureusement, l'autorité des plus grands noms n'a pas de prise sur moi, et je reste convaincu que l'étude des hommes, comme celle de tous les autres êtres vivants, est du domaine exclusif de la Biologie. Bien plus, il me paraît impossible qu'un

1. *Revue de l'Université de Bruxelles*, octobre 1910, p. 47.

transformiste logique ne soit pas de mon avis. Mais y a-t-il beaucoup de transformistes logiques?

L'homme descend d'animaux qui n'étaient pas des hommes, et qui étaient soumis, comme les autres, à des lois exclusivement biologiques. Sous l'influence des conditions ambiantes (et, parmi ces conditions, il faut faire intervenir la vie sociale qui, à un certain moment, a commencé pour des raisons biologiques), nos ancêtres se sont modifiés petit à petit, d'après la loi lamarckienne de l'adaptation, de manière à devenir les hommes que nous sommes actuellement. Tout ce qui existe dans la structure de l'homme du xxe siècle y a apparu progressivement depuis l'origine de la vie; un savant qui ne l'admet pas n'est pas transformiste; je ne pourrai pas discuter avec lui. Et, précisément, j'essaie de montrer dans ce livre que la loi purement biologique d'égoïsme a conduit fatalement les hommes à acquérir, sous l'influence de la vie sociale, toutes les notions métaphysiques et morales dont il est assez fier aujourd'hui pour se croire désormais d'une essence supérieure à celle des autres animaux.

Mais ces notions si hautes, et desquelles nous sommes si fiers, sont d'une acquisition *beaucoup plus récente* que les particularités purement animales dont nous sommes doués comme tous les autres animaux; l'égoïsme et la férocité ont droit de priorité dans notre nature; ceux qui jugent de la noblesse des titres à leur ancienneté doivent considérer l'égoïsme, la férocité et la logique comme les qualités les plus nobles de l'homme.

C'est pour cela (et sans vouloir employer le mot *noble* qui représente une appréciation personnelle non scientifique) que je réunis toutes les acquisitions métaphysiques et morales dues à la vie sociale de l'homme sous cette dénomination commune : « *déformations* résultant de la vie en société ». J'emploie volontairement le mot déformation pour rappeler que, nées tardivement, ces acquisitions n'ont pas pu modifier très profondément la nature primitive de l'homme. Une idée transformiste qui m'est chère, et que j'ai longuement exposée dans un livre récent[1], est que les espèces, à mesure qu'elles vieillissent, deviennent de plus en plus stables, de moins en moins aptes à subir des variations profondes. Je crois que l'humanité est arrivée depuis longtemps à une stabilité relativement très grande, et que toutes les déformations qu'elle a subies ensuite, et qui se sont transmises de génération en génération par hérédité ou par tradition, n'ont pu pénétrer profondément en elle. Tout notre *vernis d'homme civilisé* n'empêche pas qu'en grattant légèrement on retrouve le vieil homme, l'homme des cavernes. C'est aussi pour cela que je ne crois pas possible

1. *La Stabilité de la Vie*. Paris. Alcan, 1910.

une adaptation réelle de l'homme à la vie factice résultant des conquêtes de la Science. C'est pour cela que j'ai écrit l'année dernière[1] :

« Les variations que les découvertes scientifiques apportent dans nos croyances sont brusques et formidables, tandis que nos structures personnelles varient avec une infinie lenteur. Entre ma constitution individuelle et celle de mes ancêtres du temps de *César*, la différence est insensible; il y a autant de disproportion entre mes connaissances scientifiques et les leurs, qu'il y a de distance de l'homme à l'ornithorhynque ».

M. Goblet d'Alviella, dans l'article précédemment cité, considère cette affirmation comme une énormité psychologique, et ajoute :

« Un peu moins d'exagération, pour ne pas dire un peu plus de modestie, conviendrait à la Science ».

Malheureusement, s'il y a une exagération dans mon affirmation de tout à l'heure, c'est plutôt une exagération au profit de mon ancêtre du temps de César. L'ornithorhynque est un mammifère, et possède en commun avec l'homme un grand nombre de caractères qui les placent tous deux dans la même classe des vertébrés. Entre la science d'un contemporain de Vercingétorix et celle d'un homme du XXe siècle, il n'y a, au contraire, aucun

1. Biologie constructive et Biologie destructive. *Revue de l'Université de Bruxelles*. Janvier 1910, p. 316.

caractère commun; j'ai été trop timoré en choisissant l'ornithorhynque, j'aurais dû prendre l'*oursin!*

***

Il est d'ailleurs très compréhensible pour le biologiste que les particularités individuelles et égoïstes de notre nature aient victorieusement résisté à l'assaut des déformations sociales. En effet, quoique les conditions dans lesquelles nous vivons soient des conditions sociales, notre vie reste, malgré tout, *individuelle* et, par conséquent, égoïste. Les autres hommes font partie intégrante et indispensable du milieu dans lequel je vis, mais cela n'empêche pas que, si j'ai une carie, c'est *moi* qui ai mal aux dents, et que je suis seul incommodé si j'ai mangé trop de boudin. La vie est individuelle, et entretient, d'après le principe de Lamarck, les qualités individuelles. L'homme, en tant qu'individu, est la chose la plus merveilleuse du monde; personne ne songe à le nier; mais les poètes nous apprennent à mépriser l'homme, parce qu'ils mettent en évidence ses imperfections d'animal social. Notre vernis social est superficiel; l'homme des cavernes reste dessous, à peu près intact. L'homme des cavernes a revêtu jadis une robe morale qui a pu déteindre sur quelques-uns de ses descendants au point d'en faire des modèles d'individu social; mais François d'Assise et Vincent de Paul sont des exceptions; la majorité des hommes est restée troglodyte. Elle restera troglodyte encore, malgré les nouveaux vêtements que lui fabrique la Science.

Nous admirons, parce qu'ils sont rares, les échantillons de l'espèce humaine dans lesquels les qualités sociales luttent victorieusement, sans qu'ils aient besoin de recourir à l'hypocrisie, contre l'égoïsme et la férocité primitives. Nous nous sommes même proposé un idéal transcendant, qui serait revêtu de toutes les vertus sociales et dépourvu de toutes les nécessités individuelles. Jésus nous a dessiné ce type idéal de bonté, de charité, de fraternité et d'amour, et, après vingt siècles, nous le poursuivons encore. En voyant combien il est éloigné de la réalité, nous aurions pu nous demander si cet idéal était viable, et si « l'homme, selon le cœur de Jésus-Christ » est capable de se multiplier sur la Terre. La Biologie nous apprend qu'il ne le peut pas, puisque la vie est une lutte, mais, même sans recourir à la Biologie, une observation courante nous montre combien est factice notre admiration pour le renoncement et l'humilité des chrétiens. Le jeune homme le plus religieusement élevé, le plus profondément imbu des principes du christianisme, ne pourra s'empêcher de s'enthousiasmer au récit des batailles; il se sentira plein d'une humeur guerrière en entendant raconter les exploits des preux,

(1) Ils n'ont d'ailleurs laissé aucune descendance.

et, s'il reçoit un soufflet, au lieu de tendre l'autre joue, il éprouvera un besoin impérieux de bondir sur son adversaire et de tirer vengeance de l'insulte. Que n'a-t-on pas écrit contre le duel? C'est, dit-on, un reste de barbarie dont devraient rougir des hommes civilisés. Sans doute, mais c'est que précisément les hommes civilisés ont un fonds complet de barbarie. Ceux-là mêmes qui font des lois contre le duel ne peuvent s'empêcher de mépriser les bons citoyens qui en profitent, et qui, pour venger un affront, recourent aux tribunaux. Et cependant, quelle piteuse comédie que le duel actuel! Il faut notre habitude de l'hypocrisie pour y voir autre chose qu'un simulacre ridicule. L'homme qui se bat en duel, et qui a peur, ne pense qu'à une chose : pouvoir faire croire qu'il n'a pas eu peur, en disant qu'il s'est battu. Car, malgré des siècles de civilisation et d'enseignement moral, il n'en reste pas moins vrai que notre *valeur* individuelle nous reste plus chère que tout. Le courage disparaît chez nous par désuétude, parce que nous vivons dans une perpétuelle sécurité, et n'avons presque jamais à faire acte de courage; mais si le courage disparaît par désuétude, nous n'en conserverons pas moins, longtemps encore, l'amour du courage. Celui de nous qui a peur, même sans témoin, a honte d'avoir eu peur.

Avouons-nous donc hardiment qu'il y a en nous des tendances individualistes qui sont contradictoires des tendances résultant d'une vie sociale prolongée, et ne considérons pas les unes comme plus mauvaises que les autres ; elles sont nées, à des époques différentes, dans notre ancestralité, et nous ne pouvons ni nous passer des unes, qui sont nécessaires à la vie, ni refuser de tenir compte des autres que l'on propose depuis des siècles à notre admiration. Ce qui fait l'homme sain, c'est un heureux équilibre entre ces tendances contradictoires. L'excès de l'individualisme rend l'homme socialement impossible ; il en fait un monstre ou un criminel que ses congénères sont forcés de supprimer. L'exagération de la notion de devoir conduit à un renoncement excessif, à un ascétisme mystique qui est incompatible avec la vie. *Medio stat virtus.*

***

De cet ouvrage dans lequel j'ai été amené à mettre en évidence les qualités individuelles primitives qui luttent en nous contre la socialisation progressive de l'homme, peut-on tirer une conclusion au point de vue de l'éducation à choisir ? Je crois qu il serait imprudent de se hâter. Voici cependant un raisonnement qui me paraît logique :

Des siècles d'éducation morale et religieuse n'ont pas réussi à exalter chez les hommes le sentiment du devoir, au point de faire de nos congénères actuels des types sociaux admirables. Au contraire, les poètes et les romanciers vouent quotidiennement à notre mépris l'infériorité morale de l'homme. C'est donc que les qualités individuelles d'égoïsme et de férocité, étant entretenues nécessairement par la vie de chacun, luttent efficacement, sans effort, contre les sentiments d'altruisme, de générosité et d'abnégation que les moralistes et les prédicateurs proposent à notre admiration désintéressée. Seuls des utopistes aveugles ont voulu croire que les qualités morales sont fondamentales chez l'homme, et que l'égoïsme est une déviation de notre nature primitive. Le contraire est évident pour ceux qui font des recherches scientifiques sans idée préconçue, pour ceux qui cherchent la vérité sans vouloir, à l'avance, que cette vérité cadre avec leurs préférences d'hommes vertueux. La robe morale dont sont revêtus les Troglodytes du XXe siècle est le résultat d'un effort d'éducation prolongé, dans lequel les lois protectrices de la société se sont alliées à l'hypocrisie naturelle des hommes vivant en société. Et cette robe est bien mince et bien facile à déchirer !

Qu'arrivera-t-il donc si, au lieu de continuer l'œuvre des siècles précédents, on enseigne aux hommes, non plus quels sont leurs devoirs, mais quels sont leurs droits? L'égoïsme primitif est très satisfait qu'on lui reconnaisse des droits; jamais les hommes ne s'insurgeront contre ceux qui leur apprendront la fragilité de la notion de devoir social; et ceux qui proclament les droits de l'homme sont assurés d'être bien vus par les hommes. La seule définition que la Biologie puisse donner des *droits* de chaque individu est de déclarer que les droits de chacun sont en rapport avec sa capacité de nuire. Les philosophes voient dans le droit une notion métaphysique et sacrée. Pour le biologiste, l'exposé des droits de l'homme revient à dire à un groupe d'individus : Vous êtes plus forts que ceux qui vous oppriment; unissez-vous, et vous les opprimerez à votre tour jusqu'à ce que la désunion se mette parmi vous. Les hommes se laisseront volontiers convaincre, et l'humanité sera le siège de luttes perpétuelles; les richesses changeront souvent de mains, jusqu'au jour où la source des richesses sera tarie pour l'humanité désunie. Au fond, je ne vois pas au nom de quel principe on pourrait regretter un tel événement; il me semble cependant que la plupart des hommes, habitués à une vie sociale qui leur est devenue indispensable, souhaitent la continuation d'une société dont ils ont besoin; et cela est vrai même pour les plus malheureux et les plus déshérités, parce qu'ils espèrent jouir un jour des richesses que produit le travail social. De sorte que, d'un commun accord, on doit, me semble-t-il, imiter l'éducation des siècles passés, et développer chez les jeunes hommes le sentiment du devoir, plutôt que la conscience de droits qu'ils n'ont que trop de tendance à s'exagérer.

Je sais bien que les utopistes qui proclament les droits de l'homme ont des natures généreuses et ne désirent pas la fin de toute société; ils veulent seulement substituer à notre société actuelle une société idéale dans laquelle il y aurait plus de fraternité et plus de justice. Ils n'oublient qu'une chose, c'est que la société qu'ils veulent édifier sera composée d'hommes, et que les hommes, qui sont des merveilles au point de vue individuel, sont des animaux sociaux bien imparfaits. Pour ma part, je reconnais tous les défauts de notre société actuelle; je trouve qu'elle est pleine d'imperfections, et je souffre profondément des inégalités excessives que je constate entre des êtres ayant des mérites égaux. L'être social qui est en moi gémit de l'injustice qui est partout. Mais l'histoire m'enseigne qu'il y a eu des sociétés beaucoup plus mauvaises que notre société actuelle, et ce que je sais de la nature de l'homme ne me laisse guère espérer qu'il s'en puisse produire une beaucoup meilleure, car la société humaine sera toujours composée d'hommes, et l'homme ne variera guère désormais.

***

Encore un mot avant de terminer. Le titre que j'ai choisi pour cet ouvrage et qui, après de mûres réflexions, me paraît le meilleur, exposera le lecteur à des jugements téméraires. Un tel titre, et l'épigraphe qui l'accompagne, donneront peut-être à croire que mon livre est l'œuvre d'un homme aigri, ayant souffert de l'égoïsme et de l'hypocrisie de ses concitoyens, et n'ayant pas obtenu de la société ce qu'il se croyait en droit d'en attendre. Au contraire, je suis peut-être l'un des seuls hommes qui n'aient rien à envier à personne, tout ce que j'ai entrepris ayant réussi au delà de mes espérances. Je me considère comme un des favoris de la fortune; j'ai eu pour maîtres les hommes les plus éminents; j'ai été entouré de gens agréables et honoré de précieuses affections. Je suis un satisfait, et je ne désire rien de plus que ce que j'ai. Je devais faire cette confession à la fin de cette préface, pour que le lecteur soit bien convaincu qu'il trouvera, dans le livre que je lui présente aujourd'hui, non pas des opinions et l'expression de mes préférences personnelles, mais seulement des déductions qui se sont imposées à moi avec le caractère de vérités scientifiques indiscutables.

Paris, 4 janvier 1911.

2

INTRODUCTION

MÉTHODE

En commençant ce livre, je ne sais pas où je vais; je ne sais pas surtout jusqu'où j'irai. J'ignore par conséquent le titre que je donnerai à l'ouvrage quand je l'aurai fini, si je le finis. J'ai une idée et une méthode, voilà tout.

L'idée m'est venue récemment, au moment où la grève des chemins de fer semblait rendre prochaine une révolution sociale dont on avait jusque-là parlé souvent, sans croire qu'elle se produirait effectivement un jour. J'avais plusieurs fois été interrogé sur des questions sociales. M. Novicow avait bien voulu m'engager à m'en occuper, voilà déjà dix ans; mais toutes les fois que j'avais arrêté ma pensée sur ces questions, j'avais cru comprendre que mes études biologiques me rendaient plus inapte à les étudier que qui que ce fût, j'avais jeté un coup d'œil sur les livres de sociologie, et je n'avais pu en pénétrer le sens; il m'avait paru que cette « Science » repose sur quelques idées métaphysiques n'ayant rien de positif, inaccessibles, par conséquent, à un homme habitué à la méthode objective.

Cependant, quand la grève des chemins de fer menaça de suspendre la circulation et la vie dans le pays, les gens qui m'entouraient furent amenés par des considérations subjectives et intransmissibles à prendre parti violemment, les uns pour les grévistes, les autres pour l'autorité qui réprimait la grève. Et j'étais très embarrassé pour m'attacher à l'une de ces opinions contradictoires, car j'ai l'habitude maladive de n'accorder aucune valeur à mes sentiments personnels, quand il s'agit d'affaires où d'autres que moi sont intéressés; il me faut, pour prendre parti, des raisons d'ordre scientifique, surtout quand je vois, dans deux camps franchement ennemis, des hommes que j'estime et que j'aime également.

Dans cette fièvre générale, je ne pouvais cependant pas rester calme et indifférent. Or, les raisonnements que l'on tenait autour de moi me paraissaient basés exclusivement sur des considérations subjectives et métaphysiques; je ne pouvais donc songer à m'inféoder à l'un ou l'autre des partis, puisque je suis malheureusement fermé à ce genre de considérations. Je me demandai alors s'il n'est pas possible de trouver une base scientifique, une base objective, à ces notions de droit, de devoir, de légalité, qui paraissent si claires à toutes les personnes que je connais. C'était pour moi le seul moyen d'arriver à une solution. Gagné par la fièvre qui m'entourait, je repassai en moi-même, pendant des heures de douloureuse insomnie, toutes les notions biologiques positives que j'ai acquises depuis vingt ans. Il me sembla que j'apercevais une lueur vague, comme un embryon de méthode permettant d'entrer dans la question sociale avec un point de départ vraiment scientifique. Peu à peu cette croyance à la possibilité d'une étude se raffermit en moi. Sur ces entrefaites, je reçus la visite d'un apôtre enthousiaste de la révolution, qui me demanda, pour *la Guerre Sociale*, une lettre de protestation contre l'arrestation des meneurs[1]. Je fus enchanté de cette démarche qui me mettait au pied du mur; je répondis à mon visiteur que je ne pouvais prendre parti dans une question où je ne voyais pas clair, et au sujet de laquelle mes meilleurs amis étaient entièrement divisés; mais j'ajoutai que j'entrevoyais une lueur qui me permettrait de me guider dans le dédale des faits sociaux sans renoncer à mes habitudes de biologiste positif. « Je ne sais pas ce que je trouverai, ajoutai-je; je ne sais pas si ce que je trouverai plaira aux lecteurs de *la Guerre Sociale* ou à ceux des journaux conservateurs. Peut-être, en émettant l'opinion à

1. Anatole France et Octave Mirbeau répondirent à une semblable démarche par des lettres qui firent beaucoup de bruit.

laquelle je serai conduit. m'aliénerai-je tout le monde à la fois, comme cela m'est déjà arrivé; mais je sens bien que je ne puis plus m'empêcher de chercher dans cette voie, et que ma tranquillité de rat retiré du monde va en être fortement troublée. Il faut que je cherche, et si je trouve quelque chose je le dirai, quoi que ce soit ». Voilà l'origine de ce livre.

Voici maintenant la méthode que j'ai suivie en l'écrivant :

Je me défie des notions métaphysiques; pendant longtemps, elles m'ont fait peur, parce que je ne pouvais me les assimiler; je m'étonnais de les voir trouver « prodigieusement claires » par des hommes dont j'apprécie la bonne foi. Il y a quelques mois à peine, j'ai compris enfin que les métaphysiciens sont des artistes, et que leurs opinions sont personnelles comme les appréciations esthétiques. J'ai deviné alors que ceux qui disent comprendre l'œuvre d'un métaphysicien sont, vis-à-vis de lui, dans la même situation qu'un amateur d'art qui goûte les productions d'un peintre ou d'un statuaire[1]. C'est une simple affaire de goût, et qui n'a aucune importance scientifique. Cette découverte me consola d'abord; aujourd'hui, j'en suis plus effrayé que je ne l'étais jadis de mon incompréhension. En effet, si les opinions esthétiques sont de

1. V. Réflexions d'un Philistin sur la métaphysique. *Grande Revue,* 10 juillet 1910.

peu de poids dans les destinées des peuples, ce sont les idées métaphysiques qui mènent le monde! Et de croire que la métaphysique est un art, cela m'enlève toute confiance dans la possibilité d'une entente entre les hommes. La Science seule découvre des vérités impersonnelles qui s'imposent à tous indépendamment des goûts de chacun; or, le domaine de la Science est limité aux faits que nous connaissons objectivement; la méthode scientifique est, par essence, objective; elle ne laisse aucune place à l'appréciation individuelle.

Je traduirais volontiers la phrase que je viens d'écrire dans cet aphorisme qui choquera bien des gens : il n'y a de vérité que scientifique; hors de la Science, on ne peut employer le mot vérité sans abus. Et cependant tous les chercheurs, aussi bien les artistes que les métaphysiciens, ont la prétention de chercher la Vérité. Mais qu'est-ce que chercher la vérité, si l'on ne possède pas un critérium pour s'assurer qu'on l'a trouvée? Autrefois, on croyait en Dieu, et on s'imaginait que Dieu confierait la vérité à quelques élus, quand ils seraient morts. Dans ce cas, ce n'était guère la peine de chercher; car l'intérêt de la connaissance de la vérité serait de pouvoir s'en servir pendant qu'on est vivant. Aujourd'hui, d'ailleurs, nous n'en sommes plus là; il nous faut donc un critérium. Le consentement universel paraît impossible à obtenir;

et même l'obtiendrait-on un jour, on ne serait pas rassuré pour le lendemain, car les modes sont éphémères. La science objective *seule* répond à notre desideratum; le savant qui a trouvé quelque chose en employant la méthode de la science objective sait, sans consulter personne, que ce qu'il a trouvé est vrai. *Du moment qu'il est sûr de sa méthode*, il ne saurait conserver le moindre doute sur le résultat; il n'a pas besoin, pour être rassuré, d'obtenir l'approbation des multitudes; il a trouvé de la vérité; il le sait, et il peut au besoin le *vérifier* par des expériences nouvelles au moyen de mesures nouvelles. On dit souvent que les résultats scientifiques sont provisoires; cela est vrai en ce sens que la découverte de méthodes nouvelles permet de donner plus de précision aux résultats antérieurs; on découvre, à mesure que la science progresse, des vérités de plus en plus approchées, mais l'application de la méthode scientifique, même avec le secours d'instruments grossiers, donne toujours des *vérités approchées;* l'important est d'être sûr de sa méthode; on pourrait dire que la Science, c'est la méthode scientifique.

La science objective a conquis depuis un siècle un empire si vaste que l'ensemble de ses conquêtes doit paraître imposant, même à ceux pour lesquels la Vérité (avec un grand V) est en dehors de la Science. Et cependant, depuis quelques années, les savants assistent avec stupéfaction à un engouement croissant pour des systèmes métaphysiques qui sont la négation même de la méthode scientifique. Pour ma part, je ne m'en étonne pas trop; la vérité scientifique est trop nouvelle pour l'homme; on ne l'aime pas; elle n'est pas *belle*. W. James dit quelque part que la mécanique est laide. Cela veut dire que les hommes sont trop habitués à *autre chose*, et depuis trop longtemps. Les froides rigueurs de la Science choquent notre mysticisme héréditaire. Malgré tout, on a le respect de la *Science*, comme d'une grande force inconnue. Aussi, ce n'a pas été une mince joie pour les mystiques et les amoureux de la tradition, quand des philosophes pleins de talent leur ont donné, sous le nom de Science, quelque chose qui n'est pas du tout de la Science, et qui est même la négation de la méthode scientifique, mais qui cadre admirablement avec les vieilles habitudes humaines et qui, par conséquent, ne choque personne. Il est vrai que ce n'est pas bien clair, et que les opinions les plus diverses y trouvent leur compte; qu'est-ce que cela fait? C'est de la Science, et qui a, sur la Science des savants, le grand avantage de pouvoir être apprise en quelques instants. Et l'engouement est devenu du délire.

La Science objective est sans pitié, sans entrailles; elle dissèque tout et ne connaît pas la beauté. Au contraire, l'école à laquelle je fais allusion a rendu à la poésie tous ses droits.

La Science sépare le subjectif de l'objectif; les philosophes de la nouvelle école prétendent pénétrer dans la subjectivité des choses et raconter en langage subjectif ce qui n'est connu qu'objectivement. Or, nous ne connaissons qu'une subjectivité, la nôtre; dans notre subjectivité, il y a des notions métaphysiques auxquelles nous attachons un grand prix. W. James nous apprend à trouver dans le monde entier ces mêmes notions; il nous demande de croire à leur existence absolue et de les aimer. Le succès de l'école nouvelle est tel, qu'à marcher à l'encontre de son enseignement, on s'expose à ne recevoir que des rebuffades. Je le ferai cependant ici, convaincu que seule la méthode objective peut conduire à des certitudes transmissibles. Au lieu de prendre comme point de départ les grandes entités métaphysiques, le bien, le mal, la vertu, la justice, etc., je me demanderai, au contraire, si ces notions qui font partie de l'homme, comme son nez, sa bouche et ses orteils, n'ont pas une origine évolutive comme le nez, la bouche et les orteils. Le transformisme bien compris me paraît devoir tout expliquer. Et si le transformisme me fait comprendre l'origine de ces notions dans l'histoire de l'homme, je n'aurai pas à me demander ensuite si elles ont une valeur absolue, et si elles font partie de la structure même du monde. Je ne me demande pas, en effet, si le monde a un nez, une bouche et des orteils. Mais ceux que cet anthropomorphisme grossier ferait sourire de pitié prennent, au contraire, l'attitude de grands-prêtres quand ils parlent des entités métaphysiques qui mènent l'univers.

La loi fondamentale de l'habitude, qui caractérise les êtres vivants par rapport aux corps bruts, m'a déjà paru capable de faire comprendre l'origine de quelques-unes de nos notions absolues, ainsi que je l'ai exposé il y a quelques années dans *Les Influences ancestrales*. Je me propose d'étudier surtout dans ce livre les déformations mentales qui résultent, chez l'homme, de l'habitude de vivre en société. Et ce but suffit à indiquer la méthode que je suivrai.

Je partirai des notions biologiques les plus solidement établies, et je me demanderai quelles sont les particularités qui ont pu déterminer la formation des premières associations. Puis, ces associations constituées, je chercherai quels facteurs nouveaux elles apportent dans les conditions de la vie individuelle, et quels sont les résultats, pour l'individu, de l'existence prolongée de ces facteurs nouveaux dans son ambiance. Je suivrai en cela la pure méthode lamarckienne. Il me paraît qu'elle me mènera jusqu'au bout, mais je ne sais pas d'avance quel sera ce bout. Je suis dans la situation d'un monsieur qui tire sur la ficelle sortant de la boite de carton sur un comptoir d'épicier. Il ne sait pas ce que contient la boite de carton; il ne sait pas si la ficelle qui y est pelotonnée ne changera pas plusieurs fois de couleur; il ne sait même pas si cette ficelle, sur laquelle il tire aveuglément, ne fera pas éclater, quand elle sera à bout de course, une machine infernale capable de détruire la boutique tout entière. Il ne sait rien de tout cela, et cependant, il continue bravement à tirer sur la ficelle. Je vais faire comme lui, et tirer sur cette ficelle, qui est la méthode lamarckienne, sans savoir le moins du monde où elle me conduira. Quand j'aurai fini, je regretterai peut-être de n'avoir pas laissé la ficelle dans sa boîte de carton; mais alors, il sera trop tard[1] !

Paris, 15 novembre 1910.

1. Le lecteur qui possède des notions suffisantes de biologie pourra entrer d'emblée dans la question sociale, en commençant au paragraphe 10, page 69.

L'Égoïsme
seule base de toute société

LIVRE I
L'ANIMAL ET LE MILIEU

CHAPITRE I
LA VIE ET LA LUTTE[1]

§ I. — L'INDIVIDU ET LE MILIEU.

Un individu qui vit dans un milieu tire de ce milieu les éléments qui lui permettent de continuer à vivre. Aucun être d'aucune espèce ne peut vivre sans emprunter, à chaque instant, au milieu qui l'entoure, une certaine quantité de substances indispensables; il est donc impossible d'étudier le phénomène vital dans un individu isolé; il faut, en

1. On trouvera, dans ce premier chapitre, des longueurs et des redites qui ne paraissent pas, au premier abord, se rapporter directement au sujet du livre. Elles sont indispensables pour mettre le lecteur dans l'état d'esprit avec lequel l'auteur, biologiste, a entrepris l'étude des questions sociales.

même temps, étudier l'ambiance. Le phénomène caractéristique de la vie est, en effet, la transformation, par l'être vivant, de substances étrangères en substance personnelle; c'est ce qu'on appelle l'assimilation. Un observateur désintéressé, qui ne prendrait parti pour aucun des éléments en jeu, devrait donc étudier, *à la fois*, les changements qui se passent dans le milieu et ceux qui se passent dans l'être, le tout formant un ensemble dont aucune partie, envisagée séparément, ne porte son devenir en soi. Mais nous, hommes, qui sommes vivants, avons naturellement une sympathie immédiate pour l'être, vivant comme nous, que nous voyons aux prises avec le milieu, et nous épousons sa cause au point de vouloir raconter son histoire isolément; c'est surtout cette tendance qui localise la Biologie parmi les autres sciences physiques. Nous portons un intérêt particulier à ce qui se passe dans le contour de l'être vivant, et c'est de là que vient la notion d'*utilité individuelle*, inconnue en chimie, essentielle en histoire naturelle, où elle a été principalement exploitée par Darwin. Le physicien étudie les phénomènes avec la pure méthode objective; le biologiste n'est jamais tout à fait impartial; de là des dangers incessants contre lesquels nous devons nous mettre en garde dès le début.

Quand nous nous proposons de raconter l'histoire d'un individu, nous considérons fatalement le milieu comme sa propriété, son patrimoine; nous disons de l'être qu'il vit du milieu, comme les historiens racontent qu'une armée ennemie *vit sur le pays envahi*. Et, du moment que nous avons fixé notre attention sur un individu déterminé, notre devoir d'historien est de devenir égoïste avec lui. Les transformations subies par le milieu se rangent donc, pour nous, en deux catégories : celles qui sont avantageuses pour l'individu considéré, et celles qui rendent plus difficile la continuation de sa vie.

Mais, dans le milieu considéré, il y a ordinairement *d'autres* êtres vivants, appartenant à la même espèce ou à des espèces différentes; du moment que nous avons choisi notre héros, c'est de ses besoins seuls que nous nous occupons; tous les autres êtres, quels qu'ils soient, font, pour nous, partie du milieu, c'est-à-dire du patrimoine de l'élu. Je suppose que l'individu à l'étude duquel nous nous sommes voués soit une bactérie vivant dans une infusion de foin peuplée, d'autre part, de myriades d'autres bactéries, d'infusoires, d'amibes, etc. Nous constaterons que notre bactérie *continue de vivre;* mais en vivant, elle assimile, elle grossit; et, comme sa taille spécifique est limitée, elle se divise en deux bactéries de même espèce. Si les deux bactéries nouvelles restent attachées ensemble, nous pouvons, à la rigueur, continuer notre œuvre d'historien en racontant la vie des deux bactéries accolées; cela devient impossible si la bactérie initiale appartient à une espèce mobile, et si les deux cellules-filles se séparent l'une de l'autre pour courir, dans le milieu, au-devant d'aventures diverses. Nous sommes contraints de choisir l'un des deux nouveaux individus, et de nous consacrer à son histoire personnelle; à partir de ce moment, l'autre bactérie, qui, par son origine, avait droit à notre sympathie autant que la première, fera partie du milieu au même titre que tous les êtres vivants étrangers préexistants.

Pour éviter la difficulté qui provient, dans ce cas, du morcellement de l'individualité qui nous intéresse, il sera plus commode, au moins en commençant, de limiter nos réflexions à une période suffisamment courte, et pendant laquelle le mot individu a une valeur réelle, aucune division ou multiplication n'entrant en jeu dans cet intervalle.

§ 2. — COLLECTIONS D'ÉGOÏSMES; ESPÈCES DIFFÉRENTES

Le milieu limité que nous observons est le siège d'une foule de modifications incessantes, dont les plus importantes sont, sans contredit, celles qui résultent de la vie des nombreux êtres vivant à son intérieur. Or, toutes ces modifications, tant chimiques que physiques, interviennent dans la détermination des circonstances que traverse l'individu d'élite auquel nous nous intéressons plus particulièrement; il est donc exact de dire que la vie d'un être quelconque est *liée*, dans ce milieu limité, à toutes les vies des autres êtres présents dans le même milieu; les échanges vitaux de chacun interviennent dans la transformation incessante du milieu qui fournit aux échanges vitaux de tous. L'ensemble des individus vivant dans le milieu limité est bien une collection d'égoïsmes, mais ces égoïsmes ne sont pas indépendants les uns des autres. Chacun, pour son compte personnel, tire à lui les éléments nécessaires à ses réactions vitales et rejette dans l'ambiance ses produits excrémentitiels; mais le résultat de ces manœuvres égoïstes joue un rôle dans la vie ultérieure de tous les individus voisins. Si l'observateur qui s'est intéressé particulièrement à un individu choisi connaissait, d'une part, tous les besoins de cet individu, d'autre part, toutes les substances consommées ou élaborées par les autres, il serait naturellement amené à classer les habitants du milieu en diverses catégories, suivant que l'activité de chacun d'eux aurait des résultats plus ou moins utiles ou nuisibles à la survie de l'élu.

Si, par exemple, une espèce A était complémentaire d'une espèce B, de telle manière que les substances excrémentitielles de A fussent des aliments pour B et réciproquement, la présence d'un individu B dans le milieu où vit A serait sûrement avantageuse pour A, d'une part, parce que B détruit, en les assimilant, les substances excrémentitielles de A, qui sont nuisibles à A, d'autre part, parce que B produit des substances qui viennent s'ajouter à la provision alimentaire limitée sur laquelle se fonde la survie de A.

Au contraire, dans un milieu limité, deux êtres de même espèce, deux frères, se nuisent l'un à l'autre, au moins à un certain point de vue, puisque chacun d'eux consomme une partie de la provision alimentaire de leur espèce, et répand, dans le milieu, des substances excrémentitielles nuisibles à l'espèce. En effet, si l'on fait une culture *pure* dans un milieu limité, on constate, au bout d'un certain temps, que toute vie manifestée est supprimée dans le milieu, soit à cause de l'épuisement des substances alimentaires, soit à cause de l'accumulation des substances excrémentitielles. Au contraire, si dans le même milieu limité, dans une infusion de foin, par exemple, on laisse l'ensemencement se faire au hasard, on constate que la vie y persiste bien plus longtemps; les faunes et les flores s'y succèdent parce que ce qui est nuisible à une espèce peut être utile à une autre et réciproquement. Mais il est indispensable de constater que, dans le cas d'une culture impure, ce qui persiste longtemps, c'est la vie d'une manière générale, et non pas la vie d'une espèce choisie à l'avance par l'observateur. Quand un naturaliste rapporte au laboratoire, pour ses études, de l'eau d'une mare dans laquelle il a remarqué un protozoaire d'espèce curieuse, il est obligé de se presser pour observer ce protozoaire, qui a quelquefois disparu dès le lendemain; la vie continue longtemps dans l'eau rapportée, mais ce ne sont pas toujours les espèces auxquelles on s'intéressait qui se sont conservées. Et, dans l'eau d'une mare, les éléments sont si complexes qu'il est impossible à un naturaliste de *prévoir* quelles seront les espèces qui l'emporteront dans la lutte des jours suivants. Dans deux bocaux contenant de l'eau puisée à la même source, on ne trouve pas, au bout de quelques jours, les mêmes faunes et les mêmes flores. La seule chose que l'on puisse dire au sujet de l'avenir d'un individu donné dans un milieu limité, c'est que le sort de cet individu dépend de *tout* ce que contient le milieu, êtres vivants, provisions de substances brutes, et conditions physiques (radiations de toutes sortes). En d'autres termes, le savant qui s'intéresse à l'avenir d'un individu observé, ne saurait connaître cet avenir s'il ne faisait pas entrer en ligne de compte, à la fois le milieu limité dans lequel vit cet individu et tous les autres êtres vivants qui sont présents dans le milieu. Et, par conséquent, même si je borne ma curiosité à l'histoire d'un être unique, je serai contraint de m'intéresser à toute une collection d'êtres divers, avec lesquels mon être privilégié a partie liée, par le fait même qu'ils vivent tous dans le même milieu limité, sur le même fonds.

Une remarque incidente s'impose à la suite de ces premières réflexions. Si la vie avait apparu sur la Terre sous forme d'une espèce unique et *invariable*, elle aurait fatalement disparu très vite. lorsque tout ce qui est substance alimentaire pour cette espèce aurait été transformé en substance vivante; il est vrai qu'on peut toujours supposer que, la mort nécessaire ne survenant pas partout à la fois, les cadavres des individus morts auraient restitué des matières alimentaires utiles à la conservation des individus restés vivants, et qu'ainsi la vie se serait simplement déplacée de lieu en lieu, à travers le globe; mais les cadavres d'individus morts, s'ils n'étaient pas remaniés par d'autres espèces vivantes, ne seraient pas facilement utilisables, dans la plupart des cas, par les individus survivants. Laissons donc de côté cette remarque fantaisiste et constatons seulement que, à notre époque, la vie existe sur le globe sous des formes assez variées pour avoir des chances de durer, grâce à la collaboration involontaire de tous ces égoïsmes différents.

Aujourd'hui, en un coin quelconque de la Terre, nous voyons des mousses, des champignons, des plantes à fleurs de toutes sortes, et des escargots, des cloportes, des vers de terre, des oiseaux, des mammifères, des hommes... Chaque individu de ces diverses espèces animales ou végétales vit pour son compte personnel, mais les conditions de sa survie sont liées aux résultats de l'activité de tous ses voisins, de sorte que l'observateur qui s'intéresse à un individu quelconque de ce coin de terre est obligé, pour en faire l'étude complète, de s'occuper aussi de tous ses commensaux.

§ 3. — LE TRAVAIL ET L'ENTR'AIDE.

Quand il s'agit d'espèces très inférieures en organisation, le résultat des activités individuelles correspondantes semble devoir être limité, dans une première approximation, à trois phénomènes principaux : accroissement du nombre ou de la taille des individus considérés, consommation de substances alimentaires empruntées au milieu, émission, dans le milieu, de substances excrémentitielles. Mais il est bien facile d'imaginer des cas où des espèces, même très inférieures, peuvent introduire dans les conditions de vie de leurs voisins des modifications d'un autre ordre. Que des moisissures ou des bactéries rongent une planche de bois retenant l'eau d'un étang, et le résultat de leur activité sera, au bout de quelque temps, d'une part, d'avoir asséché des régions où vivaient des plantes aquatiques, d'autre part, d'avoir noyé d'autres régions où des êtres terrestres seront condamnés à mort. En jetant les yeux autour de soi dans un paysage limité quelconque, on trouvera sans peine des milliers de cas analogues, dans lesquels l'activité vitale d'une espèce quelconque peut apporter des changements très importants dans les conditions physicochimiques de la vie de tout le voisinage. Il ne faut donc pas limiter de parti pris le résultat des activités individuelles à une consommation de provisions alimentaires et à une production de substances excrémentitielles; ce point de vue *chimique* serait incomplet. Il faut englober sous une même appellation toutes les transformations, quelles qu'elles soient, qu'un individu donné fait subir au milieu qui est le patrimoine de tous. Le mot existe : c'est le Travail.

On appelle travail effectué par un individu l'ensemble des changements, *quels qu'ils soient*, apportés par cet individu au milieu dans lequel il vit. La levure qui fait fermenter le moût, le mycoderme qui fait aigrir le vin, le ferment nitrique qui fabrique du salpêtre, exécutent des travaux chimiques (substances excrémentitielles). Le rat qui ronge une planche, le castor qui élève une digue, la moule qui obstrue une conduite d'eau, le corail qui construit un récif, exécutent des travaux mécaniques, etc... Le travail de chacun influe sur le sort de tous; aucune transformation du milieu ne peut laisser indifférent un habitant quelconque du milieu. La collection de tous les individus qui habitent un même milieu forme donc fatalement une *société*, en ce sens qu'aucun d'entre eux ne peut se désintéresser de ce que font les autres, dans ce milieu limité qui est le patrimoine de chacun de ses habitants.

L'observateur qui s'intéresse à un individu choisi dans le milieu donné, et qui se propose de raconter son histoire, sera fatalement amené, par l'enchaînement des événements successifs, à considérer tantôt comme auxiliaires, tantôt comme ennemis de son élu, tels ou tels individus vivant dans le même milieu, et dont le *travail* produit des résultats tantôt favorables, tantôt nuisibles à la survie de celui qu'il étudie. Souvent même, dans des circonstances données, il lui arrivera d'apprécier un jour comme utiles à son protégé des travaux que, le lendemain, les circonstances ayant changé, il condamnera comme nuisibles. La notion d'utilité est une notion relative.

L'observateur intelligent, qui voudra assurer la survie de son protégé, interviendra dans le milieu pour supprimer à chaque instant les travaux qu'il juge dangereux, et pour favoriser au contraire ceux qu'il considère comme utiles. C'est ce que fait un éleveur de céréales, de vers à soie, de bétail, etc.

On n'a pas, dit-on, de meilleur ami que soi-même; c'est là la formule de l'égoïsme biologique. Si donc un individu vivant est capable d'observer et de réfléchir, il agira à chaque instant au mieux de ses intérêts, sans que nous ayons à faire intervenir un observateur étranger qui s'occupe de lui; mais il faudra pour cela que l'individu soit intelligent et capable de distinguer l'utile du nuisible. Or, l'intelligence est trop peu développée chez les êtres appelés, pour cela même, inférieurs; chacun d'eux se nourrrit et se multiplie dans les circonstances où il se trouve à un moment donné, et des milliers d'individus meurent quand, sous l'influence même de l'activité de chacun, le milieu, d'abord favorable, est devenu inapte à tous. Si quelques-uns échappent à la destruction, c'est par hasard; ceux-là pourront continuer, dans d'autres circonstances, la vie de l'espèce; Darwin a tiré parti de ces phénomènes fortuits qui sont la base de la théorie de la sélection naturelle. Je ne veux pas m'occuper ici de l'origine des espèces; j'envisage le monde actuel tel qu'il est, avec les espèces actuellement vivantes, sans me demander comment elles se sont constituées.

D'une manière générale, on peut penser que, chez les espèces très inférieures, qui se multiplient aveuglément dans des conditions favorables, chaque individu est l'ennemi de tous ses congénères puisque chacun dévore une partie des provisions alimentaires limitées qui sont à la disposition de tous. Encore faut-il faire des réserves avant de retenir une formule aussi absolue. S'il s'agit par exemple de bactéries scissipares semées dans un bouillon, la lutte ne se manifeste pas avant que le nombre des individus se soit accru très considérablement. Pendant plusieurs générations, les bactéries végètent côte à côte sans se gêner le moins du monde; c'est seulement leur descendance qui est menacée par la descendance de leurs voisines. Comment, dans une histoire de bactéries, s'intéresser à un individu? Une bactérie ne meurt pas comme un escargot en laissant, hors de son cadavre, des œufs qui produiront des escargots nouveaux; elle se divise simplement en deux bactéries, qui sont, aussi bien l'une que l'autre, la continuation du parent commun, et qui, cependant, séparées par l'agitation du liquide, continuent des vies indépendantes et sont soumises à des vicissitudes différentes. On ne saurait raisonnablement considérer comme une histoire unique l'histoire d'une lignée de bactéries; il faut se borner à étudier la bactérie *entre deux divisions consécutives*. Mais alors, où est l'antagonisme entre les bactéries commensales? Il ne se manifestera que plus tard, quand le milieu sera épuisé ou empoisonné, et alors *tous* les descendants de *toutes* les bactéries seront mis dans le même état d'infériorité. Donc, tant que le milieu est assez vaste par rapport à sa population bactérienne, l'antagonisme des congénères voisins n'est pas réel, pourvu qu'on s'en tienne véritablement à l'observation des individus.

Non seulement il n'y a pas antagonisme réel; il peut y avoir entr'aide. Les diastases digestives sécrétées par chaque individu bactérien sont utiles à tous ses congénères, rendent plus facile la tâche de tous, tâche qui consiste à assimiler le milieu. Cette entr'aide devient encore plus remarquable s'il s'agit d'une espèce pathogène observée dans le milieu intérieur d'un mammifère. Les toxines sécrétées par chaque bactérie sont utiles à toutes, parce qu'elles tendent à désarmer l'ennemi commun; là où une bactérie unique serait dévorée, une armée de bactéries l'emporte de haute lutte.

Évidemment, il ne faut pas considérer un avenir trop lointain; si l'armée de bactéries tue le mammifère, la mort du mammifère entraînera souvent la mort de toutes les bactéries. Mais où est la société qui peut affirmer que son travail actuel sera avantageux pour les descendants de ses membres jusqu'à la 36e génération? Il faut nous borner, pour les bactéries que nous étudions, à envisager l'utilité immédiate. Eh bien, cette utilité immédiate est suffisante pour que nous ayons le droit de parler d'une armée de bactéries accomplissant un acte de défense sociale. Chaque soldat agit pour son compte, c'est entendu, mais *il se trouve* que le travail de chacun est momentanément utile à tous; des actes purement égoïstes prennent dans ce cas un caractère de travail social.

§ 4. — LUTTE ET ENNEMI COMMUN.

Cela n'est pas vrai, d'ailleurs, de *tous* les actes individuels ; au contraire, la consommation des provisions alimentaires et l'émission de substances excrémentitielles nuisibles, font de chaque commensal un danger pour tous les autres. La première notion de travail social se tire, nous venons de le voir, de la lutte des individus d'une espèce donnée contre un ennemi commun ; arrêtons-nous un instant à l'étude de ce phénomène.

Il y a plusieurs années déjà[1], j'ai été amené à généraliser l'idée de lutte, et à ne pas réserver cette dénomination au cas où les deux corps qui luttent sont vivants. En particulier, j'ai assimilé à la lutte contre un corps vivant le cas de la digestion d'un aliment mort ; le suc digestif spécifique sécrété par un être vivant A *contre* un corps alimentaire B, suc digestif qui change quand change la nature de l'aliment B, est de tout point comparable à la toxine spécifique sécrétée par un être vivant A *contre* un ennemi vivant B, toxine qui change quand change la nature de l'ennemi B. Cette comparaison est amplement justifiée dans tous ses détails, ainsi que je l'ai montré jadis[2]. Quand nous parlerons d'un ennemi commun aux

1. *La Lutte universelle.* Paris, Flammarion, 1906.
2. Voyez aussi *La Stabilité de la vie.* Paris, Alcan, 1910, §§ 11, 12 et 13.

individus d'une même espèce, nous prendrons donc le terme *ennemi* dans un sens très vaste; nous appellerons ennemi d'une espèce vivante tout facteur ou tout ensemble de facteurs dont la présence, au voisinage d'un individu de l'espèce considérée, excite chez cet individu un fonctionnement spécifique, spécialement dirigé contre ce facteur ou cet ensemble de facteurs. Si l'être vivant s'appelle A, et le facteur étranger B, le fonctionnement représentant la lutte pourra être représenté, comme je l'ai proposé depuis longtemps, par la formule symbolique $(A \times B)$, formule symbolique qui indique simplement le caractère *spécifique* du fonctionnement considéré; ce fonctionnement serait autre pour un autre être A_1 luttant contre le même ennemi B; il serait autre, également, pour le même être A luttant contre un autre ennemi B_1; mais il est le même pour *tous* les individus semblables de l'espèce A luttant contre le même facteur B. C'est pour cela que, toutes les fois qu'il a été possible de doser le résultat du travail produit par un groupe de cellules se défendant contre un ennemi commun, on a toujours constaté[1] un *excès du processus défensif*.

La notion de l'ennemi commun nous montre donc, pour la première fois, comment un travail purement égoïste, purement individuel, peut avoir

1. Voyez encore : *La Stabilité de la vie*. Paris, Alcan, 1910, §§ 41, 42 et 43.

un intérêt social. Il faudra voir, dans les divers cas, si l'avantage résultant de cette lutte commune contre les ennemis de l'espèce, compense, et au delà, l'inconvénient résultant de la concurrence alimentaire. Il est vraisemblable que cela a lieu dans les espèces dont les individus vivent par bandes, du moins pour les espèces franchement mobiles, car, pour les espèces fixées, le hasard de la naissance impose sans doute quelquefois des voisinages inutiles ou même nuisibles. C'est un problème amusant que de rechercher l'intérêt social des bandes de poissons ou des bandes d'oiseaux migrateurs ; je ne m'égarerai pas aujourd'hui dans le domaine de ces amusettes psychologiques ; je m'en tiens à cette considération fondamentale que la notion de l'ennemi commun rend évidente :

Quels que soient les inconvénients résultant de la concurrence vitale entre individus ayant mêmes besoins, le fait seul qu'ils ont mêmes besoins rend leur cohabitation avantageuse à un certain point de vue, car le travail effectué par l'un quelconque d'entre eux pour son usage personnel, peut être utile à tous.

Cette remarque, jointe au fait si universellement observé de l'*excès du processus défensif*, a une importance considérable. Non seulement le travail égoïste de chacun peut être utile à tous, mais il est constant que le résultat du travail normal de cha-

4.

cun suffit à plusieurs, puisque, quand toutes les activités individuelles sont orientées dans le même sens, leur résultat d'ensemble est un excès, un gaspillage d'énergie.

§ 5. — FONCTION ET ORGANE.

Dans notre formule symbolique de tout à l'heure, l'individu A et l'ennemi B, mis en présence l'un de l'autre, définissaient la *fonction* (A × B); cette fonction est spécifique par rapport à A et à B; en d'autres termes, l'activité de A, qui eût été *autre* s'il s'était agi de lutter contre un ennemi différent C, est *définie* par la nature de l'ennemi B. L'individu A, condamné par les circonstances à lutter contre l'ennemi B, ne fait donc pas montre, dans ce cas particulier, de toutes ses capacités de lutteur; il est spécialisé dans une fonction particulière; nous avons le droit de dire que, pendant l'exercice de cette fonction (A × B), le corps A est, non pas un individu ordinaire de l'espèce A, mais bien l'*organe* de la fonction (A × B).

En vertu de la loi générale d'assimilation fonctionnelle[1], la vie du corps A ne se traduit pas, dans ces conditions, par un accroissement *quelconque* de la quantité de substance vivante de A; c'est en tant qu'organe de la fonction (A × B) que le corps A

1. Voyez *Éléments de philosophie biologique*. Paris, Alcan, 1907.

se multiplie, c'est-à-dire que les parties du corps A, intéressées dans la lutte contre le corps B, s'accroissent au détriment de celles qui sont inutiles dans ce cas spécial, et que l'inaction empêche de se développer. Si donc les circonstances actuelles se prolongent, il en résulte une modification de A ou de sa descendance, une *adaptation* à la lutte contre B. Cela ne détruira pas entièrement l'aptitude de A à exercer une autre fonction, mais il y aura du moins une diminution de cette aptitude et une difficulté de survie, au cas où les circonstances, longtemps prolongées, changeraient brusquement. L'habitude étant la loi principale de la vie, un changement brusque dans les conditions d'existence est toujours pénible, souvent fatal.

Une des conséquences de la loi d'habitude est que, après une adaptation prolongée à une fonction, un individu A, s'il continue de vivre quand les circonstances ont changé, continue aussi d'exercer cette fonction devenue inutile ; et c'est là encore une raison de cet excès du processus défensif dont je parlais tout à l'heure. Mais ici, une remarque s'impose :

L'introduction fortuite ou expérimentale d'un facteur B dans les conditions d'existence d'un individu A, n'empêche pas que d'autres conditions, d'autres facteurs, interviennent dans la réalisation de la vie de cet individu. Il y a toujours un ensemble de circonstances nécessaires à la survie de A, et toutes ces circonstances, même au plus fort de la lutte contre un facteur surajouté B, déterminent fatalement un fonctionnement d'ensemble juxtaposé au fonctionnement particulier (A×B). En d'autres termes, la formule symbolique (A×B) ne représentera *tout* le fonctionnement de A à un moment donné, que si le terme B comprend *toute* l'ambiance du corps A, et ne désigne pas seulement l'ennemi particulier sur lequel l'observateur porte actuellement son attention. Cette remarque fait comprendre que la spécialisation fonctionnelle d'un individu ne soit jamais totale ; en d'autres termes, l'individu, même appliqué à une lutte très particulière qui développe avec excès quelques-unes de ses aptitudes, conserve néanmoins ses autres aptitudes spécifiques ; il reste, quelque temps au moins, de *la même espèce*, c'est-à-dire qu'il subit simplement des variations quantitatives [1].

§ 6. — LA DIVISION DU TRAVAIL DANS UN ORGANISME PLURICELLULAIRE [2].

La formule symbolique (A×B) est applicable à tous les êtres A, quelle que soit la complication de leur mécanisme ; mais, pour l'observateur qui étudie

1. Voyez *Traité de Biologie*, chap. X.

2. La lecture des paragraphes 6 et 7 n'est pas indispensable à la compréhension des chapitres suivants. Le but de ces deux paragraphes est surtout de montrer qu'il est illégitime de comparer une société d'individus libres à un individu formé d'une agglomération de cellules fixées.

l'histoire de l'être A, la difficulté n'est pas la même, suivant qu'il s'agit d'un individu unicellulaire simple comme une bactérie, ou d'un individu extrêmement compliqué comme un chien ou un homme. Dans l'un comme dans l'autre cas, le fonctionnement (A × B) est *entièrement* déterminé par l'état actuel de l'organisme A et par la manière dont se présente à lui le facteur B; en d'autres termes, il ne saurait jamais être question, pour un individu, d'une *liberté* quelconque dans le choix du mode d'activité qu'il adoptera vis-à-vis du facteur B. Les raisons de sa détermination sont toutes *en lui*, aussi bien s'il s'agit d'un homme que s'il s'agit d'un microbe, et la même formule symbolique (A × B) s'applique à l'homme comme elle s'applique au microbe. Seulement, l'observateur qui étudie l'individu n'est pas également renseigné sur la structure actuelle de l'homme et sur celle du microbe. S'il étudie le microbe depuis assez longtemps, et s'il a été au courant de ses adaptations successives, il pourra, dans certains cas, prévoir entièrement la réaction du microbe à l'intervention d'un agent extérieur connu; il ne le pourra jamais s'il s'agit d'un homme, car l'homme est à chaque instant le siège de modifications intimes de transports d'influx nerveux, en particulier, dont l'observateur étranger n'est pas averti; c'est pour cela que l'on croit ordinairement à l'existence, dans l'homme, d'une liberté que l'on n'accorde pas au microbe. Occupons-nous pour le moment des associations d'individus de l'ordre de complexité du microbe ; nous arriverons plus tard aux associations d'individus d'espèce supérieure.

Les individus qui nous intéressent le plus parmi ceux qui sont de l'ordre de complexité du microbe sont les éléments histologiques qui entrent dans la constitution d'un être pluricellulaire. Mais une difficulté se présente dès que nous nous proposons d'étudier le fonctionnement individuel de chacun de ces éléments histologiques; ces éléments se présentent en effet à nous, aujourd'hui, avec des différences morphologiques telles que nous avons de la peine à y voir des frères de même espèce, quoique nous sachions fort bien qu'ils dérivent tous du même œuf par des bipartitions successives. C'est que chacun d'eux porte le fardeau d'une adaptation séculaire qui s'est fixée progressivement dans l'hérédité de l'espèce, et, quand nous voulons étudier la division du travail, nous sommes menacés de deux dangers différents; le premier serait de nous laisser entraîner à considérer la division actuelle du travail comme une *conséquence* de la différenciation actuelle des tissus, alors que cette différenciation actuelle est en réalité une conséquence historique de la division du travail dans les agglomérations cellulaires qui ont été les ancêtres de celle-ci; aujourd'hui, l'adaptation étant parfaite, on ne peut plus distinguer ce qui est cause de ce qui est effet. Le second danger est la tentation, à laquelle nous pouvons succomber, d'étudier les adaptations successives de tous les tissus à leur fonction actuelle, ce qui nous amènerait à essayer de refaire l'histoire évolutive des espèces, et nous entraînerait à des développements infinis.

Une manière d'éviter à la fois ces deux dangers est de s'adresser à une agglomération théorique, dont nous ne fixons ni la forme ni le degré de différenciation, et de raisonner sur cette agglomération théorique, en sachant seulement qu'elle est formée de cellules-sœurs issues d'une cellule-mère unique, par voie de bipartitions successives non suivies de séparation, c'est-à-dire que toutes

les cellules issues de ces bipartitions ont formé une agglomération au lieu de s'éparpiller dans le milieu ambiant. Cela posé, il est bien évident que deux éléments cellulaires *a* et *b*, pris en deux endroits différents de l'agglomération, auront à chaque instant des conditions de vie *différentes*. Ce qui sera l'*ambiance* pour l'élément *a* pris en un point central de l'association, ce sera l'ensemble des autres éléments qui l'entourent et le liquide interstitiel dans lequel baignent ces éléments; les rapports de contact de *a* avec les éléments voisins sont des rapports persistants, du moins si *a* est un élément de construction et non un élément migrateur, de sorte qu'il y aura toujours beaucoup de constance dans les conditions de la vie individuelle de l'élément *a*. En d'autres termes, l'élément *a*, fixé au milieu d'autres éléments constants, aura à peu près toujours *la même chose à faire;* il s'adaptera donc progressivement (s'il n'est déjà héréditairement adapté) à un fonctionnement très spécial, et il accomplira ce fonctionnement avec d'autant plus d'aisance qu'il y sera mieux adapté. Mais, en deux points différents *a* et *b* de l'agglomération, les conditions seront différentes, et, par conséquent, les éléments *a* et *b*, fixés dans leurs relations avec l'ensemble, seront adaptés à des fonctionnements différents, et seront, par suite, différents. Nous sommes donc conduits immédiatement à cette constatation que *si une agglomération est formée de cellules ayant entre elles des rapports fixes de situation, ces cellules sont forcément différentes*. Les différences individuelles entre les cellules-sœurs seront plus ou moins apparentes pour l'observateur étranger; elles seront plus ou moins morphologiques, suivant les cas, mais elles *seront* dans tous les cas, et cela, fatalement, par le fait que chacune d'elles occupe une place déterminée dans l'association.

Chacune des cellules de l'association aura une indépendance beaucoup moindre que celle dont jouit une cellule isolée dans un milieu quelconque, cellule isolée que ses déplacements dans le liquide ambiant ou les variations de composition de ce liquide ambiant mettent sans cesse en contact avec des ennemis nouveaux, obligent à des fonctionnements nouveaux. Quand la structure de l'agglomération aura pris un caractère à peu près fixe, c'est à l'agglomération elle-meme et non à chacune des cellules de l'agglomération, que nous penserons quand nous prononcerons le mot individu. Les cellules qui constituent l'agglomération seront alors appelées des éléments histologiques au lieu d'être appelées des individus, quoique leur structure personnelle se rapproche beaucoup de celle des individus unicellulaires à existence indépendante.

Dans une agglomération à forme fixée, c'est-à-dire dans un individu pluricellulaire adulte[1], chaque élément histologique continuera de vivre pour son propre compte, dans des conditions toujours identiques, mais la synthèse de toutes ces vies élémentaires se manifestera, pour nous observateurs étrangers, par une activité

1. Nous savons qu'il en existe de tels, sans avoir besoin de nous demander comment cela est possible.

d'ensemble que nous appelons la *vie* de l'être pluricellulaire étudié. Si nous acceptons cette définition, et je ne crois pas qu'il soit possible de s'y refuser, le fait que la vie élémentaire des cellules est indispensable à la vie de l'être pluricellulaire deviendra un véritable truisme sur lequel il est inutile d'insister.

D'autre part, nous savons que chaque élément histologique a, pour vivre, des besoins très précis; il emprunte à son ambiance des substances alimentaires (oxygène, etc.), et y déverse des substances excrémentitielles dont l'accumulation lui est nuisible. Or, dans un individu pluricellulaire adulte, le nombre des éléments histologiques est très grand et le volume du liquide interstitiel dans lequel baignent ces éléments histologiques est très limité; il est généralement de l'ordre de grandeur du volume total des éléments histologiques eux-mêmes; c'est dire que les échanges vitaux entre les éléments histologiques et le liquide interstitiel que l'on appelle le *milieu intérieur* de l'être pluricellulaire, ne peuvent manquer de corrompre très vite ce milieu intérieur, en l'encombrant de substances excrémentitielles et en le vidant de substances alimentaires, puisque tous les éléments histologiques, étant des cellules-sœurs, ont, malgré leurs différenciations topographiques, quelques-uns au moins des mêmes besoins et des mêmes excréments spécifiques.

Si donc, ce qui a lieu sous nos yeux à chaque instant, la vie d'un être pluricellulaire *continue*, c'est que le milieu intérieur de cet être pluricellulaire est sans cesse renouvelé; il y a sans cesse pénétration, dans ce milieu intérieur, de substances alimentaires empruntées à l'ambiance, expulsion, vers l'ambiance, des substances excrémentitielles accumulées dans le liquide interstitiel de l'être qui continue de vivre. Or, l'activité d'ensemble de l'être pluricellulaire est la synthèse des activités particulières de tous ses éléments histologiques; il se trouve donc que, faisant partie d'un être pluricellulaire qui continue de vivre, chaque élément histologique, en même temps qu'il entretient en égoïste sa propre vie, collabore à un fonctionnement d'ensemble qui a pour résultat de renouveler, comme il convient, le milieu intérieur de l'être total.

Comment une telle merveille est-elle possible? Contentons-nous de la constater sans vouloir en expliquer la genèse; ainsi que je le faisais remarquer précédemment, nous serons sans cesse tentés, au cours des études que nous faisons en ce moment, de tout abandonner pour étudier l'origine des espèces; il faudra savoir résister à cette tentation.

Nous voyons donc se perpétuer sous nos yeux, dans un être pluricellulaire, deux phénomènes à des échelles différentes, la vie de l'individu pluricellulaire et les vies élémentaires des éléments histologiques, et ces deux phénomènes sont liés si étroitement que l'un d'eux ne peut se continuer sans le secours de l'autre, que l'un d'eux est à la fois la cause et l'effet de l'autre.

L'œuvre collective consiste en une acquisition de substances alimentaires et une expulsion de substances excrémentitielles, mais, entre ces deux termes extrêmes du fonctionnement de l'agglomération, il y a des opérations intermédiaires exécutées par quelques-uns des éléments histologiques, savoir, la préparation, la transformation, dans un intérêt commun, des substances alimentaires conquises sur l'extérieur, le brassage du milieu intérieur (circulation), etc. L'ensemble de tout cela est le travail individuel de l'agglomération; ce travail individuel résulte des travaux élémentaires des éléments histologiques; or, tous les éléments histologiques sont différents, donc, ils exécutent des opérations différentes; c'est ce que l'on exprime, lorsqu'on étudie l'individu total formé par l'agglomération, en disant qu'il y a, dans cet individu, « division du travail physiologique ». On a souvent donné une signification finaliste à cette division du travail; si l'on raisonne comme nous venons de le faire, on voit qu'elle est une conséquence nécessaire de l'existence même d'une agglomération pluricellulaire adulte.

Le milieu intérieur étant normalement renouvelé dans un individu *sain*, chaque élément histologique se trouve dans des conditions de fonctionnement très peu variables. Mais tout change quand l'organisme devient malade.

La seule définition que l'on puisse donner d'une maladie, d'un état pathologique, c'est, en effet, l'introduction, dans les conditions intérieures de la vie individuelle, d'un facteur quelconque « qui rompt les habitudes actuelles ». Alors, on voit les éléments histologiques, tout désorientés, effectuer plus ou moins maladroitement, contre l'ennemi nouveau, des opérations auxquelles ils ne sont pas accoutumés ; pendant la maladie, chaque élément histologique lutte comme il peut, avec tous les moyens qui sont à sa disposition, contre l'ennemi personnel que le milieu lui présente ; évidemment, la coordination générale en souffre ; les fonctionnements histologiques individuels peuvent n'avoir plus, dans le cas de maladie, un effet d'ensemble utile à l'agglomération. Nous tirerons parti de cette remarque dans l'avenir.

§ 7. — L'ÊTRE SUPÉRIEUR ; L'HOMME.

Un être supérieur, formé d'une agglomération de cellules, ressemble, à un certain point de vue, à l'être unicellulaire le plus simple, puisqu'on peut raconter dans les mêmes termes les nécessités de la survie de l'homme et les nécessités de la survie d'une bactérie. Mais si l'on compare ces deux êtres qui sont aux extrémités opposées de l'échelle de la complication organique, on constate bientôt sinon une différence fondamentale, du moins une différence de degré. La bactérie, apportée par les hasards dans un milieu donné, vit ou ne vit pas dans ce milieu, suivant que ce milieu contient ou ne contient pas les éléments qui sont nécessaires à son assimilation. Il est vrai que la bactérie agit sur le milieu, qu'elle le transforme à son usage en y sécrétant précisément les diastases capables de digérer les substances alimentaires du milieu, mais le *travail* effectué par l'homme ou par un animal supérieur, pour transformer le milieu et le rendre habitable pour lui, est infiniment plus considérable que celui dont nous avons été témoins quand nous étudiions les bactéries.

D'ailleurs, alors qu'une bactérie peut se développer seule dans un milieu alimentaire ne contenant pas d'autre espèce vivante, l'homme ou l'animal supérieur ne saurait vivre longtemps dans un milieu où il n'y aurait pas d'être vivant d'une autre espèce. Sans entrer dans le détail des nécessités de la vie animale, nous savons par exemple que les végétaux peuvent fabriquer leur protoplasma et leurs réserves aux dépens de substances brutes, tandis que les hommes[1] doivent emprunter leurs aliments

1. Dans les lignes qui suivent, j'emploie sans cesse le mot *hommes* pour être plus court; les raisonnements seraient valables pour une autre espèce supérieure.

à d'autres espèces vivantes animales ou végétales.

Tout à fait au début de cette étude, nous remarquions que deux espèces différentes, vivant ensemble dans un même milieu limité, peuvent être antagonistes ou alliées suivant les cas. Elles sont antagonistes si elles ont mêmes besoins et mêmes excréments ; elles sont pleinement alliées si les excréments de l'une sont des aliments pour l'autre. Des associations basées sur une telle particularité sont fréquentes chez les êtres les plus inférieurs. Le lichen est l'association d'une algue et d'un champignon ; beaucoup d'infusoires sont verts parce que leur protoplasma incolore est bourré de zoochlorelles, petites algues vertes, qui vivent en symbiose avantageuse avec leurs hôtes animaux.

Un autre cas peut se produire, et est même très fréquent quand il s'agit des animaux supérieurs; certaines espèces sont utiles à l'homme, parce que l'homme mange leurs cadavres. Mais, dans ce dernier cas, l'utilité n'est pas *réciproque*, du moins ne semble-t-elle pas l'être immédiatement, quoiqu'elle puisse le devenir, à un certain point de vue, ainsi que nous le verrons plus tard. C'est ce qui se passe pour les céréales, les légumes, les animaux domestiques, dont l'homme utilise, soit la chair, soit le travail, soit les excreta (lait, miel, etc.). Sans quelques-uns au moins de ces êtres, l'homme *ne peut pas* vivre. Partout où il y a des hommes établis à demeure, il faut qu'il y ait aussi un minimum d'autres êtres, animaux ou végétaux, qui préparent la nourriture de l'homme. On commet donc une erreur fondamentale quand on parle d'une société d'hommes comme si elle était composée d'hommes seuls. Si l'homme continue de vivre dans un pays donné, c'est que les êtres indispensables à son alimentation continuent également d'y prospérer. Cette dernière condition est aisément remplie s'il y a un petit nombre d'hommes dans un grand canton, parce que, dans ce cas, la reproduction des espèces utiles dépasse aisément la consommation des hommes et compense la destruction à laquelle il se livre pour sa nourriture. C'est ce qui s'est passé chez les peuples chasseurs. Leur population n'aurait pu être extrêmement dense. C'est ce qui continue à se passer chez les peuples pêcheurs, riverains de l'Océan, parce que l'Océan est immense relativement à la quantité des gens qui vivent de ses habitants. Dans ces cas particuliers une partie du *travail*[1] fourni par les hommes a pour résultat la capture des animaux comestibles ou la découverte des fruits fournis par la nature.

Mais à mesure que le nombre des hommes augmente dans un espace restreint, la population animale ou végétale qui est à la portée de ces hommes deviendrait rapidement insuffisante, si une autre partie du travail effectué par eux n'avait pour résul-

1. Le sens du mot travail a été donné plus haut.

tat d'augmenter la production en espèces utiles à l'espèce humaine dans le canton limité où ils habitent. Considérons un tel canton, porteur d'une population humaine assez dense ; il nourrit en outre une infinité d'autres animaux et d'autres végétaux. Quelques-unes de ces espèces sont directement utiles à l'homme (vache, cheval, porc, blé, pomme de terre, etc.), d'autres sont indispensables à quelques-uns des auxiliaires de l'homme (graminées et autres plantes utiles au bétail, etc.) ; d'autres enfin, sont inutiles à l'homme ou à ses auxiliaires directs (loups, renards, mauvaises herbes, etc.). Or, il est aisé de voir que les espèces inutiles à l'homme lui sont fatalement nuisibles, du moment que le canton où nous étudions la population humaine est limité. En effet, dans un canton limité, (et ceci sera vrai encore si nous considérons que ce canton limité comprend toute la surface de la terre), il y a une quantité limitée de substances vivantes ou transformables en substances vivantes. Cette quantité limitée de substances particulières peut être appelée le *patrimoine alimentaire* d'un individu quelconque, vivant dans le canton circonscrit considéré. N'oublions pas que, pour un individu quelconque, le patrimoine alimentaire comprend, non seulement l'humus et les cadavres d'animaux ou de végétaux, mais encore tous les animaux ou végétaux vivants, autres que l'individu considéré lui-même, puisque des substances assimilables pourront être tirées de tous ces organismes vivants. Dans ces conditions, il y a fatalement concurrence, au point de vue des besoins communs, entre presque tous les êtres de toutes les espèces, puisque presque tous les êtres vivants ont certains besoins communs (oxygène, par exemple, pour les aérobies); et il est bien certain que, à partir d'un certain moment, la survie d'un être dans le milieu peuplé au maximum, est subordonnée à la mort d'un ou de plusieurs autres êtres détenteurs de substances assimilables.

Il sera avantageux, pour l'homme qui consomme du blé, que le blé ne soit pas étouffé dans les campagnes par d'autres herbes dont l'homme ne saurait faire sa nourriture. Il est donc évident que l'homme prospèrera plus facilement dans un pays où le blé l'emportera sur l'ivraie et sur la ronce ; et comme il n'y a aucune raison pour qu'une plante l'emporte sur les autres parce qu'elle est utile à l'homme, il sera avantageux pour l'homme qu'une partie du travail produit par lui ou par ses commensaux ait pour résultat de favoriser le développement des plantes utiles au détriment des plantes inutiles ou nuisibles. Cette partie utile du travail de l'homme s'appelle l'agriculture. Quoique nous soyons bien loin, au point de vue de la complexité, des microbes dont nous nous occupions précédemment, il y a entre les deux cas un certain rapport; tout à l'heure nous constations l'excès du processus défensif dans la lutte des microbes contre un ennemi commun ; maintenant nous allons avoir à envisager l'excès de production du travail individuel ; c'est là qu'est la condition même de toute association d'êtres supérieurs ; sans elle, des êtres semblables, ayant mêmes besoins, ne trouveraient que désavantage dans une cohabitation en milieu limité qui en ferait des concurrents et non des alliés. Pour les microbes, la première notion d'association nous a conduits à l'expression « une armée de microbes ». Nous allons retrouver quelque chose de tout à fait analogue dans l'histoire des êtres supérieurs au cours des chapitres suivants.

***

La seule formule générale qui puisse s'appliquer à toutes les associations, quelles qu'elles soient, est la suivante : il faut, pour que l'association continue, que chaque associé retire de l'association des avantages compensant et au delà les inconvénients qui résultent de la concurrence des appétits spécifiques. Dans tous les cas, quand il s'agira d'associations d'individus libres, on aura à évaluer l'excès de la *production* individuelle sur la consommation individuelle, et non, comme dans le cas des individus pluricellulaires, la collaboration de chaque cellule à un *travail d'ensemble*, qui seul est capable d'assurer la vie de l'agglomération. C'est surtout par cette particularité très nette que les associations d'individus libres sont différentes des agglomérations de cellules fixées réduites à l'état de simples éléments histologiques.

J'ai longuement étudié, dans d'autres ouvrages, les phénomènes qui se passent dans les agglomérations cellulaires formant les individus supérieurs ; je les ai étudiés à l'état de santé et à l'état de maladie (*Traité de biologie*, *Éléments de Philosophie biologique*, *Introduction à la Pathologie générale*, *Lutte universelle*, etc.). Je voudrais m'attacher dans cet ouvrage à l'étude des associations d'individus supérieurs, comme les hommes, mais, contrairement à la méthode suivie ordinairement par les sociologues, je n'étudierai pas, du moins en commençant, la société elle-même considérée comme une entité ; je m'attacherai au contraire à étudier l'individu social, et à connaître les avantages et les inconvénients qu'il trouve dans la vie sociale ; j'essaierai aussi de comprendre quelles sont les variations que subit l'individu par le fait qu'il vit en société, et en cela, je continuerai à faire, comme par le passé, œuvre de pur biologiste.

CHAPITRE II

LES ÉTAPES DANS L'ASSOCIATION DES HOMMES

§ 8. — LES ENNEMIS DE L'HOMME.

Je rappelle, en commençant ce paragraphe, que je ne m'attache pas spécialement à l'étude de l'homme, quoique le but lointain de mes recherches soit de connaître la condition de l'homme vivant en société. Pour le moment, je prends seulement l'homme comme *exemple* d'animal social; il m'arrivera, chemin faisant, de prendre d'autres exemples chez d'autres animaux vivant en société comme les castors ou les abeilles.

La vie de l'homme est une lutte perpétuelle; j'ai d'ailleurs essayé de montrer que l'idée de lutte est inséparable de l'idée de vie, mais que le mot vie a une signification plus précise, car il ne se rapporte qu'au lutteur qui l'emporte dans la lutte. J'ai employé naguère la formule : « Être c'est lutter, vivre c'est vaincre », qui a été adoptée depuis par de nombreux penseurs. On ne s'étonnera donc pas de me voir employer le mot « ennemi de l'homme » dans un sens beaucoup plus vaste que celui qu'on lui attribue d'ordinaire. Et cependant, en agissant ainsi, je m'écarterai sensiblement du langage courant; quelques-uns de ces ennemis de l'homme sont en effet considérés le plus souvent comme ses meilleurs amis, parce qu'ils sont, dans la règle, toujours vaincus par l'homme, et que c'est ce triomphe indispensable qui est la condition même de la survie individuelle. On ne manquera pas de trouver ridicule que j'englobe le *pain* dans les ennemis de l'homme, sous prétexte que la digestion est une lutte. Et, en effet, les indigestions de pain, c'est-à-dire les cas où c'est le pain qui triomphe, sont extrêmement rares; de plus, le pain n'attaque pas l'homme tant que l'homme ne l'a pas lui-même introduit dans son tube digestif. Il vaudrait mieux sans doute employer une expression autre que le mot « ennemis », quoique nous n'ayons aucunement le droit de tracer une ligne de démarcation justifiée entre tel aliment, généralement vaincu, comme le pain, et tel autre, généralement vainqueur, comme la digitaline qui, cependant, dans certains cas, est employée pour aider à la survie de l'homme. Il y a, dans tous les cas d'alimentation, une question de dose qui peut amener soit le triomphe soit la défaite, et le souci de la généralité nous impose l'emploi de mots qui heurtent nos habitudes de langage.

Il en est de même de la température; nous considérons certaines conditions de température comme nécessaires à la vie humaine, et cependant on dit couramment que nous luttons contre le froid, ou contre la chaleur. La température de 37 degrés, qui est à peu près celle de notre corps, n'est pas favorable à la survie de l'homme ; à une telle température notre existence serait pénible ; nous vivons beaucoup mieux dans une température voisine de 15 degrés, ce qui exige de notre part une lutte contre le refroidissement. Tous les facteurs de la vie, qui est une lutte, peuvent être considérés comme des ennemis de l'être vivant, mais nous avons coutume de considérer comme des amis les ennemis que nous vainquons ordinairement. Le Patricien considérait peut-être ses esclaves comme des amis, jusqu'au jour où les esclaves devenaient assez hardis pour s'insurger. La vie est un acte absolument égoïste, et l'être vivant est en lutte contre l'Univers entier, dans lequel il ne conserve sa place qu'au prix de triomphes incessants. Il faut donc prendre le parti, sous peine de restreindre artificiellement le langage, de considérer, du moins en commençant, que l'être vivant est seul contre tous, qu'il est l'ennemi de tout ce qui n'est pas lui. Cette manière de parler peut paraître puérile ; sa fécondité se manifestera ultérieurement. Nous pouvons d'ailleurs, dès maintenant, mettre à part les ennemis particuliers dont la défaite habituelle fait partie obligatoire du fonctionnement normal de l'organisme sain; ce sont les ennemis indispensables, sans lesquels l'homme ne pourrait pas continuer de vivre. De ceux-là font partie les *aliments* en général; nous sommes si habitués à voir que l'homme a besoin d'aliments, que nous oublions, à leur sujet, toute idée de lutte, et que nous comparons illégitimement l'alimentation de l'homme à celle d'une machine à vapeur; j'ai montré ailleurs[1] à quelles conclusions absurdes on a été conduit par cette comparaison illégitime.

Une partie du travail[2] de l'homme a pour résultat de lui faciliter la victoire dans ses luttes quotidiennes contre les ennemis indispensables à son fonctionnement normal; la *cuisine* transforme certains aliments en les désarmant de quelques-unes de leurs propriétés nocives et les rendant plus faciles à digérer, c'est-à-dire à vaincre; le vêtement, l'habitation, facilitent la lutte de l'homme contre les intempéries, contre le froid et la pluie.

Une autre partie de l'activité humaine a pour résultat de procurer à l'homme ces ennemis faciles à vaincre que l'on nomme ses aliments. Dans un pays où il ne pousserait que de la ciguë, de la belladone et de l'aconit, la nutrition de l'homme serait impossible; il serait vaincu à tout coup dans la lutte digestive qu'il entreprendrait contre des lutteurs plus forts que lui. L'agriculture a pour

1. Théorie nouvelle de la vie.
2. Voyez plus haut la définition du mot travail.

résultat de substituer à des espèces dangereuses des espèces comestibles; elle peut fournir aussi des produits avantageux pour le vêtement et pour le bâtiment. L'homme intervient donc comme partie intéressée dans la lutte des espèces végétales utilisables par lui contre les espèces végétales inutiles ou nuisibles. Il en est de même des espèces animales utiles, comme le bétail, qu'il défend contre les carnassiers.

En effet, en dehors des êtres domestiques, il y a tous les autres êtres vivant dans le même canton, et qui sont, non pas fatalement des ennemis directs, mais du moins, en général, des *concurrents* dont le développement est à redouter. Tels sont, parmi les végétaux, les individus de toutes les espèces non directement utilisables par l'homme ou par ses domestiques, et qui encombrent l'humus fertile au détriment des céréales et des herbes potagères. Ces *mauvaises herbes* peuvent cependant produire quelquefois un résultat avantageux pour l'homme, en modifiant un sol ingrat (lichens, mousses) ou devenu impropre à la culture (jachères). Toujours la qualité d'ennemi attribuée à une espèce donnée méritera d'être atténuée par le souvenir de quelque service rendu.

Les concurrents animaux sont légion; ce sont les herbivores qui rongent ou broutent les végétaux domestiques (lapins, escargots, limaces, chenilles, etc.); les carnassiers, qui attaquent le bétail et l'homme lui-même; etc., etc. Au premier rang des concurrents animaux, il faut évidemment placer les autres hommes vivant sur le même sol, et qui, étant de la même espèce, ont naturellement les mêmes besoins que l'homme privilégié dont nous avons entrepris de raconter l'histoire.

Ainsi, à un point de vue ou à un autre, tous les êtres qui entourent l'homme sont fatalement ses ennemis. C'est pourtant parmi ces êtres ennemis qu'il trouve des associés, des alliés provisoires ou fidèles, pour des raisons que nous allons passer maintenant en revue. Mais il était indispensable de mettre d'abord en évidence l'hostilité nécessaire de tout ce qui, dans la nature, entoure un être vivant donné; cette remarque initiale et fondamentale nous permettra de comprendre ce qu'il y a de souvent caduc, et de toujours imparfait, dans les associations en apparence les plus irréprochables. Étudions d'abord la condition des êtres domestiques tant animaux que végétaux.

§ 9. — LES DOMESTIQUES.

Les êtres domestiques sont ceux que l'homme a intérêt à multiplier autour de lui et à défendre contre d'autres espèces concurrentes. Qu'ils soient animaux ou végétaux, ces êtres domestiques descendent certainement d'espèces sauvages dont nos ancêtres ont apprécié certaines qualités. Et il n'est pas douteux que le fait d'avoir été distingué par l'homme a singulièrement favorisé le développement de ces espèces, au fur et à mesure de l'évolution qui a fait de l'homme le maître du monde. Évidemment, le nombre des plants de blé n'est si considérable à la surface de la Terre que parce que l'homme est intervenu dans la lutte entre l'espèce blé et les autres espèces végétales. Si donc on se place uniquement au point de vue de la quantité d'individus, il est incontestable que la domestication du blé par l'homme a été un facteur de première importance dans l'histoire du développement mondial du blé. Et l'on peut dire exactement la même chose pour les choux, les navets, les moutons et les porcs. Il semble donc, au premier abord, que l'on puisse considérer comme réciproques les *avantages* que tirent, l'un de l'autre, l'homme d'une part et une espèce domestique quelconque, d'autre part. J'ai souligné avec intention le mot *avantage;* ce mot est dangereux parce qu'il fait appel à une notion subjective; or, il est toujours risqué de se mettre dans la peau d'un être, surtout d'un être d'espèce différente, pour apprécier les résultats d'une association dont cet être fait partie. Rappelons-nous cette remarque de Rabelais dans la *Pantagruéline Prognostication :*

« Cette année... plusieurs moutons, beufs, pourceaulx, oysons, pouletz et canars, mourront : et ne sera si cruelle mortalité entre les cinges et dromadaires[1] ».

Nous pourrons en conclure qu'il est plus *avantageux* d'être sauvage comme le singe que domestique comme le mouton. Renonçons donc pour le moment à ces considérations subjectives qui prêteraient à d'interminables discussions, et tenons-nous-en à l'évaluation *quantitative* des résultats de l'association de l'homme avec les espèces domestiques. Cela nous sera d'autant plus facile que la domestication produit, chez un grand nombre d'espèces, un anéantissement plus ou moins complet de l'initiative individuelle ; il n'y a pas beaucoup de différence à ce point de vue entre les moutons et les végétaux, et c'est pour cela que nous avons créé l'adjectif « moutonnier » pour rappeler la passivité obéissante de certains êtres dégradés[2].

Quoi qu'il en soit, la domestication prolongée transforme profondément les espèces sauvages choisies par l'homme à cet effet, et la plupart des espèces domestiques actuelles seraient désarmées dans la lutte pour l'existence, en dehors de l'intervention de l'homme. Si une épidémie imprévue faisait brusquement disparaître l'espèce humaine, il est probable que beaucoup d'espèces domes-

1. Edition du bibliophile Jacob. Charpentier, 1881, p. 557.
2. Le mot vient peut-être de l'histoire de Dindenaut, mais il est certain que, si Rabelais a imaginé cette histoire, c'est à cause de l'opinion générale accréditée au sujet des moutons.

tiques disparaîtraient fatalement par contre-coup. Dans l'état actuel des choses, on peut donc dire que certains êtres domestiques ont *besoin* de l'homme comme l'homme a besoin d'eux, et que l'association de l'homme avec ses domestiques a, par certains côtés, un caractère de réciprocité. D'autre part, la force de l'habitude est telle que des êtres jadis libres ont pu donner naissance, après plusieurs siècles de domesticité, à des descendants si bien adaptés à la vie servile, que leur esclavage leur est devenu cher ; et à propos de ces domestiques vraiment domestiqués, on n'aurait plus le droit de répéter le vieil adage si douloureusement vrai dans beaucoup d'autres cas : « Notre ennemi, c'est notre maître ! » Mais ce sont là des considérations subjectives que nous devons éviter en ce moment.

§ 10. — LES CONCURRENTS ANIMAUX ET LA CAPACITÉ DE NUIRE.

Du moment que l'homme a, sur son patrimoine cantonal, des domestiques animaux et végétaux, il doit redouter la concurrence des animaux qui peuvent être tentés par ces richesses comestibles. Il a, en particulier, à se défendre contre les carnassiers qui voudraient dévorer ses bestiaux ; il a même eu longtemps à lutter contre les carnassiers qui voulaient le dévorer lui-même, et cette lutte a vraisemblablement précédé la conquête par l'homme des animaux domestiques. Les peuples chasseurs ont précédé les peuples pasteurs et agriculteurs. Je me suis demandé souvent s'il ne fallait pas voir un symbole dans le mythe d'Esaü vendant son droit d'aînesse pour un plat de lentilles; cette fable rappellerait simplement le fait que les races agricoles ont supplanté les races chasseresses.

Les chasses avaient pour objet la destruction des carnassiers dangereux et la capture d'animaux comestibles; pendant cette époque de l'évolution humaine, la signification belliqueuse de la vie était évidente; elle l'est encore aujourd'hui pour l'observateur averti, mais les conditions de la lutte ont changé, et il devient très difficile de raconter les phénomènes actuels avec des mots qui ont été créés pour raconter des batailles différentes.

Au nombre des concurrents animaux les plus redoutables, l'homme comptait évidemment les autres hommes, ses voisins, soit qu'il les considérât comme chasseurs du même gibier, soit qu'il vît même en eux un gibier désirable. Nous ne pouvons faire à ce sujet que des hypothèses dont nous n'aurons jamais la vérification, et qui, exactes peut-être pour une époque et un lieu donnés, sont vraisemblablement fausses s'il s'agit d'une autre époque et d'un autre lieu. Nous pouvons aussi nous perdre en conjectures sur les causes qui ont déterminé les premières associations humaines; l'une de ces causes a sans doute été que, après la découverte des premiers instruments, des premières armes, l'homme est devenu pour l'homme l'ennemi le plus redoutable. Muni de ses outils primitifs, notre ancêtre des cavernes était déjà appelé à devenir le maître du monde, par cela même qu'il avait des outils, et que les autres animaux n'en avaient pas. Un homme *armé* aimait mieux se mesurer avec un ours ou un loup qu'avec un autre homme armé; et si, par aventure, deux chasseurs se rencontraient au moment où l'un d'eux venait d'abattre un cerf, l'heureux propriétaire aimait mieux partager sa proie avec son concurrent que d'entamer une lutte à issue douteuse. C'est vraisemblablement parce qu'il a rencontré chez ses congénères une *capacité de nuire* supérieure à celle des autres espèces animales, que l'homme a renoncé à lutter contre l'homme. Ainsi, dans un canton où il y avait assez de gibier pour la nourriture des hôtes humains, un accord tacite a été possible entre des hommes qui estimaient, dans leurs congénères, des ennemis trop dangereux.

Il n'y a là évidemment qu'une hypothèse, mais une hypothèse qui s'accorde avec beaucoup de raisonnements basés sur des faits d'observation certains. Dans l'ensemble des facteurs qui déterminent un individu à attaquer un concurrent, on ne saurait négliger l'appréciation (juste ou fausse) que fait cet individu de la résistance probable de son antagoniste; avant d'entreprendre une bataille, on évalue la *capacité de nuire* de son adversaire; et c'est un avantage indiscutable pour un animal que de donner une haute idée de sa capacité de nuire. Dans les faits de mimétisme, par exemple, on remarque aisément tout le parti que tirent (consciemment ou non), de leur ressemblance avec les terribles guêpes, des mouches inoffensives et totalement désarmées. Je ne crois pas m'avancer beaucoup en disant que tel homme des cavernes, qui aurait respecté un de ses congénères pourvu d'une hache et menaçant de s'en servir, s'est souvent décidé à en attaquer un autre pour lui dérober son butin, après avoir constaté qu'il était désarmé et incapable de résistance. Cette remarque biologique fera peut-être bondir d'indignation les penseurs modernes qui attribuent à l'homme quaternaire toutes les déformations mentales résultant de centaines de siècles de vie sociale. Je crois cependant que, pour l'observateur impartial, une telle interprétation s'impose, même pour un grand nombre d'événements contemporains; sous le vernis de la civilisation, la plupart d'entre nous conservent encore une mentalité de Troglodyte. La sagesse des nations, dans certaines formules brèves et fortes, a résumé ce rôle de l'évaluation de la capacité de nuire. « Les loups ne se mangent pas entre eux », dit un proverbe que l'on a souvent déclaré faux; et en effet, si dans une bande de loups affamés, un individu est blessé par un chasseur, il est immédiatement dévoré par ses camarades; pourquoi? parce que sa blessure le met dans un état évident d'infériorité; on n'hésite pas à l'attaquer et à le manger, parce qu'on sait qu'il ne peut pas se défendre; tandis que, dans un loup bien portant, un autre loup, même affamé, respecte un adversaire redoutable. Un autre proverbe, équivalent comme signification, concerne plus spécialement l'espèce humaine :

Corsaires à corsaires,
L'un l'autre s'attaquant, ne font pas leurs affaires.

Sans doute il vaut mieux attaquer un paisible bateau marchand, de même qu'il est plus avantageux pour un loup d'attaquer un mouton inoffensif. Et l'on sait même que certains corsaires se grimaient en bateaux marchands pour inspirer confiance; c'est un cas de mimétisme humain qui mérite d'être retenu; on en trouverait mille autres analogues.

Il est donc vraisemblable que le premier pas dans l'association a consisté à ne pas s'attaquer, parce qu'on se jugeait réciproquement redoutables. Ce n'était pas encore l'association proprement dite, mais la paix armée. L'association allant jusqu'à une combinaison d'efforts a succédé à ce premier état d'estime réciproque, quand il s'est agi d'obtenir un résultat avantageux pour tous les associés. Nous avons déjà constaté une telle synergie chez des organismes très inférieurs luttant contre un ennemi commun. Tel est le fond de toutes les histoires de batailles cellulaires en pathologie. L'existence d'un ennemi commun donne un but d'action identique à des voisins qui, en dehors de l'existence de cet ennemi commun, seraient simplement des antagonistes et des concurrents. On comprend une association qui a pour but d'attaquer un ennemi ou de lui résister.

Les faits de pathologie nous ont encore appris une autre chose, que nous avons étudiée, sous le nom d'excès du processus défensif. Le travail utile que produit un individu dépasse en quantité ce qui serait nécessaire à lui tout seul; chacun produit, si vous voulez, assez de diastase digestive pour deux. Il y a là une seconde cause d'association, et cela est vrai pour les animaux supérieurs comme pour les microbes. Si un homme recueille, par son travail, assez de nourriture pour deux, surtout si cette quantité de nourriture ne peut se conserver longtemps, il n'hésitera pas à en laisser bénéficier un de ses congénères avec lequel il aura, pour des raisons énoncées plus haut, contracté une alliance offensive ou défensive.

L'excès de la production individuelle sur la consommation est donc un second facteur d'association. Et voilà ainsi deux considérations purement objectives qui permettent de concevoir l'origine des sociétés. Je n'aurai pas la témérité de nier l'existence d'autres raisons. Les théoriciens de la Fraternité humaine ne manqueront pas de prétendre que l'association initiale a été le résultat d'une sympathie congénitale et instinctive. Je le répète, je ne sais pas, personne ne sait ce qui s'est passé dans la conscience des premiers êtres qui ont été amenés à s'associer; mais je me défie de ces considérations subjectives empruntées à l'étude de l'homme du xxe siècle. C'est même là le point principal de la méthode qui me guide dans cet ouvrage. Quelles que soient les raisons initiales qui ont préparé les associations humaines, il est certain que ces associations, prolongées pendant des milliers de générations, ont modifié la mentalité des associés. Or, les lois biologiques me font concevoir la naissance progressive de quelques-unes de nos tendances actuelles comme un résultat fatal de la vie en société. Je considère donc comme dangereux de faire intervenir ces tendances dans la genèse même des sociétés, puisqu'il est possible qu'elles soient uniquement un résultat d'une vie sociale prolongée. Et je m'arrête d'autant plus volontiers à cette méthode, que je trouve aisément d'autres raisons d'association en étudiant la vie des êtres, sociaux ou non, que je puis observer aujourd'hui.

La vie étant une lutte, je me plais à rapprocher de l'idée de lutte l'idée de société. Je trouve d'ailleurs, même chez les hommes actuels, malgré leur vernis de civilisation, les qualités belliqueuses que j'ai fait intervenir dans la genèse de l'association. Qui osera me contredire, si j'affirme que la jalousie, sous toutes ses formes, est le fait prédominant dans toutes les mentalités modernes. Le vieil homme féroce subsiste en nous, dompté seulement par notre veulerie et notre lâcheté de gens civilisés. Je vois encore aujourd'hui, en observant sans parti pris, que les associations d'hommes, fondées en apparence *pour* quelque chose, ont en réalité pour but d'aller à l'encontre de quelque chose ou de quelqu'un. On s'unit contre quelqu'un, et quand l'ennemi commun est vaincu, on se bat entre alliés ; c'est la règle. Je n'hésite donc pas à considérer *l'existence d'un ennemi commun* comme une nécessité de premier ordre pour la fondation d'une société.

En résumé, nous avons retenu, de considérations biologiques très générales, les notions suivantes qui ne sont contredites par aucune observation sérieuse faite sur les individus. sociaux ou non, même sur les hommes actuels.

Un premier pas dans l'association vient de l'appréciation, chez ses voisins, d'une respectable capacité de nuire ; cela produit une paix armée qui dure tant qu'aucun des voisins ne se trouve dans un état évident d'infériorité. Un deuxième pas résulte de l'existence d'un ennemi commun contre lequel l'effort de chaque associé est utile à tous. Et, si l'on parle un langage vraiment général, on peut classer dans cette dernière catégorie la production, par chaque individu, d'un travail avantageux. Au lieu de lutter contre un individu, on peut lutter en effet contre les agents physiques, contre les intempéries par exemple; on peut aussi lutter contre les ennemis des espèces domestiques utiles (mauvaises herbes et carnassiers), et ce sont ces luttes (qu'on appelle des noms paisibles d'agriculture et d'élevage) qui assurent la production, par chaque individu, d'approvisionnements précieux pour l'ensemble des associés. Il se trouve que le travail de chacun produit un résultat supérieur aux besoins de chacun, et dont, par conséquent, d'autres individus peuvent profiter. Voilà des bases objectives suffisantes pour que nous nous expliquions la genèse de toutes les associations animales.

§ 11. — LA FAMILLE.

Ce sont les hasards de voisinage qui ont déterminé les premières associations et aussi les premières guerres. Or, la manière même dont se reproduisent les individus dans les espèces animales supérieures a déterminé fatalement des voisinages particuliers qui ont joué un rôle important dans la genèse des sociétés; ce sont les voisinages de famille. D'abord, le mâle a été attiré vers la femelle par un appétit sexuel, et si cet appétit sexuel a été réciproque, si surtout il a été durable comme cela a lieu dans l'espèce humaine qui n'a pas une période annuelle de rut, mais qui fornique en toute saison, une première association a été réalisée entre le mâle et la femelle. Les sentiments d'affection qui unissent la mère aux enfants ont-ils existé de tout temps, ou sont-ils nés à un certain moment de l'évolution, comme beaucoup de biologistes le croient ?[1] Il est bien vraisemblable que l'affection de la mère pour les petits *tout jeunes*, a préexisté à la fondation des sociétés, car cette affection maternelle se retrouve chez toutes les espèces mammifères ou incubatrices, même quand ces espèces ne sont pas sociales. Il faut d'ailleurs remarquer que l'amour maternel ne dure qu'un temps limité chez les espèces non sociales ; telle chatte, qui a été excellente mère pendant les premières semaines, abandonne bientôt ses petits, ou même prend en haine ceux d'entre eux qui sont du sexe féminin. Faut-il faire intervenir dans la question de l'origine de l'amour maternel l'utilité, pour la mère, des petits qui la débarrassent de son lait, peut-être même une certaine sensation voluptueuse accompagnant l'allaitement ? Cela nous est indifférent pour le moment ; il se trouve que le ménage a assez d'aliments pour nourrir les enfants en sus des parents ; de plus, les enfants étant petits, ne sont pas dangereux pour les

1. V. *Les Influences ancestrales.*

parents. Sachant qu'ils pourront le devenir plus tard, quand ils seront grands, les parents ont intérêt à s'en faire des alliés, et la famille est vraisemblablement la première ébauche des sociétés dans les espèces sociales. Cela n'empêche pas qu'il y ait eu de tout temps des frères ennemis et des parricides, mais l'habitude de s'associer en famille a dû se développer aisément chez les espèces dans lesquelles le travail de chacun produit un excès de résultats utiles à tous.

Si nous nous arrêtons un instant à l'étude des familles primitives, nous concevons immédiatement, à la lumière des notions biologiques générales que nous possédons, une série de déformations individuelles qui doivent résulter fatalement de la vie familiale prolongée. Le père de famille, qui est adulte quand ses enfants sont jeunes, et qui est l'être *fort* de l'association, prend l'habitude de défendre sa femme et ses enfants, mais aussi de leur imposer sa volonté; le père devient le chef; les enfants, qui ont pris l'habitude d'obéir pendant qu'ils étaient jeunes, parce qu'ils étaient plus faibles, continuent d'obéir quand, devenus adultes, ils sont aussi forts que leur père; ils continuent encore quand ils sont plus forts que leur père devenu vieillard.

L'habitude est la grande loi biologique; quand, au lieu d'une vie individuelle unique, nous envisageons une série de vies individuelles, série au cours de laquelle les enfants d'une génération deviennent les parents de la suivante, la série des habitudes individuelles constitue une habitude collective qu'on appelle la *Tradition*. Et sans même faire intervenir encore l'hérédité des caractères acquis, qui nous expliquera plus tard la genèse de certaines croyances absolues, la tradition suffit à rendre nécessaire l'acceptation tacite et involontaire de certaines conventions familiales. Le père était chef par sa force individuelle, et reste chef, par habitude, quand ses fils sont devenus grands. Les fils qui ont obéi étant jeunes, continuent, par habitude, d'obéir à leur père devenu vieux et infirme; mais en obéissant à leur père, ils se souviennent que l'obéissance au père est une habitude nécessaire; ils s'en souviennent quand, devenus pères à leur tour, ils protègent de jeunes enfants qu'ils élèvent pour en faire plus tard des associés; et, petit à petit, indépendamment de toute considération sur la force respective des pères et des enfants, il *devient entendu* que les fils obéissent à leur père, et que le père est le chef de la famille. Si cette tradition est établie depuis assez longtemps, elle prend de plus en plus le caractère métaphysique d'une loi. Des fils vigoureux obéiront, par la force de la tradition, à un père malingre qui n'aura pour lui que l'autorité conférée par la tradition. En d'autres termes, une particularité, renouvelée plusieurs fois de suite dans les générations qui se succèdent, prendra la valeur d'un *caractère acquis*, c'est-à-dire d'un caractère qui, né de certaines conditions, subsistera, par la force de la tradition, même lorsque ne seront plus réalisées les conditions desquelles il est né. Ce sera un *caractère acquis par tradition;* il aura la même valeur absolue que les *caractères acquis par fixation héréditaire progressive;* et d'ailleurs, les effets de la tradition et de l'hérédité étant superposés, il devient impossible, au bout de quelque temps, de savoir quelle est la part de l'hérédité et quelle est la part de la tradition dans la genèse progressive d'un caractère fixé, à un certain moment, dans une espèce donnée. J'ai longuement insisté dans plusieurs ouvrages[1] sur la nature *absolue* des caractères acquis. Ils sont acquis définitivement, et se transmettent de génération en génération, *même si les conditions qui les ont fait naître ont définitivement disparu*. Ce sont, au sens étymologique du mot, des *superstitions*, qui subsistent indépendamment des contingences, et peuvent même, quelquefois, devenir *nuisibles* dans des conditions nouvelles, après avoir été indispensables dans des circonstances différentes.

La vie sociale a produit un grand nombre de ces caractères qui font aujourd'hui partie intégrante des individus sociaux. Je ne saurais trop le répéter, le trait caractéristique de la méthode que je suis

1. V. en particulier *Les Influences ancestrales*.

dans cet ouvrage est de me refuser à considérer, comme ayant joué un rôle dans la genèse des sociétés, tout caractère, existant sans contredit chez les animaux actuels, mais susceptible d'avoir été acquis progressivement sous l'influence même de la vie sociale.

Nul doute que la famille ait été la société la plus ancienne; aussi, les caractères résultant de la vie familiale sont les plus profondément ancrés en nous de tous nos caractères sociaux. Par habitude d'abord, puis par tradition et par hérédité, les enfants ont obéi à leur père; aujourd'hui, nous considérons comme monstrueuse la révolte du fils contre le père, même quand le fils est un homme de grande valeur et le père un despote imbécile. Pour ma part, le sentiment inné de ce que je devais à mon père a été le plus profond de tous mes sentiments; j'ai eu le bonheur, il est vrai, d'avoir un père dont la haute intelligence et la sévère probité commandaient le respect à tous, mais je sens bien que je n'aurais pu me dégager de la vénération filiale héréditaire, même si j'avais eu la tristesse de sortir d'un père indigne.

Il est possible, d'ailleurs, que le sentiment filial ait été plus développé chez moi que chez d'autres hommes. Tous les caractères que nous constatons chez un homme actuel sont le résultat d'une acquisition graduelle qui s'est faite, plus ou moins anciennement, au cours des générations ancestrales; cela, pour un transformiste, est une vérité indiscutable. Nous devons donc raisonner de la même manière sur tous ces caractères, quels qu'ils soient. Or, par suite de la reproduction sexuelle, la distribution quantitative des caractères humains chez un individu nouveau se fait d'une manière tout à fait fortuite. Et, en effet, sauf les vrais jumeaux, nous ne connaissons pas deux hommes qui se ressemblent totalement. Nous ne nous étonnons pas de voir qu'un de nos congénères a le nez plus long, l'œil plus fendu, l'oreille plus plate que son voisin; nous devons donc penser aussi que les caractères intimes sont également l'objet de différences quantitatives individuelles. Mais, quand il s'agit de ces caractères intimes, nous ne pouvons connaître avec certitude que les nôtres propres; c'est seulement par analogie avec les caractères objectifs que nous pouvons admettre une distribution hétérogène des caractères subjectifs chez les divers individus de notre espèce. Je constate, chez moi, un développement très considérable du sentiment filial; je ne puis le comparer, par des mesures, au sentiment filial de mes amis; il n'y a pas de mesure pour les choses subjectives; mais ce que la Biologie m'a enseigné au sujet de l'*espèce* m'oblige à croire à l'existence du même sentiment, *plus ou moins développé* chez tous mes congénères. Je suis convaincu, en effet, que, entre les individus d'une même espèce, il y a seulement des différences *quantitatives;* un caractère qui existe chez moi existe, *peu ou prou*, chez tous les hommes; je me tromperais si je le leur prêtais gratuitement aussi développé que le mien; mais je suis sûr de ne pas me tromper en affirmant que, puisque ce caractère existe chez moi, les autres hommes n'en sont pas totalement dépourvus.

§ 12. — PREMIÈRE NOTION DU DROIT ET DU DEVOIR.

L'habitude, pour le père, de se considérer comme le chef; pour le fils, d'accepter l'autorité du père, s'étant fixée, par tradition ou par hérédité, dans les structures individuelles, les hommes n'ont pas tardé à y voir une de ces lois mystérieuses contre lesquelles on se révolte avec d'autant plus de peine qu'on ignore plus complètement leur origine.

Dans le langage humain, on a donné à ces habitudes fixées le nom de *droit* et de *devoir*. Le *droit* des parents sur les enfants est tellement fixé dans notre structure actuelle, que le père le considère comme *absolument légitime*, même quand, dans des circonstances nouvelles, il est amené, par sa raison, à ne pas l'exercer. Le *devoir* des enfants envers les parents est tellement ancré chez les enfants, qu'ils ne peuvent s'empêcher de le trouver *légitime*, même quand, poussés par des passions violentes ou par d'autres nécessités de la vie individuelle, ils s'insurgent contre ce devoir et se mettent en contradiction avec lui.

Petit à petit, à cause des conditions nouvelles de la vie sociale, on est arrivé à considérer de plus en plus que le droit des parents sur les enfants, et le devoir des enfants envers les parents, doivent être limités à la période de jeunesse pendant laquelle ces notions ont encore leur raison d'être à cause du besoin de protection des individus non adultes. Et même on a dépouillé de leur autorité sur les jeunes enfants des parents indignes que l'on jugeait capables d'en abuser d'une manière insupportable; cela tient à ce que des caractères acquis dans certaines conditions peuvent devenir nuisibles lorsqu'ils sont conservés dans des conditions différentes. Mais je crois profondément que ces notions familiales sont trop ancrées dans nos mentalités, et que, *in petto*, le père déchu par la loi de ses droits paternels, le fils débarrassé par la loi de ses devoirs filiaux, se disent l'un et l'autre que la loi ne peut rien changer à l'ordre naturel des choses. Le père se considère comme lésé dans des droits sacrés, le fils comme autorisé à ne pas accomplir un devoir sacré, qu'il est criminel de ne pas accomplir. Si le père est intelligent, *il se fait une raison;* il constate que l'exercice de l'autorité paternelle à l'égard d'un fils de trente-cinq ans est une absurdité; mais, s'il a le sentiment développé de ses droits de père, il ne peut s'empêcher de trouver qu'il a fait, en abdiquant, une concession méritoire. Si le fils est intelligent, il résiste au despotisme paternel, lorsque le despotisme paternel lui ordonne des actes inacceptables, mais, s'il est fortement imprégné de ses devoirs de fils, il se reproche en lui-même d'avoir permis à la raison de prendre le pas sur le sentiment.

Le fait que la loi a dû intervenir pour atténuer les effets, souvent désastreux, d'un droit et d'un devoir considérés depuis si longtemps comme sacrés, est, à mon avis, un événement social de première importance. Cela prouve que les législateurs ont compris le danger de ces notions métaphysiques qui ont un caractère absolu, quoique les considérations précédentes nous en aient appris l'origine évolutive. Nous rencontrerons, un peu plus tard, d'autres notions ayant le même caractère despotique et la même origine évolutive, et que les législateurs n'ont pas encore osé attaquer, parce qu'ils auraient eu, sans doute, tout le monde contre eux. Peut-être n'en sera-t-il plus de même le jour où on aura admis que toutes ces notions résultent simplement de la fixation, par la tradition ou l'hérédité, d'habitudes prolongées pendant un temps suffisant.

Nous aimons naturellement nos habitudes, parce que, par définition même, une habitude représente pour nous un minimum d'effort. Quand un individu exécute pour la première fois un acte nouveau, d'une part il l'exécute mal, d'autre part, il gaspille, pour l'exécuter, plus d'énergie qu'il ne faudrait; s'il répète souvent cet acte, l'*assimilation fonctionnelle* transforme son organisme et l'adapte, l'habitue à ce fonctionnement particulier; au bout de quelque temps, ce fonctionnement s'exécute avec le minimum de dépense énergétique, et donne en même temps à l'être qui en est le siège la sensation d'un effort très atténué, quelquefois nul. C'est pour cela que nous aimons nos habitudes; on a pu dire, sans exagération, qu'elles font partie de nous.

Si le fonctionnement qui a créé l'habitude était utile dans les conditions où il s'est produit, il reste utile tant que les conditions ne changent pas; on dit alors que l'organisme a acquis une *bonne habitude;* mais ce fonctionnement peut devenir inutile ou même nuisible, quand les circonstances ambiantes se modifient; alors, on dit que l'organisme a une *mauvaise habitude*. En réalité, il ne faut pas attribuer ici au mot *bon* et au mot *mauvais* une valeur définitive; il n'y a pas, d'une manière absolue, de bonnes et de mauvaises habitudes; il y a des habitudes qui sont bonnes *dans certaines conditions* et qui sont mauvaises *dans d'autres circonstances*. Ceci est évident et indiscutable. Si donc il est établi que les notions de *droit* et de *devoir* familial ne sont que des habitudes fixées dans notre hérédité ou dans notre tradition, nous devrons penser que ces notions peuvent être bonnes ou mauvaises, *suivant les circonstances*; nous devrons en discuter l'application dans chaque cas. Cela serait vrai, du moins, si nous avions à discuter l'opportunité de tel ou tel acte pour un homme autre que nous-même; nous n'hésiterions pas à donner le conseil que nous suggérerait notre raison. Il n'en est plus de même quand nous devons agir personnellement; la notion du droit et du devoir se présente, dans notre subjectivité, avec un caractère de despotisme et d'autorité auquel nous accordons volontiers une valeur absolue. Il me sera difficile de me dire que c'est une mauvaise habitude d'aimer son père; il me sera difficile d'agir à l'encontre de mon devoir filial, même si ma raison me démontre que ce devoir filial me donne, dans l'espèce, des ordres inacceptables et, peut-être, néfastes. Un fils soumis et tendre n'aura pas toujours le courage d'écouter sa raison et d'exécuter un acte nécessaire qui doit faire souffrir ses parents; j'en ai connu un qui, dans de telles circonstances, s'est suicidé, résolution absurde qui n'a rien arrangé, mais qui, du moins, l'a mis hors de cause. Eût-il agi de la même manière s'il avait su que sa notion de devoir filial n'était, dans le cas considéré, qu'une mauvaise habitude? Oui, sans doute, car nos sentiments sont autoritaires et ne se laissent pas influencer par les raisonnements; et cette simple remarque montre combien il doit être difficile à un législateur de réglementer les relations familiales. Sachant que l'autorité paternelle n'est qu'une habitude, il ne lui accordera pas une valeur absolue dans l'établissement de la loi qui doit régir les rapports de famille, mais il devra tenir compte du fait que cette habitude existe dans toutes les mentalités humaines, que le père s'attribue dans sa conscience intime, et indépendamment de tous les raisonnements, une autorité absolue sur ses enfants, et que le fils même, qui souffre si souvent de cette autorité paternelle, l'accorde à son père, dans le fond de lui-même, au moment précis où il s'insurge contre son insupportable despotisme.

Ce que nous avons dit ici pour les notions provenant des habitudes de famille, nous serons amenés à le répéter pour les autres notions métaphysiques résultant des habitudes sociales prolongées. Ces rapides considérations sur la vie familiale sont comme un raccourci de toute l'histoire de la vie en société.

§ 13. — RELATIONS ENTRE FAMILLES VOISINES.

Revenons à des études objectives. Les nécessités de la reproduction sexuelle ont conduit à des groupements, plus ou moins durables, d'individus en *familles*. Ces groupements présentent un intérêt évident, dans le cas de la lutte contre un ennemi commun ; quand une famille est puissante par le nombre et la vigueur de ses membres, ceux-ci jouissent d'une sécurité relative vis-à-vis des ennemis extérieurs moins puissants ; ils inspirent une terreur salutaire et peuvent se livrer plus librement à la chasse, à la pêche, à tous les travaux qui procurent la nourriture. La conséquence de cette liberté plus grande est une production alimentaire plus abondante, et dont bénéficient tous les associés.

Mais pour être associés, les membres d'une famille n'en sont pas moins des individus distincts, donc des concurrents, des antagonistes, des ennemis ; au moment du partage du butin, il est vraisemblable que les frères des familles primitives devaient souvent se battre entre eux pour avoir les meilleurs morceaux. L'autorité attribuée, par habitude, au père chef de la famille, intervenait peut-être quelquefois pour empêcher ces luttes intestines ; mais ce qui jouait sans doute un rôle plus important encore dans le maintien de la concorde familiale, c'était la présence, dans le voisinage, de familles concurrentes, donc ennemies. Le frère, qui haïssait dans le frère un concurrent pour le partage du butin, estimait en lui le soldat valeureux allié pour les luttes quotidiennes contre l'ennemi extérieur. Quoi qu'il en puisse coûter à notre amour-propre d'hommes civilisés du xxe siècle, nous devons penser que la présence incessante d'un ennemi dangereux était le plus grand agent de concorde dans les familles primitives; la paix à l'intérieur de la famille ne se maintenait que par la guerre incessante contre les étrangers.

Chez la plupart des espèces animales autres que l'espèce humaine, l'association n'a jamais dépassé les limites de la famille ; deux familles voisines ont été toujours deux familles ennemies, ne mettant jamais aucun intérêt en commun. Ce qui a mis l'homme à part au point de vue social, c'est que l'homme, pourvu d'armes, était, en quelque canton que ce fût, l'être le plus redoutable ; sa capacité de nuire était supérieure à celle de tous les autres animaux ; elle tenait en effet à une force physique énorme, que nous retrouvons encore chez le gorille. Quoique trop peu intelligent pour se fabriquer des armes, le terrible anthropoïde des forêts du Congo ne redoute pas le corps à corps avec un lion; des gorilles *armés*, comme les hommes des cavernes, étaient fatalement désignés pour devenir les chefs du canton qu'ils habitaient. Une famille d'hommes des cavernes ne pouvait trouver de rivaux en domination que dans les autres familles voisines; et nous avons le droit de répéter, pour les associations de familles, le raisonnement auquel nous avons été conduits précédemment pour les associations d'individus humains ; c'est l'appréciation, dans une famille voisine, d'une capacité de nuire supérieure à celle de tous les autres ennemis possibles, qui a amené une famille humaine donnée à respecter, dans cette famille voisine, un antagoniste redoutable, jusqu'au jour, bien entendu, où cette famille voisine donnait des signes évidents d'infériorité. Nous reviendrons tout à l'heure sur les diverses causes qui ont déterminé l'extension de l'association humaine. Arrêtons-nous pour le moment à l'étude des espèces animales dans lesquelles l'association se limite à une famille; prenons pour exemple les hyménoptères sociaux.

§ 11. — LA FOURMILIÈRE ET LA RUCHE.

Les abeilles et les fourmis sont des êtres redoutables pour les animaux de petite taille ; elles possèdent des armes offensives et défensives qui en font des ennemis dangereux ; c'est là, nous l'avons vu, une condition fondamentale de la genèse des associations. Mais il y a d'autres animaux plus grands, qui sont, pour les fourmilières et les ruches, des ennemis plus redoutables que les autres fourmilières et les autres ruches, et cela suffit à expliquer que l'association n'ait pas dépassé, chez ces êtres, les limites de la famille. Jamais des fourmilières n'ont pu envisager la possibilité de se partager un canton dont elles fussent les maitres incontestés ; elles ont sans doute reconnu de tout temps l'existence de *capacités de nuire* supérieures à celles des fourmilières. Dans un conte du livre de la jungle, *Chien rouge*, Kipling parle d'une gorge de la Waingunga où régnait sans conteste « le petit peuple qui est toujours en colère ». L'accumulation, dans cette région particulière, de myriades de myriades d'abeilles, en rendait l'abord impossible même aux carnassiers les plus redoutés. (Il faut d'ailleurs remarquer que les tigres et les panthères ne sont pas les véritables ennemis des abeilles.) Maîtres incontestés d'un canton, ces hyménoptères auraient pu songer à s'associer en sociétés de familles, comme l'ont fait les hommes. Mais il me semble que, dans les conditions où les place Rudyard Kipling, ces petits êtres, turbulents et irritables, devraient au contraire entrer en guerre les uns avec les autres ; s'ils étaient si nombreux dans une même gorge de la Waingunga, les fleurs voisines ne devaient leur fournir qu'une nourriture insuffisante ; le premier sentiment que devait éprouver une abeille en présence d'une autre abeille était fatalement celui de la concurrence. Pour que des êtres s'associent dans un endroit restreint, il faut qu'il y ait là de la nourriture pour tous. L'histoire de la gorge de la Waingunga me paraît devoir être reléguée parmi les mythes qui n'ont pas de fondement biologique. Pour une abeille faisant partie d'une population aussi dense, il n'y a pas d'ennemi plus important que toutes les autres abeilles, quelles qu'elles soient : *primum vivere !*...

Revenons donc au cas ordinaire des associations

familiales habitant les ruches ou les fourmilières. Tout membre d'une association voisine est considéré comme un ennemi et mis à mort dans la fourmilière où on l'introduit. J'ai signalé ailleurs les expériences de Bethe sur les fourmis, en recherchant, non pas la raison qui pousse les fourmis à s'entretuer quand elles appartiennent à des fourmilières différentes, mais seulement la méthode par laquelle elles reconnaissent immédiatement le caractère d'étranger chez une fourmi d'une autre origine. La conclusion des expériences de Bethe est qu'il y a une *odeur de famille* chez les fourmis. Ce qui nous intéresse ici, c'est seulement la haine de fourmilière à fourmilière.

Les habitants d'une ruche ou d'une fourmilière ne sont pas tous identiques. L'abeille mère ou reine pond tous les œufs d'où sortent les nouveaux membres de la colonie et ceux qui fondent au loin, par essaimage, des colonies analogues. La ruche est donc une grande famille, mais une famille différente des familles humaines en ce que chacun n'y est pas l'égal de tous les autres ; il y a des catégories d'individus que leur structure anatomique et leur physiologie prédestinent à telle ou telle fonction. A ce point de vue, une société d'abeilles ou de fourmis ressemble, bien plus qu'une société humaine, à l'agglomération de cellules qui constitue un être supérieur. Il y a toujours des différences, puisque chaque abeille ouvrière est mobile et libre dans l'espace, tandis que chaque élément des tissus de construction d'un mammifère occupe toujours la même place dans l'agglomération; mais il y a aussi des ressemblances puisque chaque abeille, comme chaque élément de tissu, est douée d'une structure congénitale qui l'adapte fatalement[1] à une fonction déterminée.

Comment cette merveille s'est-elle réalisée? L'habitude, créant des caractères acquis héréditaires, nous permet de le concevoir. Sans nous égarer dans les dédales de l'évolution des espèces, constatons seulement que la division du travail est admirablement réalisée chez les abeilles, grâce à l'*inégalité* congénitale des habitants de la ruche. Nous trouvons d'ailleurs, en étudiant les espèces d'hyménoptères sauvages qui vivent actuellement, des images des diverses étapes qu'a parcourues l'évolution de l'abeille dite domestique, avant d'arriver à la merveille réalisée de nos jours. (Rien de semblable ne s'est produit chez l'homme où, sauf les différences sexuelles, chaque individu est congénitalement capable de remplir n'importe quelle fonction sociale.)

La ruche étant une famille, son organisation en association a pu commencer comme celle de la famille humaine, quoique, de nos jours au moins,

1. Ceci n'est pas entièrement vrai; une ouvrière, prise à un âge assez précoce, peut encore, sous l'influence d'une alimentation spéciale, être transformée en pondeuse et remplacer la reine défunte.

l'autorité paternelle de l'homme ne trouve pas son équivalent dans les sociétés d'abeilles ; le respect d'antagonistes également armés, et qu'il était dangereux d'attaquer, a pu jouer ici un rôle prédominant. Nous ne pouvons faire à ce sujet que des hypothèses. Quoi qu'il en soit, il suffit d'étudier attentivement les hyménoptères sociaux pour se convaincre qu'il doit exister chez eux, comme résultat d'une habitude séculaire, un sentiment du droit et du devoir. Mæterlinck, constatant l'admirable dévouement des abeilles ouvrières, a fait intervenir dans leurs déterminations une entité métaphysique qu'il a appelée « l'esprit de la ruche ». Il n'est pas besoin d'être grand clerc pour reconnaître dans cet esprit de la ruche l'équivalent de notre sentiment du devoir ; mais les abeilles obéissent à cette « habitude séculaire » plus parfaitement que nous ne le faisons nous-mêmes, parce que, grâce à sa structure congénitale, chacune d'elles n'a précisément jamais envie de faire autre chose que ce qui est son devoir de membre de la ruche. Nous ne pouvons chercher l'équivalent de la si complexe mentalité humaine dans des animaux qui n'ont pas de besoins sexuels et qui, surtout, *ne se reposent jamais*. L'œuvre de l'habitude a été si profonde, au cours de l'évolution des abeilles, que chacune d'elles est aujourd'hui un outil adapté à une besogne et exécutant cette besogne *sans fatigue*. Les appareils excréteurs de l'homme ne lui permettent pas d'espérer un tel résultat, même dans le cas où une spécialisation adaptative parfaite se réaliserait chez lui. Nous sommes fatigués quand nous avons travaillé, et nous avons besoin de ce sommeil réparateur qu'ignorent les abeilles ouvrières. Et le fait que le travail est pour nous une fatigue, au moins quand il dépasse une certaine limite, ne nous permet pas d'espérer que nous connaitrons un jour la béatitude des mouches à miel.

§ 15. — LE CLAN.

La lutte contre les ennemis d'espèce différente (lions, ours, etc.) et la certitude de pouvoir devenir les maîtres incontestés d'un canton abondamment fourni de matières alimentaires a pu suffire à créer des associations de familles humaines, au moins des associations momentanées, basées sur le respect réciproque d'égales capacités de nuire, mais qui n'empêchaient pas l'antagonisme d'exister entre les familles associées, comme il existe entre les membres d'une même famille. Ces associations de familles étrangères ont pu provenir quelquefois de nécessités actuelles créées par un ennemi commun, mais, en dehors de ces circonstances fortuites, les nécessités mêmes de la reproduction ont fait franchir à l'association les limites de la famille pure et simple; elles ont constitué « le clan ».

Supposons qu'un père de famille vive assez

longtemps pour que ses fils fassent souche à leur tour; ses fils habitués à lui obéir, d'une part, et, d'autre part, à se considérer comme associés, donneront une direction commune aux jeunes de la seconde génération; les cousins élevés ensemble, et soumis à l'autorité du même patriarche, contracteront, les uns vis-à-vis des autres, les habitudes qui naissent entre frères. Ils se reconnaîtront quelques intérêts communs, quoique étant, par ailleurs, antagonistes et ennemis, par exemple au moment du partage du butin. A mesure que les générations se succéderont, le nombre des descendants du patriarche augmentera trop rapidement pour qu'ils continuent de constituer à proprement parler une famille; mais des familles distinctes, dont les chefs *ont été frères* dans une famille antérieure, ne se considéreront pas comme aussi étrangères les unes aux autres que des familles quelconques. L'habitude a créé chez les frères certains liens qui persisteront plus ou moins, et constitueront ce qu'on peut appeler le sentiment familial, le devoir familial.

Évidemment, il ne faut pas s'exagérer la force de ce lien; les jalousies nées des hasards de la vie en commun ont souvent fait naître entre les frères des haines bien plus puissantes que le sentiment de la famille; cependant, dans certains cas particuliers, notamment en présence d'un ennemi commun, les familles parentes se souviennent de leur origine commune. L'histoire nous fournit des milliers d'exemples d'un tel fait; les clans des Highlanders, dans les montagnes de l'Écosse, étaient formés de familles qui se battaient sans cesse entre elles; mais, contre les Anglais, par exemple, ou contre un ennemi commun quelconque, ces familles se réunissaient momentanément autour d'un de leurs membres reconnu comme chef du clan. Elles se réunissaient pour un effort guerrier commun, et, une fois la guerre finie, recommençaient à se battre entre elles.

Des considérations purement biologiques nous ont conduits tout naturellement, dès le début, à attribuer un rôle primordial à « l'ennemi commun » dans la constitution d'associations momentanées. Et, malgré les multiples déformations que l'homme a subies sous l'influence d'une vie sociale prolongée, nous retrouvons encore de nos jours la démonstration de ce fait dans tous les grands mouvements de l'histoire contemporaine. Quand un pays est divisé par des discordes intestines, une menace d'agression de la part d'un voisin puissant suffit le plus souvent à faire taire, pour quelque temps, les haines entre concitoyens. Ces haines renaissent de plus belle dès que la menace extérieure a cessé. Même dans les discordes civiles, cette grande loi se vérifie; on s'entend *contre* quelqu'un et non *pour* quelque chose. Le mouvement extraordinaire créé par l'affaire Dreyfus a momentanément uni contre les antidreyfusistes les éléments les plus variés de la nation; dès que les dreyfusistes ont triomphé, ils ont recommencé à se battre entre eux; ils s'étaient entendus provisoirement contre un ennemi commun; une fois l'ennemi vaincu, ils se sont regardés les uns les autres, et se sont demandé comment, étant si différents, ils avaient pu combattre côte à côte. Sous le vernis de la civilisation, on retrouve toujours l'homme des cavernes.

Cette remarque est importante, car, si elle est vraiment indiscutable, elle range parmi les utopies insoutenables le rêve de fraternité humaine des pacifistes. S'il faut un ennemi commun pour qu'on s'entende, les hommes, devenus les maîtres incontestés du monde, ne pourront plus trouver, en dehors d'eux-mêmes, un antagoniste assez redoutable pour créer entre eux une union solide. Ils n'auront plus d'autre ennemi que les intempéries, qui ne les menacent jamais tous ensemble de la même manière, et que la faim, qui, au lieu de les unir, en fait des concurrents féroces, depuis que leur nombre s'est accru et menace de déborder les capacités alimentaires du globe. Nous aurons à revenir sur ces considérations quand nous aurons étudié les sentiments métaphysiques qui sont nés chez les hommes d'une longue habitude sociale. Continuons pour le moment nos considérations objectives sur la formation d'associations de plus en plus étendues.

§ 16. — LA NATION.

Ce n'est pas sans peine que l'on passe de la formation des clans à celle des nationalités. Il faut reconnaître, d'ailleurs, que beaucoup de peuples n'ont pas pu dépasser un certain degré d'association. Je parlais tout à l'heure des clans écossais; leur histoire est très instructive et a été admirablement présentée par Walter Scott dans les *Contes d'un Grand-père*. Les haines de clan à clan étaient si féroces que, bien souvent, l'ennemi commun, au lieu d'attaquer les Highlands, se bornait à réveiller adroitement entre les groupements rivaux des haines séculaires. Les *Commentaires* de César nous montrent le lamentable spectacle des peuplades de la Gaule, divisées par des rivalités jalouses dont l'envahisseur romain tirait sans cesse profit, et se décidant enfin, trop tard, devant la menace de la ruine certaine, à tenter un effort d'association contre l'ennemi commun.

L'origine des nations est géographique.

Dès le début des remarques biologiques que j'ai passées en revue au commencement de cet ouvrage, j'ai été conduit à considérer que le sol du canton habité par des êtres vivants quelconques est le patrimoine de chacun. Les groupements familiaux (ou plus élevés en organisation que la simple famille), sont naturellement des groupements rivaux s'ils habitent le même canton, dont la production alimentaire est limitée. Mais chacun des individus de ces groupements rivaux est attaché à ce canton par ses *habitudes* individuelles. De sorte que, même faisant partie de groupements rivaux, les habitants d'un même canton ont quelque chose de commun, l'habitude de vivre sur le sol d'un certain pays. Et ce sentiment commun suffit à faire considérer par *tous* comme *étranger* celui qui ne vit pas sur le même sol. Ainsi, des familles normalement rivales peuvent arriver à s'entendre, momentanément au moins, contre un envahisseur que tous détestent également.

D'autres liens peuvent s'établir, sur le même sol, entre des familles naturellement rivales ; d'abord, la reproduction de l'homme étant sexuelle, les mariages de voisin à voisine font naître des liens de parenté entre les clans ennemis. Tel jeune homme appartient par son père aux Montaigu et par sa mère aux Capulet, et cela crée, au moment des guerres de familles, des situations très fausses que certains clans ont évitées en interdisant le mariage en dehors du clan. L'attraction sexuelle a triomphé souvent de ces législations despotiques, et, petit à petit, dans certains cas, les clans voisins d'un même pays se sont fondus en un clan plus vaste qui a bientôt compris tous les habitants du même canton. De plus, les relations de voisinage, nécessitées par les échanges et par la division du travail dont nous parlerons plus tard[1], ont fait que les habitants d'un même pays, même quand ils ne descendaient pas d'ancêtres communs, sont arrivés à parler la même langue. Et cela a été un lien de plus, qui a suffi quelquefois à unir des groupements d'hommes contre un étranger parlant un idiome différent. Des gens qui habitent le même pays et parlent la même langue ont trop d'*habitudes* communes pour ne pas redouter, comme une catastrophe, l'irruption d'étrangers ayant un idiome différent et des habitudes différentes. On pourrait dire que l'habitude est le grand facteur d'association, mais ce serait là un truisme, puisque les associations sont formées d'êtres vivants, et que l'habitude est la définition même de la vie[2].

Quoi qu'il en soit, l'histoire nous apprend que des nations se sont constituées, et que quelques-unes d'entre elles ont duré des siècles. Constatons-le *a posteriori;* bien fin eût été celui qui eût pu prévoir d'avance leur établissement et leurs limites. Il entre trop de facteurs dans l'évolution historique pour qu'un homme puisse les envisager tous à la fois, avec quelque chance de ne pas se tromper. Contentons-nous de constater qu'il y a des nations et que quelques-unes ont duré longtemps; mais ne nous avisons pas de prévoir com-

1. Nous en parlerons plus tard parce qu'elle a été, le plus souvent, une conséquence et non une cause des associations.
2. Vivre, c'est s'habituer.

bien de temps elles dureront encore et comment elles disparaîtront.

§ 17. — LA GUERRE.

La vie est une lutte; la guerre est la fonction la plus ordinaire de l'être vivant. On réserve ordinairement ce nom de guerre à la lutte entre nations voisines et rivales; mais il y a aussi les guerres civiles et les guerres latentes qui, divisant les habitants d'une même nation, créent entre eux des haines individuelles sous lesquelles la nation succomberait fatalement, si la menace d'un envahissement étranger ne réunissait de temps en temps, en un faisceau unique, toutes ces activités antagonistes.

Une fois les nations constituées, avec leur patrimoine géographique limité, des rivalités, des jalousies s'élèvent naturellement entre les nations voisines comme elles naissent entre individus voisins. Il y a des haines collectives à côté des haines individuelles, et cela résulte de la nature même du phénomène vital. Imbus des idées métaphysiques qui, nous le verrons bientôt, découlent fatalement, en vertu de la loi d'habitude, de l'existence prolongée d'associations humaines ou animales, quelques doux rêveurs ont souhaité la fraternité universelle, et, devant l'écroulement de leur rêve, ils ont accusé la nature humaine; ils ont eu tort : c'est la vie même qu'il fallait accuser; il est regrettable que la vie, quand elle se prolonge dans des sociétés constituées, fasse naître forcément, dans les mentalités des êtres vivants, des notions sentimentales incompatibles avec la prolongation de la vie; nous étudierons tout à l'heure la genèse de ces notions qui mènent le monde.

L'histoire nous apprend que les nations, qu'elles fussent limitées à un canton ou qu'elles couvrissent un vaste territoire, ont été très fréquemment en guerre avec les nations voisines. Les périodes de paix sont des périodes anormales, pendant lesquelles les voisins se mesurent des yeux, chacun d'eux attendant un affaiblissement de l'autre pour l'attaquer. Quand deux peuples voisins ne se battent pas, cela prouve, non pas qu'ils s'aiment, mais bien qu'aucun ne se sent assez fort pour être sûr de triompher dans la lutte. Il se peut cependant que deux peuples voisins vivent en paix quoique d'inégale force, parce qu'ils redoutent l'un et l'autre un ennemi commun contre lequel ils contractent une alliance; et cela dure jusqu'au moment où, n'ayant plus peur de ce troisième larron, parce qu'il est occupé ailleurs, les deux alliés de jadis se battent entre eux; et le plus grand mange le plus petit.

Les philosophes, amis de la paix universelle, déplorent cette ardeur belliqueuse qui pousse les peuples l'un contre l'autre; ils rêvent d'une fédération du monde, oubliant que la vie est une lutte;

ils se basent, pour concevoir ces chimériques espérances, sur les sentiments de fraternité qui sont répandus parmi les meilleurs des hommes. Mais ils ne se souviennent pas, dans leur généreuse utopie, de l'origine même de ces sentiments de fraternité. C'est la guerre seule qui les a fait naître; c'est l'union contre l'ennemi commun qui a transformé en associés provisoires des individus que leur intérêt divise; c'est l'ennemi commun de la famille qui a fait naître la fraternité entre frères; c'est l'ennemi commun de la nation qui a fait naître la fraternité entre concitoyens. Nous verrons, au chapitre suivant, par quel phénomène biologique nécessaire cette fraternité provisoire a pris le caractère d'une notion absolue « persistant après la disparition de la cause qui l'avait fait naître ». Bien plus, cette fraternité dont l'origine se conçoit sans peine entre frères ou entre concitoyens, on l'a étendue fatalement, du moment qu'elle a pris un caractère absolu, de manière à l'appliquer à l'humanité tout entière, ce qui, comme je l'ai fait remarquer plus haut, ne rime plus à rien. Si vous prenez tous les hommes ensemble, à partir du moment où, ayant conquis le monde sur les autres espèces animales, ils se sont multipliés suffisamment pour commencer à se sentir à l'étroit sur le patrimoine limité de notre planète, vous ne pourrez plus trouver en eux que des *concurrents*, et non des associés; n'ayant pas d'ennemi commun en dehors d'eux, ils sont forcés de se battre entre eux, et les plus forts mangent les plus petits.

Et cependant, le sentiment de fraternité existe; nous avons même l'habitude de considérer que ceux qui l'ont au plus haut point sont les meilleurs d'entre nous.

Puisqu'il existe, nous devons en tenir compte.

Quand un sentiment a pris un caractère absolu, son domaine ne saurait plus se limiter; la fraternité a franchi les limites de l'espèce et s'est étendue aux animaux domestiques. On se révolte de la brutalité des charretiers qui manquent d'*humanité* envers leurs chevaux. Chez les âmes bien sensibles, le sentiment de fraternité s'étendra sans doute jusqu'aux animaux sauvages et même jusqu'aux pires ennemis du genre humain tout entier. Et quand on en sera là, les nécessités de la vie détermineront un mouvement de réaction qui nous rejettera dans la barbarie!

LIVRE II

LES DÉFORMATIONS RÉSULTANT DE LA VIE EN COMMUN

CHAPITRE III

LA NAISSANCE DES NOTIONS ABSOLUES

§ 18. — LA MENTALITÉ DE L'INDIVIDU SOCIAL.

Il pourrait paraître logique d'étudier maintenant le côté par lequel les associations humaines semblent, au premier abord, s'éloigner de leur origine première ; au lieu de voir, dans la lutte et la haine, la base des sociétés d'hommes, nous nous plaisons en effet à y voir des alliances pacifiques *pour* le travail en commun, *pour* la production des choses utiles, plutôt que des alliances belliqueuses *contre* un ennemi commun. Nous arriverons un peu plus tard à comprendre que le langage de la lutte est le seul qui soit véritablement général du moment qu'il s'agit d'êtres vivants, et que tout autre langage peut prêter à de dangereuses confusions. Pour le moment, et avant d'étudier la mise en valeur du patrimoine social, profitons de ce que les notions de lutte et d'ennemi commun ont suffi pour nous faire concevoir historiquement la genèse d'associations plus ou moins durables, et étudions les transformations qui résultent, pour chaque individu, de la constitution des sociétés. Ces transformations, une fois acquises et fixées définitivement dans l'hérédité de tous, joueront un rôle très important dans la continuation des associations dont elles dérivent.

Au point de vue purement biologique, l'acquisition de ces transformations, ou, si l'on préfère, de ces déformations individuelles, est d'une nécessité indiscutable. Le fait d'être associé à d'autres individus de même espèce (ou d'espèce différente) est évidemment, pour un individu donné, une des circonstances importantes de son existence. Or Lamarck nous a appris que toute condition importante, *longuement* prolongée dans l'ambiance d'un être vivant, détermine fatalement, chez cet être vivant, une modification adaptative. Un être quelconque, soumis à l'action durable d'un facteur extérieur à lui y succombe ou s'y habitue ; vivre, c'est s'habituer ! Il est donc certain qu'un individu, soumis longtemps à la vie sociale, s'y habituera s'il n'en meurt pas ; il subira des transformations qui en feront un animal social.

Ces transformations seront des modifications structurales, des variations objectives qu'une étude physico-chimique complète du corps des individus permettrait sans doute de révéler. Nous ne savons pas faire cette étude objective complète, mais chaque individu la fait, pour son compte personnel, dans le langage subjectif. Il nous est impossible de faire aujourd'hui la traduction objective des notions que nous recueillons subjectivement, mais la biologie nous a enseigné[1] que cette traduction serait possible si notre connaissance de la structure intime des êtres était plus étendue. Or, chacun de nous exprime, dans le langage articulé, une traduction de ses notions subjectives; et comme le langage articulé est entendu par les autres hommes, on peut voir, dans ce que dit un homme au sujet de ses modifications subjectives, une traduction *lointaine* des changements que nous découvririons en lui par la méthode objective d'investigation, si nous savions appliquer cette méthode jusqu'au bout.

Je dis une traduction lointaine, et elle est lointaine en effet.

Quand un homme traduit, dans le langage articulé, les sensations qu'il éprouve, cette traduction n'est susceptible d'aucune vérification, non seulement pour l'étranger qui l'écoute, mais encore, et c'est infiniment plus grave, pour celui-là même qui

1. V. *Science et Conscience*. Paris, Flammarion, 1908.

s'exprime dans le langage articulé. Quand chacun de nous apprend à parler, il peut être sûr de la valeur des mots qu'il emploie pour désigner les objets extérieurs, parce que, là, une vérification scientifique est possible; mais le cas n'est plus le même pour les mots qui représentent des états structuraux internes; ici, aucune vérification directe n'est possible; c'est seulement à la longue, et par les comparaisons des actes extérieurs qui résultent de ces états internes, que l'on peut arriver à s'assurer, *à peu près*, que, chez deux individus différents, les mêmes mots expriment les mêmes choses. Et la vérification laisse toujours à désirer parce que nos actes les plus simples sont infiniment complexes et résultent d'un nombre prodigieux de facteurs synergiques.

Ces remarques suffisent à faire comprendre pourquoi les hommes, qui s'entendent forcément quand il s'agit de faits connus par la méthode objective ou scientifique, sont si souvent en désaccord quand ils discutent des faits que chacun ne connait que par l'intermédiaire d'une traduction subjective. L'infériorité du langage psychologique sur le langage physiologique est évidente; mais à l'impossible nul n'est tenu, et, puisque nous n'avons pas encore de moyen de connaître objectivement les mouvements intracérébraux de nos congénères, contentons-nous, jusqu'à nouvel ordre, des renseignements que chacun veut bien nous donner sur ses mouvements intérieurs, dans la traduction imparfaite qu'il en réalise au moyen du langage articulé. Cette traduction est imparfaite, mais si imparfaite qu'elle soit, elle vaut mieux que rien ; or, la physiologie ne nous apprend rien dès qu'il s'agit des fluctuations intracérébrales.

Et voilà pourquoi, malgré notre désir de suivre exclusivement la méthode objective, nous sommes contraints, au moins en apparence, de recourir, dans le langage, à des notions dont chacun de nous ne peut avoir qu'une connaissance subjective. Il sera établi, une fois pour toutes, que nous employons les expressions correspondantes, comme la traduction la moins mauvaise à laquelle, dans l'état actuel de la science, nous puissions recourir au sujet de l'adaptation des individus à la vie sociale. Nous limiterons l'emploi du langage psychologique aux faits pour lesquels il paraît le moins dangereux, mais il n'en est pas moins vrai que, de cette nécessité de langage, résultera pour nos déductions une cause d'infériorité, une fissure par laquelle l'erreur peut s'introduire subrepticement.

Au lieu de parler des transformations structurales qui résultent pour l'individu de son accoutumance à la vie en société, nous parlerons donc désormais de la *conscience de l'individu social*, et des modifications psychologiques qui sont la conséquence des habitudes prolongées. Pour un lamarckien convaincu, il ne saurait y avoir de doute quant à l'acquisition même de ces modifications; vivre, c'est s'habituer; je ne saurais trop le répéter; mais si les adaptations individuelles sont fatales, sous peine de mort, il ne s'ensuit pas fatalement qu'elles soient acquises assez profondément et fixées dans le patrimoine héréditaire de l'individu au point de devenir transmissibles. Nous connaissons, en effet, beaucoup de caractères acquis individuels qui ne deviennent jamais héréditaires; c'est seulement après coup, quand on constate qu'un caractère acquis par une espèce s'est fixé dans son patrimoine au point de s'y conserver désormais en dehors même des conditions qui l'ont fait naître, c'est seulement alors, dis-je, que l'on peut parler de l'hérédité des caractères acquis. Mais quand il s'agit d'individus vivant en société, il y a, pour la transmission des caractères acquis, un autre véhicule que l'hérédité; j'ai nommé la tradition.

Dans une espèce sociale, le jeune animal se développe en présence d'un nombre plus ou moins grand de ses congénères adultes; le voisinage de ces individus de même espèce constitue l'un des facteurs les plus importants de l'*éducation* des jeunes. Je rappelle en quelques mots ce que j'ai longuement exposé ailleurs[1]. L'évolution individuelle qui conduit de l'œuf à l'adulte résulte à

1. V. *Traité de Biologie, op. cit.*

chaque instant de deux facteurs : l'hérédité, ensemble des propriétés du corps vivant au moment considéré, et l'éducation, ensemble des circonstances extérieures à ce corps vivant. La faculté d'imitation, qui est une des plus remarquables parmi les propriétés de l'être vivant[1], s'exerce d'autant plus aisément que les modèles qui lui sont soumis lui ressemblent davantage; par le fait même qu'il est élevé au milieu de ses congénères plus âgés, le jeune animal, les imitant fatalement, leur devient plus semblable encore qu'il ne l'était par l'hérédité spécifique commune. Et, par conséquent, lorsqu'il s'agit d'un caractère très général chez les êtres d'une espèce, on ne peut savoir, quand on le constate chez un individu nouveau, si ce caractère était inscrit dans l'hérédité de l'individu et s'y serait développé fatalement en dehors de l'influence de ses anciens, ou si ce caractère, sans être à proprement parler héréditaire, est simplement, chez les jeunes, un résultat de l'imitation des modèles qu'il a sous les yeux. On appelle Tradition la transmission des caractères spécifiques par l'éducation. Il est évident que la Tradition renforce les caractères héréditaires et fait naître ceux qui ne le sont pas. Pour connaître, avec certitude, quels sont les caractères qui sont transmis par la seule tradition, il faudrait faire l'expérience d'éle-

1. V. *Science et Conscience, op. cit.*

ver un individu loin de tous ses congénères, ce qui est extrêmement difficile quand il s'agit de l'espèce humaine. Pour le moment, ne nous occupant que du cas normal des êtres sociaux vivant normalement, nous n'avons pas à faire de différence entre les caractères acquis par tradition et les caractères fixés dans l'hérédité. Il n'en sera plus de même quand nous nous proposerons de faire disparaître, chez des individus naissants, quelques-uns des caractères que nous aurons reconnu être désavantageux pour leurs parents ; si ces caractères résultent uniquement de la tradition, le problème pourra en effet être résolu, tandis qu'il ne le pourra pas si les caractères en question sont fixés dans l'hérédité spécifique.

Le résumé de toutes les considérations précédentes est le suivant :

L'*habitude*, résultant chez les individus d'un fonctionnement prolongé dans des conditions données, franchit les limites de la vie individuelle, et se prolonge, au cours des temps, dans la lignée, soit par hérédité, soit par tradition. Le fait de vivre en société étant un facteur important dans les conditions de la vie individuelle, il résulte fatalement, de plusieurs générations successives de vie sociale, des *habitudes* sociales qui se renforcent de génération en génération et existent finalement chez tous les êtres de l'espèce considérée, *au même titre que tous les autres caractères structuraux*. C'est donc là une transformation, ou, si l'on préfère, une déformation de l'espèce sous l'influence de la vie en commun. Nous allons étudier cette déformation dans la mentalité des êtres vivant depuis longtemps en société; ce sera ce qu'on peut appeler la mentalité de l'individu social.

§ 19. — LOGIQUE ET INSTINCT DE LA CONSERVATION.

Déjà précédemment, à propos de la vie de famille, dans laquelle nous avons constaté que l'on trouve en raccourci toute l'histoire de la vie sociale, nous avons vu naître, dans la mentalité des membres d'une famille, comme conséquence fatale de la vie familiale même, des notions de *droit* et de *devoir* qui ont pris rapidement un caractère *absolu*, indépendant des contingences. La Biologie nous a expliqué ce fait en nous montrant, d'abord, que l'habitude est une conséquence de la vie, et, ensuite, que les habitudes fixées, introduisent, dans la structure (et par conséquent dans la mentalité) des individus, des mécanismes persistants. Ces mécanismes persistants durent même plus longtemps que l'individu qui les a acquis; ils passent, par hérédité ou tradition, aux générations suivantes; une fois créés, ils se conservent, en dehors même des conditions qui les ont fait naître; un homme comme Robinson Crusoé, qui a une mentalité sociale, conserve cette mentalité dans une île déserte où elle ne peut que lui nuire en portant une entrave à son adaptation. La mentalité d'un être social contient donc des notions absolues qui résultent d'habitudes fixées dans sa lignée, tant par l'hérédité que par la tradition.

En réalité, tous nos caractères, quels qu'ils soient, ne sont autre chose, pour un transformiste convaincu, que des habitudes fixées. Et il faut distinguer ceux de ces caractères qui ont une origine sociale de ceux qui tirent leur origine de circonstances indépendantes de la vie sociale. Quoique vivant en société, l'homme n'en a pas moins des relations individuelles avec la nature; c'est en tant qu'individu privé qu'il a chaud quand il est chauffé par le soleil, et qu'il se tue en tombant d'une falaise sur des rochers; ce n'est pas en tant qu'individu social qu'il fait un faux pas s'il manque le trottoir et qu'il titube s'il a le vertige. L'habitude que j'ai de me tenir debout quand je marche n'est pas une habitude sociale; elle tient à mes relations avec la pesanteur. Ce n'en est pas moins une habitude merveilleuse, et dont le mécanisme est d'une complexité impressionnante. Tout être, par là même qu'il vit, est habitué à tirer parti de tous les agents météorologiques et à se défendre contre eux; c'est l'ensemble de toutes ces habitudes que l'on appelle l'instinct de la conservation. L'instinct de la conservation est inséparable de la vie; il est fixé, dans les êtres qui survivent, par cela même qu'ils survivent. J'ai montré ailleurs[1] que la sélection naturelle est une vérité de La Palice; mais le fait de *s'habituer* aux agents extérieurs est une vérité biologique fondamentale.

La part cérébrale de notre instinct de conservation est ce que nous appelons *notre logique*. C'est, comme je l'ai souvent répété[2], le résumé héréditaire de l'expérience que nos ancêtres ont acquise du monde extérieur en luttant contre lui. C'est avec notre logique que nous faisons de la science. Nos déductions sont bonnes, parce que l'adaptation prolongée de nos ancêtres au milieu où ils vivaient a fini par devenir parfaite. Nous devons avoir autant ou plus de confiance dans notre logique que dans une expérience actuelle, et c'est ce qu'oublient souvent les expérimentateurs à outrance. Il est même une conclusion que l'on peut tirer de l'existence même de notre logique, et du fait qu'elle est encore aujourd'hui d'un excellent usage pour nous. C'est que, depuis l'apparition de l'homme (et même vraisemblablement depuis celle de la vie, car tous les animaux ont un instinct de conservation et une logique), les lois naturelles n'ont pas sensiblement changé.

On sait, en effet, et nous le verrons tout à l'heure à propos de la mentalité de l'individu social,

1. *Les Limites du connaissable*. Appendice. DARWIN. Alcan, 1903.

2. V. en particulier : *Les Influences ancestrales, op. cit.*

combien est tenace un caractère acquis fixé dans l'hérédité d'une lignée. Si donc notre évolution spécifique s'était faite dans un monde où les lois naturelles avaient été différentes de celles que nous constatons aujourd'hui, nous aurions vraisemblablement, dans notre logique, des résidus non adaptés à la réalité extérieure, et nous ne pourrions pas faire de physique mathématique.

Même quand il s'agit d'habitudes individuelles provenant de notre adaptation aux conditions de la vie terrestre, le caractère absolu, que prennent dans notre mentalité les habitudes qui s'y fixent, peut présenter des dangers et entraîner des erreurs. J'ai souvent discuté le cas très curieux de notre notion de la verticale absolue[1]. Cette notion que nous avons tous est trompeuse; elle fait pourtant partie du domaine de notre logique; mais c'est au moyen de conquêtes faites par des instruments inventés postérieurement à la naissance de notre logique que nous avons découvert l'erreur de notre notion primitive. Un homme armé d'une lunette astronomique a une logique différente de celle de l'homme réduit à ses seules ressources; mais les découvertes de l'astronomie n'ont pas réussi à nous débarrasser de cette erreur, parce qu'elle est fixée depuis trop longtemps dans notre hérédité; nous *savons* que cette notion est fausse, et cependant elle continue à faire

1. V. *L'Athéisme.*

partie de nous. Quand il s'agira des notions d'ordre social, nous nous heurterons de la même manière à l'impossibilité de déraciner des superstitions qui peuvent être devenues nuisibles.

§ 20. — LE BIEN ET LE MAL.

Laissons de côté les notions logiques qui résultent des habitudes contractées par nos ancêtres luttant contre les agents physiques et chimiques, et contentons-nous de ne pas oublier qu'elles existent, au moment où nous entreprenons l'étude des notions qui proviennent de nos longues habitudes de vie en société, des notions qui constituent notre mentalité d'être social.

Une des premières particularités qui nous frappent, quand nous comparons ces notions d'individu social aux notions logiques vraiment individuelles, c'est que nous ne sommes pas *obligés* d'en tenir compte ; elles ne se présentent pas à nous avec le caractère de *nécessité* dont sont empreintes toutes les particularités qui constituent l'instinct de la conservation. Quand l'instinct de la conservation nous dicte un mouvement, nous devons obéir sous peine de mort, ou tout au moins, sous peine d'un châtiment immédiat ; nous sommes tellement habitués à cette obéissance passive, qu'elle devient chez nous absolument mécanique ; nous avons précisément l'habitude de dire que, dans ce cas, nous agissons instinctivement ; les lois naturelles sont fatales et s'appliquent en nous comme au dehors de nous. Si notre promenade nous conduit au bord d'un trou, nous nous arrêtons instinctivement, parce que nous savons que, si nous avançons, nous tomberons dans le trou ; nous nous tenons loin du feu pour ne pas nous brûler ; nous n'essayons pas de marcher sur la mer, parce que nous savons que nous nous enfoncerions dans l'eau. De même, dans une déduction logique, nous n'avons pas à choisir, pas à apprécier ; la déduction s'impose à nous fatalement ; nous ne saurions songer à nous y soustraire. C'est que les habitudes qui constituent notre instinct de la conservation datent de l'origine de la vie ; elles font vraiment partie de nous ; elles se sont à chaque instant introduites dans notre lignée *sous peine de mort*. Seuls ont survécu les individus qui leur ont obéi, et dont nous descendons.

Au contraire, les notions morales ou sociales, outre qu'elles remontent à une origine plus récente, n'ont jamais présenté le caractère de nécessité immédiate des notions logiques ; elles ressemblent non aux lois naturelles, mais aux lois humaines, auxquelles nous pouvons ne pas nous soumettre, et cela sans châtiment nécessaire, avec, seulement, la menace d'un châtiment que nous éviterons peut-être. Il est regrettable que l'on confonde, sous le même nom de *lois*, les lois naturelles fatales et les lois morales ou humaines que chacun peut discuter avant de s'y soumettre. Mais il suffit de réfléchir un instant à l'origine des lois sociales pour comprendre qu'elles ne sauraient avoir ce caractère de nécessité que nous rencontrons dans les lois naturelles.

Je reprends, par exemple, l'histoire des relations de père à fils dans la famille primitive ; je suppose naturellement, que j'ai affaire à des individus n'ayant pas encore de déformation familiale ou sociale.

Pendant que l'enfant est suspendu au sein de sa mère, le père, qui a contracté avec la mère une association sexuelle, va chercher de la nourriture pour la mère et l'enfant ; il est assez intelligent pour prévoir que l'enfant, en grandissant, deviendra un homme redoutable[1] ; il l'éduque donc pour s'en faire un allié utile ; et, pendant qu'il l'éduque, il est son maître, au double sens de *magister* qui enseigne et de *dominus* qui commande ; ces deux rôles lui sont faciles, parce qu'il *sait*, et parce qu'il est le plus fort. Il prend donc l'*habitude* de donner à son fils des ordres et des conseils ; le fils, d'autre part, prend l'*habitude* d'obéir aux commandements de

1. C'est en cela que diffèrent, à mon avis, l'éducation donnée par l'homme intelligent et l'éducation donnée par la chatte, par exemple. Il me semble que l'amour de la chatte pour ses petits ne voit pas plus loin que la tendre enfance ; elle aime ses petits pour des raisons que nous pouvons essayer de deviner, mais elle déteste ordinairement les concurrents que deviennent ces petits devenus grands : elle ne pense pas à l'avenir en le préparant.

son père et de se conformer à ses avis. Or, l'éducation d'un petit est longue; elle dure plusieurs années ; l'habitude qui résulte de cette éducation prend donc une grande importance dans la structure du père et dans la structure du fils ; elle devient un *caractère* à peu près indélébile.

Si le père a d'autres enfants, son rôle d'éducateur se prolonge, et sa mentalité de père se raffermit ; il s'accorde, par habitude, des droits sur ses enfants, et l'habitude, étant fixée dans sa mentalité, ne disparait pas quand les éducations sont finies. Et cependant, au point de vue positif, le père ne peut plus être pour son fils adulte, ni un *dominus*, parce qu'il n'est plus le plus fort, ni un *magister* parce qu'il n'est plus le plus savant. Ses fils sont devenus ses égaux en force et en adresse, et sont par conséquent pour lui des concurrents, mais ils créent sans peine une association avec le père parce qu'ils ont l'habitude invétérée d'avoir des intérêts communs. Devenus pères à leur tour, les fils du patriarche prennent une mentalité de père, et fondent des espérances sur la collaboration future de leurs fils adultes. A ce moment le patriarche est devenu vieux et débile, mais comme l'imitation est le facteur principal de l'éducation, les fils du patriarche, outre l'habitude qu'ils ont acquise dans leur jeunesse d'obéir à leur père, trouvent encore un intérêt dans cette pratique du devoir filial, parce que leurs enfants, qui en sont témoins, auront ainsi une raison de plus d'obéir plus tard à leurs parents devenus vieux. Et ainsi se perpétue l'habitude familiale qui, dans la mentalité des pères, prend le caractère d'un *droit*, tandis que, dans la mentalité des fils, elle prend le caractère d'un devoir. Au bout de quelques générations, ces habitudes sont tellement fixées qu'on les enseigne aux enfants ; il y a là une convention universelle que tous les parents ont intérêt à faire connaître à leurs petits : « Tes père et mère honoreras ».

Mais il est évident que ce *précepte* n'a pas le caractère d'obligation d'une *loi naturelle*.

Les fils, devenus adultes, s'aperçoivent aisément que, si leurs intérêts sont momentanément contradictoires de ceux de leur père, ils peuvent renoncer à leur devoir filial sans en éprouver de châtiment immédiat ; les pères font, de leur côté, une constatation identique, et ne relèvent l'insubordination que s'ils sont assez forts, au moment considéré, pour imposer leur droit paternel ; quand ils ne se sentent pas assez forts, ils laissent passer la désobéissance, parce que leur impuissance évidente à la refréner compromettrait pour l'avenir leur autorité de chef de famille. Ainsi, les préceptes résultant des habitudes de famille ont l'apparence d'une *convention* et non d'une nécessité. Il est donc vraisemblable que, si aucun autre facteur n'intervenait, chaque membre d'une famille tiendrait peu de compte de cette convention, quand, dans la solitude, il serait sûr de n'être vu par personne, s'approprierait, par exemple, sans hésitation, le gibier capturé par lui pour le compte de la communauté. Mais les habitudes prolongées prennent, par un phénomène biologique général, un caractère despotique inévitable *en s'inscrivant dans la mentalité, dans la conscience* des individus qui ont été longtemps soumis à ces habitudes. C'est là, dans la conscience individuelle, que les habitudes prennent l'aspect de *droits* ou de *devoirs*. L'individu *habitué* depuis longtemps ne peut contrevenir à son habitude fixée, sans en éprouver une douleur, ou tout au moins une sensation désagréable, pénible. L'homme qui, poussé par son intérêt personnel, n'accomplit pas ce qu'il sait être son devoir, n'est pas content de lui. Dans ce malaise intime, entre vraisemblablement en ligne de compte le souvenir des châtiments qu'encourrait le criminel, si son acte répréhensible était connu de ceux qui ont intérêt au maintien des conventions familiales ; le criminel lui-même a d'ailleurs intérêt, dans d'autres circonstances, à ce que soient respectées par ses congénères les conventions auxquelles, sûr de l'impunité, il s'est soustrait dans la solitude. L'ensemble de tout cela fait que chaque individu *juge ses actes* personnels dans sa conscience personnelle.

C'est là, l'origine de ce que nous appelons le *bien* et le *mal*.

Ces notions que l'on considère ordinairement

comme des notions métaphysiques fondamentales, sont donc simplement des conséquences de la vie sociale (car on a bien vu que j'ai pris l'exemple de la famille comme type de société, et que ce qui est vrai pour la famille sera vrai pour les sociétés constituées sur le modèle de la famille). Mais il est tout naturel que ces conséquences d'une vie sociale prolongée aient pris le caractère absolu des notions métaphysiques, puisque c'est là le propre de tous les caractères acquis *qui survivent à la cause dont ils proviennent*.

Un être vivant isolé, sans alliance d'aucune sorte, ne saurait avoir que de la logique, de l'instinct de conservation ; et il ne doit jamais être gêné, quoi qu'en pensent les poètes, par le souci du bien et du mal. La notion du bien et du mal est une déformation sociale.

Tous les individus de l'espèce humaine diffèrent quantitativement ; ils diffèrent par leur taille, par leurs yeux, par leur menton, par leurs oreilles; ils diffèrent aussi par le développement de leur sens moral ; c'est ce que l'on exprime en disant qu'il y a des bons et des méchants. Mais il faut remarquer tout de suite qu'il n'y a pas de bons absolument bons et de méchants absolument méchants. Un caractère spécifique ne manque jamais totalement à un individu d'une espèce, ce qui serait le cas pour un méchant absolu ; un tel caractère ne saurait non plus, sous peine de mort, prendre un développement assez exagéré pour gêner le fonctionnement des autres mécanismes vitaux. Saint François d'Assise mangeait. L'exagération de la conscience morale ne peut entraîner la suppression du minimum d'égoïsme indispensable à la conservation de la vie.

La plupart des hommes ne sont ni de grands saints ni de grands criminels, et ont une conscience morale moyenne ; nous considérons comme les meilleurs d'entre nous ceux chez qui la conscience morale est assez développée pour que la désobéissance à un devoir leur cause une vive douleur ; les plus mauvais sont ceux qui redoutent le châtiment extérieur, mais sont peu gênés, en eux-mêmes, par l'accomplissement des plus grands crimes. Pour les premiers, la conscience morale peut devenir une véritable torture ; il y a des gens scrupuleux qui ne sont jamais contents d'eux-mêmes, et qui deviennent malheureux à tout jamais si leur intérêt personnel les force à agir une seule fois contre leur devoir. Ceux-là sont des voisins très agréables dans la vie, mais ils doivent maudire la loi biologique qui donne un caractère absolu aux créations structurales de l'habitude. Au contraire, ceux qui sont à l'autre extrémité de l'échelle de la valeur morale ont une vie beaucoup plus facile, mais sont moins aimés, en général, parce qu'ils sont, dans la vie, des voisins redoutables. L'argot moderne a baptisé ces deux catégories d'individus :

les premiers sont les *poires;* les seconds sont les effrontés.

§ 21. — DIEUX ET JUSTICE.

Donc, tandis que les ordres de notre logique sont indiscutables, les ordres de notre conscience morale sont discutés. Nous avons en nous des raisons morales d'agir, mais nous en avons d'autres aussi, et nous considérons que nous agissons *bien* quand nous obéissons aux premières, mal quand nous écoutons les dernières. L'observation des abeilles paraît prouver que, dans cette espèce particulière, l'adaptation à la vie sociale est plus parfaite que chez nous ; il semble qu'il y ait concordance parfaite, chez les ouvrières, entre les ordres de la conscience morale[1] et ceux de l'instinct de conservation, en d'autres termes, qu'elles ne sont jamais tentées par ce qui n'est pas leur devoir. Il est vrai que la société des abeilles se réduit à une famille, et que les ouvrières ne font pas l'amour ; cela simplifie bien les choses. Dans une société humaine formée de familles antagonistes, non seulement les individus peuvent avoir des intérêts personnels en contradiction avec leur devoir social, mais encore *ils peuvent avoir des devoirs contradictoires*, et c'est là une des principales raisons qui me paraissent avoir empêché que

1. C'est l'esprit de la ruche de Mœterlinck.

le devoir prenne chez l'homme, comme chez l'abeille, le caractère de nécessité d'une loi naturelle. Le seul fait qu'un homme est à la fois fils et père, chef d'une famille et membre d'une autre famille, peut amener, dans sa conscience morale, des conflits entre des devoirs inconciliables. Et cela suffit à expliquer que, aucune habitude sociale n'ayant été poursuivie indéfiniment dans une lignée sans des interruptions et des contraventions, nous n'avons pas, dans notre morale, un seul chapitre aussi solide que ceux de notre logique.

La possibilité de devoirs contradictoires est un grand obstacle à la sérénité individuelle. Le devoir ayant, par son origine biologique, un caractère absolu, il ne saurait y avoir de degrés dans l'obéissance à un devoir; rien n'est plus pénible pour un homme doué d'une sensibilité morale développée que d'avoir à choisir entre un acte qui est bien et un autre acte qui lui aussi est bien; il faut que cet homme se décide à établir une gradation entre deux absolus; à trouver que, si l'un est *bien*, l'autre est *mieux;* on pourrait appliquer à cette douloureuse alternative l'aphorisme qui, avec un autre sens, fait partie de la sagesse des nations : le mieux est l'ennemi du bien.

Le fait que l'homme peut, pour des raisons qui sont en lui, se décider à agir de telle ou telle manière en présence d'un ordre de sa conscience morale, entraîne fatalement les notions de mérite, de démérite, et par suite, de récompense, de punition, de justice. Du moment que nous avons la notion absolue du bien et du mal, nous la considérons fatalement comme la base de lois naturelles dont la sanction ne saurait être évitée; nous ne pouvons nous soustraire aux lois de la pesanteur; la loi morale qui, par son caractère absolu, nous paraît être du même ordre, doit donc avoir une sanction comme toute loi naturelle; or, d'une part, nous sommes souvent seuls à savoir que nous avons contrevenu à la loi morale; d'autre part il ne nous paraît pas que nous soyons punis de cette contravention autrement que par le trouble de notre conscience; donc, puisque nous attribuons à cette loi morale la même valeur absolue qu'aux lois naturelles, nous sommes fatalement amenés à imaginer un Dieu qui, toujours au courant de ce que nous pensons, nous récompensera ou nous punira *quand il lui plaira*, mais sûrement un jour. Cette dernière restriction « quand il lui plaira » établit une distinction entre la loi morale et les lois naturelles; cette restriction est rendue nécessaire par l'impunité qui se manifeste chaque jour autour de nous. Un raisonnement plus serré aurait montré l'erreur qui consiste à attribuer une valeur absolue à une création structurale résultant d'une habitude sociale prolongée; on n'y a pas pensé, et la notion de la justice divine, se manifestant *quand il lui plait*, s'est généralisée parmi les hommes.

Une remarque historique permet de donner de la solidité aux réflexions que nous venons de faire. Les premières sociétés étant réduites à des familles, à des clans, à des tribus, la seule notion de devoir que l'habitude pût créer dans la mentalité des hommes était celle du devoir envers la famille, envers le clan, envers la tribu. Il n'y avait donc, dans la conscience des hommes, que la notion de crime contre la famille, le clan, la tribu. Et les premiers dieux furent des dieux de clan, de tribu ; ces dieux qui défendaient l'homicide entre individus du même clan, le récompensaient si la victime appartenait à une tribu étrangère et rivale.

A l'idée de dieu était accolée l'idée de justice, c'est-à-dire l'idée que chacun doit être récompensé suivant ses mérites et puni suivant ses fautes. Mais comme la justice divine était, soit trop lente, soit trop peu évidente dans ses résultats, des hommes avisés, craignant que leurs congénères fussent tentés de ne plus s'effrayer suffisamment de ces sanctions douteuses et lointaines, se mirent à rendre la justice au nom de la divinité.

Une telle institution s'imposait fatalement du moment que l'on *croyait* à l'existence d'entités absolues que l'on appelait le bien et le mal. Quand un père corrigeait son fils désobéissant, alors que lui, père, avait pris la douce habitude de commander dans sa famille, il avait conscience de punir au nom d'un droit supérieur ; il se considérait comme le délégué d'une autorité souveraine. Du moment que l'on croit à des *lois morales absolues*, il faut, de toute nécessité, qu'il y ait une justice souveraine pesant et retenant les actes de chacun en attendant l'heure tardive de la sanction. C'est comme délégués de cette justice souveraine qu'ont agi les premiers hommes, pères, juges ou prêtres, qui se sont avisés de remplacer les futurs châtiments divins par des peines humaines immédiates. Quelques-uns des premiers législateurs ont imaginé (peut-être en toute bonne foi) une révélation divine des Tables de la Loi. Et ainsi, la société s'est trouvée défendue par des règlements émanés d'une autorité souveraine et incontestable.

La notion de justice est aujourd'hui tellement ancrée dans la mentalité des hommes, qu'il n'y a pas sans doute une seule chose à laquelle ils tiennent davantage. Un penseur a pu proférer cette absurdité : « *Pereat mundus : fiat justicia!* » Moi-même, qui m'efforce dans cet ouvrage d'établir l'origine évolutive de la notion de justice, et de lui enlever, par conséquent, toute sa valeur, je suis plus épris de justice que qui que ce soit ; je le suis dans la partie de ma conscience qui reflète les obligations sociales de mes ancêtres, et c'est au moyen de ma logique que je sape les fondements d'une entité absolue à laquelle je sacrifierais volontiers ma vie. Voilà les conséquences invraisemblables d'une erreur d'interprétation qui s'est perpétuée à travers les siècles.

Quoi qu'il en soit de la manière, certainement défectueuse, dont les hommes appliquent la justice, nous sommes tous convaincus qu'il y a une justice supérieure, qu'il y a un bien et un mal absolus. Nous en sommes convaincus dans notre être sentimental, et cette conviction résiste aux raisonnements de notre être intellectuel; de sorte que, plus nous réfléchissons, plus nous devenons illogiques. Nous avons une satisfaction intime à faire ce que nous considérons comme le bien, et nous sommes mécontents de nous quand nous désobéissons à notre conscience morale, même quand nous écoutons notre saine raison. Il faut bien admettre, d'ailleurs, que tous les préceptes des lois humaines ne sont pas également imprimés dans la mentalité de chacun, et chacun de nous se soumet d'autant mieux à la justice souveraine que les arrêts de cette justice concordent plus parfaitement avec ceux de sa conscience. Nous nous révoltons quand nous sommes punis, alors que notre conscience nous absout.

Nous allons passer en revue les points les plus importants des législations humaines; nous n'avions arrêté notre attention, jusqu'à présent, que sur les lois résultant de la vie familiale; ce sont les plus anciennes et les plus profondément ancrées dans nos mentalités; elles nous ont suffi pour comprendre les notions de devoir, de bien et de mal, de justice et de souverain juge; ces notions préexistaient sans doute à l'élaboration des lois qui ont régi les sociétés plus vastes que la famille, et ont joué un rôle dans l'élaboration de ces lois; il était donc nécessaire de faire l'incursion que nous venons de poursuivre dans le domaine de la genèse des notions absolues, avant d'entreprendre l'étude à laquelle nous nous attaquons maintenant.

Je vais prendre comme type de législation l'un des plus connus parmi les plus anciens, celui que l'on enseigne aux jeunes chrétiens sous le nom de commandements de Dieu, ou *décalogue*. L'histoire sainte nous apprend que ce décalogue fut communiqué par Dieu à Moïse sur le mont Sinaï; il était écrit sur deux tables de pierre; la première comprenait les trois premiers commandements, ceux qui concernent les rapports de l'homme avec Dieu; la seconde, qui était une législation humaine, comprenait les devoirs des hommes les uns envers les autres. De la première, je ne parlerai pas; je suis disqualifié dans la question, ayant cette tare monstrueuse de ne pas comprendre ce que signifie le mot Dieu; je me suis d'ailleurs expliqué à ce sujet dans un ouvrage assez récent[1]. Je ferai seulement une remarque au sujet du premier de ces commandements :

« Un seul dieu tu adoreras ».

Si cela signifie qu'il n'y a qu'un Dieu pour tous les hommes, cela implique une première idée de

1. *L'Athéisme.*

fraternité universelle. L'histoire des Hébreux permet peut-être de rejeter cette interprétation. S'il y avait un dieu par tribu, ou par nation, cela voulait seulement dire que l'homme est invité à adorer le dieu de son peuple à l'exclusion de tout autre, c'est-à-dire à être bien de chez lui et non d'ailleurs. Cette interprétation nationaliste[1] serait précisément l'opposé de celle qu'on donne généralement au premier précepte du décalogue, et qui en ferait le point de départ de la théorie plus récente de la fraternité humaine.

1. Quelques jours après avoir écrit ces lignes, j'ai trouvé une sorte de vérification de l'hypothèse à laquelle j'avais été conduit par de simples déductions et sans faire appel à aucune critique historique. Je copie, en effet, dans un catéchisme qui n'est pas celui de mon enfance, une version en prose du Décalogue, version en prose que l'on ne trouvait pas dans le catéchisme du diocèse de Saint-Brieuc; voici le premier commandement, sous cette forme plus ancienne : « Je suis le Seigneur votre Dieu, qui vous ai tirés de la terre d'Egypte, de la maison de servitude. Vous n'aurez point d'autres dieux devant moi ». Sous cette forme, l'interprétation nationaliste est évidente, ou du moins bien vraisemblable, et l'on peut croire que la notion métaphysique d'un Dieu unique est née postérieurement dans l'esprit des hommes.

CHAPITRE IV

LES COMMANDEMENTS DE DIEU

§ 22. — TES PÈRE ET MÈRE HONORERAS.

Le quatrième commandement, qui est le premier de la seconde table du décalogue, est sans doute en effet, historiquement, le premier qui se soit imposé à l'homme au cours de son évolution. Je n'ai pas besoin d'insister longuement sur ce commandement, puisque j'ai pris jusqu'à présent, dans la famille et dans la famille seule, mes exemples de sociétés primitives. Je me contente de faire remarquer le côté utilitaire que donne à ce précepte vénérable l'explication dont il est accompagné.

Tes père et mère honoreras,
Afin de vivre longuement,

dit le décalogue, ou du moins la traduction approximative du décalogue que l'on enseigne aux jeunes chrétiens. Voilà une promesse de récompense immédiate pour ceux qui suivront le précepte; mais cette récompense n'est pas quelconque; elle est celle qui a dû se présenter de bonne heure à l'esprit des hommes.

Un individu adulte n'aurait plus aucune raison d'intérêt pour honorer son père, puisque le père n'est désormais, par rapport à lui, ni le plus fort ni le plus savant ; et l'habitude d'obéir, contractée dans le jeune âge, ne suffirait vraisemblablement plus dans l'âge mûr, quand il y aurait conflit d'intérêt entre le père et le fils. Mais le fils doit devenir père et doit devenir vieux ; or, il sait que l'exemple de son attitude personnelle vis-à-vis de son père sera un facteur important de l'éducation de ses fils ; et ce n'est pas en tant que fils qu'il continue d'honorer son père, mais en tant que père et futur vieillard, parce qu'il a intérêt à respecter une convention dont il est appelé lui-même à profiter plus tard.

Toutes les fois que l'habitude, qui a fait naître une convention provisoire entre individus, n'est pas suffisante pour conserver de la valeur à cette convention au delà d'une certaine époque, on trouve toujours, en cherchant bien, que tous les individus qui l'acceptent ont un intérêt à l'accepter. Cela est vrai de toutes les conventions sociales au début. Mais lorsque, sous l'influence de l'habitude d'abord, de l'intérêt ensuite, une convention est acceptée pendant un grand nombre de générations successives, la loi biologique de la fixation des caractères se manifeste, et l'ancien aspect conventionnel finit par disparaître; il n'est plus besoin aujourd'hui, pour respecter les vieillards, que nous y trouvions notre intérêt. Cela fait partie de nous définitivement; cela est dans notre structure intime, et a pris le caractère absolu d'un devoir métaphysique. Nous trouvons, dans le respect que nous accordons aux vieillards, la satisfaction du devoir accompli, et cette satisfaction est désormais *tout à fait désintéressée*. Souvent même, l'obéissance à nos parents est pour nous extrêmement pénible et désavantageuse, et nous sommes cependant forcés de nous y résigner, *sous peine d'être mécontents de nous*. C'est parce que chacun de nous constate en lui-même l'existence de ces sentiments despotiques que l'on s'est, de tout temps, si violemment insurgé contre les partisans de la morale de l'intérêt. C'est que l'on s'est trompé d'époque! Aujourd'hui nous agissons souvent sans intérêt et même contre notre intérêt[1], parce que l'intérêt bien compris a poussé nos ancêtres vivant en société à adopter, les uns vis-à-vis des autres, pendant des siècles et des siècles, des conventions qui ont fini par faire partie de l'hérédité de la lignée. Mais en cherchant à la source de nos sentiments les plus éthérés et les plus sublimes, nous trouvons toujours une convention sociale basée sur l'intérêt individuel; et

1. Contre notre intérêt matériel, car nous ne pouvons refuser un certain intérêt à la satisfaction morale que nous éprouvons quand nous avons accompli un devoir.

cela est tout naturel, puisque la vie est une lutte et que l'égoïsme est inséparable de notre instinct de conservation. Un véritable altruiste mourrait incontinent.

§ 23. — HOMICIDE POINT NE SERAS.

Voilà encore un précepte qui doit être fort ancien, qui date même évidemment de la première constitution d'une société, pourvu qu'on le prenne dans le sens restreint qui lui convient. Ainsi que je l'ai fait remarquer précédemment, l'homme primitif, dès qu'il a su fabriquer des armes, a été, tant par sa force musculaire que par son habileté, l'animal le plus redoutable de la surface de la Terre. Dans un canton où il y avait assez de gibier pour plusieurs hommes, nos ancêtres avaient intérêt à ne pas s'attaquer mutuellement, car ils auraient couru de grands risques sans grand espoir de profit. Et ils prenaient naturellement l'habitude de s'éviter, de se respecter, comme adversaires également redoutables; si même ils étaient parents, ils pouvaient contracter une alliance pour une chasse en commun, mais, sans doute, l'alliance devenait bien précaire au moment du partage du gibier; à cette heure délicate, il était bon de montrer bec et ongles pour avoir sa part. Et c'est vraisemblablement de cette époque très lointaine que date le sentiment de l'honneur. Il était de l'intérêt de chacun d'inspirer le respect, c'est-à-dire la crainte: un homme qui avait l'air redoutable était plus sûr de n'être pas attaqué; et, s'il avait une fois été vaincu, il était déshonoré, c'est-à-dire exposé à être attaqué de nouveau, à n'importe quel moment. Évidemment aussi, un homme ne devait pas paraître redouter le combat; il devait faire bonne figure sans chercher la bataille, mais ne pas s'y soustraire par la fuite lorsqu'on la lui proposait. Sans quoi il se trouvait disqualifié pour l'avenir. car personne ne le redoutait plus. Nous avons le droit de penser qu'il y a eu des fanfarons de bonne heure, car la fanfaronnade était une garantie. Mais il est vraisemblable aussi que la menace de batailles quotidiennes a développé chez la plupart des hommes primitifs de réelles qualités de courage et de vigueur. La lâcheté et la veulerie sont le résultat d'une vie prolongée pendant plusieurs générations à l'abri de tout danger. C'est parce que nos ancêtres étaient braves et affrontaient volontiers la mort qu'ils ont conçu de l'estime les uns pour les autres, et se sont déterminés à s'associer.

Du moment qu'il y a eu association, il y a eu convention entre les membres de la société; chacun devait respecter la vie de son collaborateur. Il est probable d'ailleurs que ce respect a été entretenu longtemps par une défiance réciproque, et une attitude défensive de tous les instants; ce n'est que très tardivement que le sentiment métaphysique provenant d'une alliance prolongée est devenu assez fort pour se suffire à lui-même. L'est-il jamais devenu réellement? Aujourd'hui, en 1910, quand un de nos contemporains traverse une forêt solitaire, il est beaucoup plus rassuré s'il rencontre un sanglier que s'il se trouve nez à nez avec un homme. Le sanglier s'enfuit; l'homme prend une attitude fanfaronne pour faire croire qu'il est fort et bien armé. Et, s'il l'est effectivement, il n'hésite pas toujours à dévaliser son antagoniste, quand il se croit sûr de l'impunité. Certaines conventions sociales ne sont guère appliquées en dehors des lieux où il y a un nombre suffisant d'hommes ayant un intérêt réciproque à les faire respecter.

Revenons à l'homme des cavernes; s'il était amené à ne pas attaquer un congénère désarmé et chargé de butin, c'était, sans doute, au début, parce que la convention lui était profitable; il pouvait se trouver lui-même un jour dans les mêmes conditions d'infériorité et heureux de l'existence d'une convention pacifique. Il ne me semble pas cependant que cette convention ait eu, pendant longtemps, une valeur suffisante par elle-même; la tentation de dépouiller un camarade désarmé était sans doute trop forte, et l'on devait s'y laisser aller quand il n'y avait pas là de témoins gênants.

Ici intervient l'action sociale. Si chacun des membres de l'association avait intérêt à ce qu'un règlement fût respecté, l'association tout entière, naturellement plus redoutable que n'importe quel individu isolé, pouvait intervenir pour le faire respecter et pour *punir* le délinquant. Et la coercition sociale a pu ainsi imposer certaines conditions dont l'observance n'était pas suffisamment inscrite, avec le caractère d'une obligation métaphysique, dans la conscience de chacun. Mais, par le fait même que ces conditions ont été imposées *longtemps*, elles ont fini par se fixer de plus en plus dans la mentalité individuelle, sous la forme d'un devoir métaphysique et religieux. Elles ne s'y sont jamais fixées tout à fait; elles n'ont jamais pris l'apparence despotique et irrésistible qu'ont d'autres sentiments d'origine sociale, et cela pour des raisons évidentes.

L'homicide, interdit entre gens de la même famille ou du même clan, était, au contraire, permis, voire même recommandé et récompensé quand il s'agissait d'un membre d'une tribu ou d'une famille rivale. Bien plus, chez certains peuples, rien ne pouvait honorer plus que le meurtre d'un ennemi. Or, entre un ennemi héréditaire, membre d'une famille rivale, et un ennemi momentané, concurrent actuel pour une femelle ou une part de butin, il n'y a pas de différence sensible. Le respect du père s'est imposé très vite dans l'espèce humaine, et a pris le caractère d'un devoir moral indiscutable, parce que chaque homme n'a qu'un père. Mais l'horreur de l'homicide n'a pu se fixer de la même manière dans la mentalité des hommes, parce que chaque homme avait devant lui plusieurs catégories d'homicide, se ressemblant prodigieusement entre elles, et dont l'une était honorée, l'autre punie. Au fond, je ne suis pas bien sûr que, même aujourd'hui, l'horreur de l'homicide existe, très forte, dans la mentalité de la plupart des hommes civilisés. Maintenant encore, un homme d'un caractère emporté et vindicatif est fier d'avoir tué son ennemi personnel. Le remords qui suit le crime ne se manifeste peut-être que chez quelques natures particulièrement dociles, vraiment adaptées à la vie sociale. Encore la crainte du châtiment (humain ou céleste) est-elle pour beaucoup dans la genèse de ces remords; il y a aussi d'autres facteurs qui interviennent, l'horreur du cadavre et le souvenir de son aspect, les croyances religieuses, etc.

On ne saurait d'ailleurs nier que l'habitude du meurtre guerrier enlève beaucoup de son horreur au meurtre civil. Après une longue période de paix, nous réprouvons l'homicide au point que notre sensibilité s'émeut de l'application de la peine de mort aux ennemis communs. Cette question mérite d'être traitée à part.

§ 24. — LA PEINE DE MORT.

Une des choses les plus curieuses, les plus illogiques en apparence, de l'histoire si incohérente de l'évolution humaine, c'est que, dans toutes les sociétés primitives, l'homicide a été puni de mort. Du moins ce fait paraît-il profondément illogique pour ceux qui mêlent, à l'explication de l'histoire, des conceptions métaphysiques nées postérieurement dans la mentalité des hommes. Il est évident que si les hommes avaient toujours considéré la vie humaine comme sacrée, on ne comprendrait pas l'application de la peine de mort. Mais il est évident aussi que ce dogme de la valeur sacrée de la vie est une notion récente, qui a été le résultat d'un intérêt longtemps reconnu et commun à tous. La peine de mort a été, au début, la seule peine connue; c'était la peine que l'homme infligeait à son ennemi quand il était plus fort que lui; c'était aussi la peine que la société infligeait aux ennemis de la société, pour tous les crimes contre la société, aussi bien pour le vol que pour l'homicide. Deux faits historiques parfaitement connus prouvent que la vie humaine n'a pas toujours eu le caractère sacré que nous lui prêtons aujourd'hui : d'une part, on a longtemps pendu les voleurs, supprimant ainsi une vie d'homme pour un objet dérobé; d'autre part, et réciproquement, certaines législations condamnaient les meurtriers à l'amende; par exemple, le législateur gallois Howel le Bon faisait payer un, deux ou trois sous d'or, suivant qu'on avait tué un homme de telle ou telle qualité; la vie de l'homme était donc considérée comme ayant une valeur marchande peu élevée.

Et, d'ailleurs, cela paraît tout naturel, du moment qu'on réfléchit aux conditions réalisées pendant les époques guerrières, alors que chacun faisait bon marché de sa vie, et l'exposait tous les jours avec une bravoure insouciante. Quoi qu'en puissent penser les métaphysiciens humanitaires, il est bien évident que, pour apprécier la valeur de la vie des autres, l'homme prend pour mesure la sienne propre; pendant des siècles, la guerre étant l'occupation quotidienne, la bravoure entretenait la férocité. Les Northmanns se faisaient gloire de mourir en riant, et n'avaient pas plus de pitié de leurs ennemis que d'eux-mêmes; tout acte de lâcheté étant déshonorant, la plupart des combattants du Moyen Age aimaient mieux être achevés par leur vainqueur que de demander quartier. A cette époque belliqueuse, la peur avouée de la mort ne se manifestait que chez les pauvres manants tenus à l'écart des combats par leurs occupations quotidiennes; elle s'est répandue de plus en plus chez tous les hommes, depuis que nous avons connu de longues périodes de paix, et que nous avons considéré beaucoup d'occupations comme aussi honorables que le métier des armes. Les peuples les plus pacifiques ont supprimé la peine de mort; chez nous, qui vivons en paix depuis de longues années, l'horreur de la peine de mort se généralise chaque jour; nous sommes accessibles à une pitié que ne connaissent pas les belligérants. Il est d'ailleurs bien connu que, pendant une guerre, le code militaire applique la mort avec beaucoup de facilité; et personne ne s'en émeut, du moins parmi les combattants. On est habitué à voir mourir, autour de soi, amis et ennemis, et la mort, spectacle habituel, cesse d'être redoutable.

Au contraire, chez les bons bourgeois vivant en paix dans un endroit abrité, la lâcheté prend un développement naturel en vertu de la loi de Lamarck qui veut que la bravoure s'atrophie par désuétude; chacun de nous respecte infiniment sa propre vie, et transporte la même appréciation à la vie des autres. Pour les gens timorés que nous sommes aujourd'hui, le dogme de la valeur sacrée de la vie humaine est d'une utilité incontestable; évidemment, il serait bien agréable pour chacun de nous, que ce dogme fût établi avec la valeur d'une loi irrésistible dans la conscience de tous nos congénères; aussi ne songe-t-on plus à punir de mort le vol et les autres attentats à la propriété comme on le faisait au Moyen Age; mais il reste un cas où nous sommes bien perplexes, c'est le cas des meurtriers. Évidemment, la fréquence des meurtres empêche de croire à la généralisation du dogme de la valeur sacrée de la vie; il faut donc trouver pour le meurtre, une punition capable de réprimer cette coutume regrettable, et imposer à tous, petit à petit, le respect de la vie humaine si utile à chacun. Or, dans notre état de veulerie actuelle, la peine de mort étant ce qui nous effraie le plus, nous sommes tentés de l'appliquer aux assassins pour terroriser ceux qui seraient tentés de les imiter. Mais alors, que devient le dogme que l'on veut généraliser, puisque la loi l'enfreint elle-même? Voilà une alternative très embarrassante et qui explique l'état actuel des esprits au sujet de la peine de mort. D'une part, les bourgeois effrayés la réclament comme protection parce qu'ils ne voient pas les dangers qu'elle présente pour le dogme même de l'intangibilité de la vie. D'autre part, les intellectuels — qui seraient mieux dénommés *métaphysiciens sentimentaux*, — croient vraiment au dogme en question comme à une vérité révélée, et déclarent que la peine de mort est une chose infâme, que la société n'a pas le *droit* de tuer, etc. La croyance aux entités métaphysiques est si incompatible avec ma raison que je ne me permettrai pas de discuter un point de vue que je ne puis comprendre. La question n'est pas, à mon avis, de savoir si la peine de mort est légitime ou illégitime, bonne ou mauvaise; ce sont là des mots qui n'ont pas de sens pour moi; je crois, en effet, que le bien et le mal sont des conceptions humaines qui ont pris un caractère absolu sous l'influence de l'hérédité et de la tradition. Le seul problème qui pourrait me paraître intéressant serait de savoir si la peine de mort est efficace ou ne l'est pas, c'est-à-dire si la crainte de la peine de mort peut produire l'effet que les bourgeois en attendent, et arrêter les assassins. Or, à ce sujet, les gens ne sont pas d'accord; on fait dire aux statistiques tout ce qu'on veut. Ceux que dominent leurs convictions métaphysiques humanitaires affirment que la peine de mort est inutile, parce qu'ils la trouvent odieuse et répugnante. D'autres, qui ont peur d'être assassinés, tirent, des mêmes statistiques, la conclusion contraire; ils *veulent* croire qu'une loi peut protéger leur précieuse existence; aux intellectuels qui réclament l'abolition de la peine de mort ils font la fameuse réponse : « Que messieurs les assassins commencent », dans laquelle perce l'espoir inavoué qu'il arrivera un jour où tous les hommes s'entendront pour considérer la vie humaine comme sacrée. Je reviendrai sur cette question quand j'aurai étudié la notion de *droit*.

§ 25. — LE BIEN D'AUTRUI TU NE PRENDRAS.

Je renvoie à un paragraphe ultérieur l'étude du troisième précepte de la seconde table du décalogue, celui qui concerne la luxure, question plus complexe et peut-être moins primitive que les autres, et j'arrive immédiatement au quatrième, celui qui concerne le vol. La notion de vol est inséparable de celle de propriété et ne peut que lui être postérieure; aussi ai-je toujours trouvé prodigieusement absurde le fameux aphorisme de Proudhon[1]; mais j'oublie que c'est là une pensée métaphysique et que je n'y saurais rien entendre!

A l'époque où l'homme vivait de chasse et de pêche, chacun avait à défendre contre la convoitise des voisins le butin qu'il avait recueilli par son adresse et son courage. Quelquefois, il avait à se battre pour défendre le produit de sa chasse, mais quand il avait montré souvent bec et ongles, il devenait assez redoutable pour rester paisible propriétaire de ce qu'il avait conquis. Les autres hommes vivant sur le même canton arrivaient sans doute bien vite à se convaincre qu'il était moins dangereux d'attaquer un ours vivant, pour lui prendre sa chair et sa peau, que d'essayer de dérober un ours mort au chasseur qui l'avait tué. De là une première entente au sujet de la propriété; celui qui avait amassé du butin le conservait, parce que ses voisins n'osaient pas le lui prendre, et aussi parce qu'ils trouvaient d'autre butin dans le pays. L'association familiale étant née, les parents cherchèrent de la nourriture pour les jeunes et défendirent leur tanière et leurs provisions contre les étrangers. Petit à petit, leur

1. Le paradoxe de Proudhon me paraît représenter une erreur analogue à celle de l'aphorisme de Claude Bernard : « la vie, c'est la mort ». Ils ont eu, tous deux, le même succès.

sentiment de propriétaire s'étendit au vallon dans lequel ils chassaient, et où ils ne tolérèrent pas les incursions de rivaux, quand la famille fut devenue assez nombreuse pour en défendre l'accès. Et si le clan issu de la famille resta longtemps dans le même canton, l'habitude d'y demeurer fit fatalement naître, petit à petit, dans la mentalité de chacun des membres du clan, la notion de plus en plus fixée de *ses droits* sur le pays. Cela est indiscutable; l'habitude est une seconde nature, et la jouissance prolongée d'un territoire fait naître fatalement, chez ceux qui en jouissent, des sentiments de propriétaire. Évidemment aussi, tous les droits que les hommes se sont reconnus petit à petit provenaient, par habitude, du fait qu'ils avaient su longtemps défendre leurs propriétés contre la convoitise des autres hommes.

Les droits de chacun ont été, dans tous les cas, proportionnés à sa capacité de nuire.

A l'intérieur du clan, il y avait des familles ayant des intérêts plus personnels, une caverne ou une hutte, des enfants et des approvisionnements; et chaque famille conçut des sentiments de propriétaire, du fait qu'elle sut défendre son bien contre les familles voisines et rivales. Le souci de la défense du clan contre l'ennemi extérieur fit naître, à l'intérieur du clan, des conventions basées sur le respect mutuel des moyens d'attaque et de défense. Il fut entendu que chaque membre du clan respecterait la propriété des autres, et qu'ainsi ne se gaspilleraient pas en luttes intestines des énergies utilisables contre l'envahisseur.

C'est là, sans doute, l'origine du quatrième précepte de la deuxième table du décalogue.

Mais il est bien évident que, comme pour l'homicide, le vol ne fut d'abord défendu qu'entre membres d'une même association. L'expression *autrui* ne représente pas toute l'humanité, mais les camarades du clan. Au contraire, quand les vivres devenaient rares, le clan organisait, sur le territoire de ses voisins, des excursions belliqueuses desquelles il revenait chargé de butin quand il était victorieux; et là, comme pour l'homicide, le vol, perpétré au détriment de l'étranger, couvrait de gloire celui qui l'avait accompli.

Tant que l'homme fut seulement chasseur, il me semble que le vol dut être beaucoup plus fréquent que par la suite. Ce sont seulement les gens qui ont besoin de paix qui respectent volontiers des conventions destinées à assurer la paix; ceux qui vivent de chasse et sont toujours armés ne craignent guère d'attaquer, parce qu'ils sont de taille à se défendre. La propriété personnelle ne devait être protégée, à cette époque, que par une perpétuelle défensive. Il n'en fut plus de même dès que les hommes commencèrent à mettre en valeur leur patrimoine social, quand ils devinrent agriculteurs et pasteurs. Et je crois même ne pas trop m'avancer en affirmant que seuls ont pu devenir pasteurs et laboureurs, les peuples dans la mentalité desquels s'était suffisamment gravé, pendant la période précédente de vie chasseresse, le respect de la propriété du voisin. En effet, les travaux de l'agriculture exigent des soins considérables, et qui ne cadrent pas avec le souci perpétuel de la défense individuelle.

Il est probable aussi que les premiers peuples pasteurs, ou bien n'ont pas été exclusivement pasteurs et ont contenu une classe de guerriers, ou bien ont fait alliance avec d'autres peuples guerriers auxquels ils fournissaient le trop-plein de leur production alimentaire en échange d'une protection indispensable. Walter Scott raconte que tel était le cas, au voisinage des Highlands, à une époque encore très peu éloignée de nous, à la fin du XVIIIe siècle. A ce moment, les propriétaires des terres fertiles qui bordent la région montagneuse de l'Écosse payaient, à leurs belliqueux voisins les montagnards, un tribut que l'on appelait le *Black mail;* tant que ce tribut était payé, les troupeaux et les récoltes de l'homme des plaines étaient respectés par les pillards des collines et même défendus par eux contre d'autres pillards. Mais si, confiant dans la protection des troupes régulières du royaume, le propriétaire agriculteur cessait un instant de s'acquitter du *black mail*, une razzia à main armée était faite de nuit sur ses domaines (c'était ce qu'on appelait un *craig*), et il voyait disparaître subitement ses plus beaux troupeaux. Ainsi, l'entente entre les *Highlanders* et les *lowlanders* des *Borders* (région limitrophe des Highlands) était avantageuse pour les uns et les autres; les montagnards tiraient des gens des plaines un tribut alimentaire que n'auraient pu leur fournir leurs montagnes accidentées, et les paisibles cultivateurs pouvaient se livrer, dans une tranquillité relative, aux travaux de l'agriculture.

C'est là un premier exemple de la division du travail social, chacun faisant ce que lui permettent, et la nature de son pays et sa propre nature.

De ce contrat passé entre les montagnards et les paysans, les derniers ont sans doute tiré, au sujet du sens de la propriété, une déformation mentale progressive bien supérieure à celle qui en est résultée pour les Highlanders. Ces derniers, en effet, ne pouvaient être que des voleurs de profession, n'ayant pas d'autre occupation productive, et, d'ailleurs, perpétuellement en guerre ou en chasse, ils n'avaient peur de rien. Au contraire, l'horreur du vol a dû se développer très vite chez les timides habitants des plaines, et, avec cette horreur du vol, le respect de la propriété des voisins. Leur intérêt personnel était de ne pas voler, afin que se répandît, de plus en plus, dans la mentalité générale, l'idée métaphysique qu'il est défendu de voler. On constate, aujourd'hui encore, en France, que les jurys composés de propriétaires sont particulièrement sévères quand ils ont à juger des attentats contre la propriété, tandis que, ne redoutant rien de passions qu'ils ignorent, ils acquittent volontiers les crimes passionnels.

Je me demande jusqu'à quel point l'horreur du vol est aujourd'hui inscrite dans notre mentalité individuelle. Cette horreur serait en effet une conséquence du développement de notre instinct de propriétaire; or, notre instinct de propriétaire nous rend avides et, par conséquent, enclins au vol, disposés, du moins, à méconnaître les droits de nos voisins et à nous exagérer les nôtres; de sorte que nous ne sommes pas éloignés d'approuver pour nous-mêmes ce que nous réprouvons pour nos voisins. Ce n'est plus comme pour la question de l'homicide; chez la plupart d'entre nous, l'horreur de tuer se développe naturellement de concert avec la crainte d'être tué. Il me semble donc, mais ce n'est là qu'une impression, que les lois contre le vol sont plus indispensables à la moyenne des hommes, que les lois contre l'assassinat. Je ne crois pas que, sauf dans le cas où entre en jeu une crainte religieuse de châtiment lointain, un vol perpétré dans des conditions d'absolue impunité fasse naître le remords chez son auteur. A défaut de cette crainte religieuse, d'autres sentiments métaphysiques peuvent quelquefois intervenir, comme par exemple, la pitié développée par la connaissance de la condition misérable où sont tombés les volés. Mais ce n'est pas là l'horreur du vol en tant que vol. Cette horreur ne mériterait ce nom que si, en dehors de toute crainte religieuse ou humaine, elle faisait naître le remords et un sentiment de déchéance chez un homme qui aurait, en cachette, dérobé vingt sous à Rothschild. Or, un tel remords n'existe pas. On s'en rend aisément compte en voyant combien sont honorées certaines professions dans lesquelles il s'agit de voler l'État, le richissime État, les contrebandiers, par exemple, et, naguère, les faux saulniers. A égalité de bravoure, c'est toujours le douanier qui est antipathique. Une révolution se fit en Bretagne contre les gabelous, à une époque où aucun Breton n'eût osé se montrer en public après avoir volé un voisin pauvre. Ainsi donc, je crois bien que, dans nos mentalités d'hommes modernes, le sens de l'horreur du vol n'est pas inscrit le moins du monde; ce qui pourrait nous tromper à ce sujet, c'est l'horreur que nous éprouvons quelquefois pour les résultats secondaires du vol ou encore la crainte de la justice humaine ou divine.

§ 26. — L'HYPOCRISIE.

Je viens d'affirmer, sous toutes réserves, que l'horreur du vol, en tant que vol, n'existe pas dans nos mentalités de gens du xxe siècle. Je m'attends, en exprimant une pareille opinion, à faire bondir d'indignation les gens vertueux qui me feront l'honneur de me lire. Il est entendu, une fois pour toutes, qu'il est *mal* de voler, et, par conséquent, tout honnête homme *doit* avoir l'horreur instinctive du vol. Nous avons, en effet, l'horreur instinctive du *voleur*, ce qui n'est pas tout à fait la même chose. Si l'on dit d'un de nous qu'il est un voleur, et s'il ne peut s'en défendre, cela suffit à lui aliéner toutes nos sympathies, quand bien même il les aurait conquises à d'autres égards. *En toute bonne foi*, nous aurons horreur de lui; si nous continuions à lui manifester quelque tendresse, soit parce que nous l'aimions beaucoup avant sa déchéance, soit parce que nous trouvons des excuses à son acte délictueux, on penserait, en effet, que nous n'avons pas de *sens moral*, que nous n'avons pas, du vol, une horreur insurmontable. Or, pour être un homme vertueux (et qui de nous s'avouerait volontiers qu'il ne l'est pas?), il faut posséder, dans sa mentalité, l'expression des lois générales reconnues de tous. Il le faut pour inspirer confiance; il le faut aussi pour avoir le droit, auquel nous tenons tant, d'être sévère quand il s'agit de ceux qui ont fauté. La plupart d'entre nous croient être, en toute sincérité, des gens vertueux, ayant horreur du crime, jusqu'au jour où, ayant été eux-mêmes tentés de mal faire, ils se sentent enfin quelque indulgence pour les coupables; chez d'autres, plus clairvoyants, la même opinion, ou du moins l'attitude correspondant à cette opinion, est le résultat d'un calcul; ils tiennent à inspirer confiance, soit simplement parce qu'il leur plaît d'être honorés de leurs concitoyens, soit quelquefois aussi parce qu'ils ont l'intention d'abuser de la confiance qu'ils inspirent. Ces derniers sont traités d'hypocrites; en réalité, ce qualificatif doit s'appliquer à tous ceux qui, consciemment ou non, avec de bonnes intentions ou avec des pensées coupables, s'attribuent des sentiments métaphysiques qu'ils n'ont pas. Si l'on accepte cette dernière définition, on ne saurait nier que l'hypocrisie a été un des facteurs les plus puissants de l'évolution humaine. C'est, en effet, précisément pour les caractères qui ne se sont pas fixés dans l'hérédité de la lignée, que la tradition joue un rôle prépondérant; or, la tradition se fait par l'imitation, donc, par l'exemple, et il est du plus grand intérêt pour la transmission des sentiments métaphysiques que ceux qui n'en sont pas réellement imbus les professent officiellement, au point d'arriver à s'illusionner eux-mêmes. Si, à force de se perpétuer par la tradition, les sentiments moraux que nous professons aujourd'hui arrivent à se fixer un jour dans l'hérédité structurale des hommes, c'est l'hypocrisie seule qui l'aura permis. Il serait déplorable, à ce point de vue, qu'un homme intègre et intelligent, dont l'attitude quotidienne force le respect de tous se permît de dire, par exemple : « Je n'ai aucunement horreur du vol, et je pourrais voler, sous le manteau, sans être incommodé par le remords; mais je trouve très avantageux que l'horreur du vol existe chez mes congénères, puisque j'en profite; et je résiste à la tentation quand je suis tenté, parce que l'exemple est nécessaire ». Assurément, un tel homme aurait plus de mérite à résister à la tentation que celui qui porte en lui-même les tables de la loi; mais le raisonnement que je viens de prêter à mon héros imaginaire est incomplet. Il n'y a pas mauvais exemple, en effet, quand le délit est commis sans témoin. Mais un autre sentiment métaphysique existe, bien plus ancré que l'horreur du vol, dans la mentalité de nos congénères, c'est la honte du mensonge. J'essaierai de le montrer dans le prochain paragraphe. Or, si l'on a volé sans témoins, l'impunité n'est obtenue qu'au prix d'un mensonge, et tel homme, qui n'aura pas de remords pour avoir volé, se méprisera pour avoir menti. Quand j'étais enfant, mes parents m'enseignaient que le mensonge est la plus redoutable des habitudes. Souvent ils m'ont pardonné un méfait grave que j'avais avoué, tandis qu'ils m'ont puni sévèrement pour une peccadille dont j'avais nié être l'auteur. Ils me disaient qu'un menteur avéré peut être accusé de tout et même d'être voleur. Je comprends aujourd'hui ce qui me paraissait alors inadmissible, et je vais essayer d'expliquer comment il se fait que le mensonge soit néanmoins si répandu dans une société qui date de tant de siècles. L'utilité incontestable de l'hypocrisie dans la tradition et même dans l'évolution spécifique donne déjà une première explication de ce fait curieux; nous en trouverons d'autres en étudiant le cinquième précepte du décalogue :

§ 27. — FAUX TÉMOIGNAGE NE DIRAS NI MENTIRAS AUCUNEMENT.

C'est le langage articulé qui a permis aux associations humaines de prendre l'importance qu'elles ont aujourd'hui; c'est le langage articulé qui a permis aux intelligences individuelles de collaborer à cette œuvre commune qu'est la Science, patrimoine de l'humanité. Mais si la langue est ce qu'il y a de meilleur pour les relations entre hommes, c'est aussi, comme l'a jadis enseigné Esope le Phrygien, ce qu'il y a de plus mauvais et de plus dangereux. Et, en effet, comme je le disais dans un chapitre précédent, si nous observons objectivement les faits et gestes de nos contemporains, nous n'avons aucun moyen de savoir quels mouvements se succèdent dans leurs centres nerveux; ces mouvements ne sont connus que de celui qui en est le siège, et il les connaît suivant le mode subjectif. Il peut les traduire, tant bien que mal, dans le langage, et les faire connaître à ses voisins *quand il lui plaît.*

Or, n'oublions pas que, avant d'être des associés, les êtres vivants sont des individus, donc des concurrents, des ennemis. L'intérêt de chacun de ces concurrents est de garder par devers lui la connaissance, qu'il possède seul, de ses raisonnements et de ses déterminations; c'est même là le seul côté par lequel un homme puisse se dire entièrement libre de ses voisins; lui seul sait ce qu'il va faire, et trouve grand avantage à ce que ses concurrents l'ignorent. « Le silence est d'or », dit la Sagesse des nations.

Les principes lamarckiens, qui expliquent le développement des organes par le fonctionnement habituel, me conduisent à penser que, même pourvu du rudiment de ce qu'il faut pour parler, l'homme primitif parlait peu, tant qu'il ne vivait pas en société. Il me semble même que, si les hommes avaient parlé avant de s'associer, *ils auraient toujours menti;* c'était leur intérêt, et ils ne possédaient pas encore les notions métaphysiques, nées plus tard, et qui poussent quelquefois un individu à agir contre son intérêt immédiat. Nous ne devons pas nous étonner que le mensonge, qui a été dès le début un des principaux moyens de défense de l'homme, se soit fixé dans l'hérédité de sa lignée, au point d'être encore fort naturel au xxe siècle.

Lorsqu'il s'est agi de coordonner des efforts contre un ennemi commun, le langage véridique est devenu indispensable. La religion du serment doit être une des plus anciennes notions absolues qui se soient fixées dans l'homme; elle date sans doute des premières associations, ainsi qu'il est facile de le comprendre. Une association n'avait de valeur, en effet, que si les alliés se soutenaient fidèlement contre l'ennemi commun; celui qui, soit par lâcheté, soit pour des raisons d'intérêt immédiat, se dispensait de porter secours à son associé au moment du danger, était par là même fatalement disqualifié, parce que l'on ne pouvait plus compter sur son serment. Or, à partir du moment où des hommes se sont associés, aucun individu isolé n'a plus été capable de se défendre par lui-même contre des associations puissantes; par conséquent, celui qui, ayant trahi son serment, ne pouvait plus trouver d'associé dans la lutte, était par là même condamné à la déchéance et à la mort. Il était donc du plus haut intérêt de tenir sa parole une fois qu'on l'avait donnée.

Nous avons vu plus haut une des origines de la notion d'honneur; celui qui, par ses actions valeureuses, avait su s'attirer une réputation de bravoure était respecté de tous; personne n'osait s'y frotter; tandis qu'une seule preuve de lâcheté vous enlevait toute considération et vous exposait à des attaques continuelles. Ce genre d'honneur, attaché à la *valeur* d'un individu, était pour cet individu la meilleure sauvegarde; il est donc naturel que la notion absolue correspondante se soit profondément implantée dans la mentalité de nos ancêtres guerriers.

La fidélité au serment se plaça naturellement à côté de cette notion d'honneur guerrier, à partir du moment où, l'homme n'étant plus un isolé, sa *valeur* dépendit de la solidité de ses alliances, au moins autant que de son courage et de sa force personnels. Et au bout de quelque temps, la fidélité et le courage furent confondus dans la notion d'honneur; le lâche et le traître furent voués au même mépris. Chacun fit de son mieux pour avoir la réputation d'un lutteur courageux et d'un fidèle allié. La honte qui s'attacha à la défaite fut simplement sans doute, dès le début, la disqualification qui s'attachait au vaincu parce qu'il perdait sa réputation de combattant redoutable; mais de cette honte passagère on pouvait se laver par une victoire, tandis que la honte née de la traîtrise ou de la lâcheté était indélébile.

On trouvera peut-être étonnant que je commence à étudier la question du mensonge en m'occupant d'abord de la religion du serment; en effet, le mot mensonge s'applique ordinairement à tout autre chose, et particulièrement au faux témoignage, mais c'est, sans doute, en tant que violation de la religion du serment que le mensonge a pris, dans notre mentalité, le caractère odieux dont il est revêtu en ce moment. C'est parce que l'on disait « mentir à son serment » que le mot menteur s'est placé dans le compartiment de la conscience où il est question de point d'honneur. Et c'est peut-être pour cela que si, vis-à-vis de nous-mêmes, nous n'avons pas fatalement honte d'avoir volé, nous nous méprisons toujours d'avoir menti.

Une preuve évidente du fait que la notion de fidélité au serment d'alliance s'est profondément fixée, par habitude, dans la mentalité de nos ancêtres, c'est qu'elle y a revêtu le caractère absolu auquel on reconnait les particularités définitivement acquises. La *parole donnée* a pris l'aspect sacré d'une entité métaphysique, puisqu'on est arrivé à la garder *même à des ennemis*, alors que la religion du serment était née d'une alliance contre ces ennemis.

Nous retrouvons à chaque instant cette remarque dans l'histoire de l'évolution; un caractère acquis vraiment fixé se conserve dans des conditions différentes de celles où il a été acquis, et même dans des conditions où il devient nuisible. C'est une des causes du conflit qui se produit souvent entre le sentiment et la raison.

En dehors de cette question particulière de la fidélité à la parole donnée, le mensonge consistant simplement en un faux témoignage a, de bonne heure, été réprouvé dans les associations primitives. Mais il faut bien entendre que le mot mensonge s'appliquait seulement au mensonge entre associés. Vis-à-vis de l'ennemi, le mensonge s'appelait ruse et devenait utile; je n'ose pas croire qu'il était honoré, même à Sparte; car un homme capable de tromper les ennemis était bien capable aussi de tromper ses amis; la réprobation du mensonge a de bonne heure été si profonde, que l'on a toujours été plus fier de vaincre par la force que par la ruse; l'horreur du mensonge est une de nos notions métaphysiques.

Le mensonge entre associés est le mécanisme qui a empêché l'individu d'être absorbé dans la société. C'est par la possibilité de mentir, ou au moins de ne pas tout dire, que l'individu est resté individu, qu'il a conservé son domaine propre, malgré la socialisation de presque toutes ses facultés. A ce point de vue, on ne saurait reprocher à Talleyrand d'avoir écrit : « La parole a été donnée à l'homme pour *déguiser* sa pensée. » Les abeilles mentent-elles? peuvent-elles mentir? Si elles n'ont jamais *envie* de faire que ce qui est précisément leur devoir social, elles n'ont pas besoin de mentir. Mais si elles sont arrivées à ce point de socialisation, auquel un individu n'est plus qu'un élément d'une association, comme une cellule est un élément du corps de l'homme, n'est-ce pas précisément parce que les abeilles sont, pour leurs congénères, un livre absolument ouvert? Les abeilles n'ont pas comme nous un vaste cerveau plein de connexions variables; peut-être l'aspect extérieur d'une abeille suffit-il pour qu'une autre abeille, l'étudiant avec ses organes spécifiques des sens. sache tout ce que pense la première. Quoi qu'il en soit de ces hypothèses que nous ne vérifierons jamais, nous sommes certains que, chez l'homme, le mensonge est possible. Et cette possibilité a évidemment joué un grand rôle dans l'évolution sociale, en protégeant l'individualité contre l'absorption dans la communauté. Mais pour cette raison même, le mensonge est devenu une chose criminelle dans l'esprit de tous. Tirant un intérêt certain de la prospérité de l'association, chacun de nous réprouve, chez tous ses coassociés, le fait de mentir dans un but d'intérêt individuel; je regrette naturellement que tous mes congénères ne se dévouent pas en entier au bien d'une association dont le bon fonctionnement est utile pour moi, et je condamne chez eux le mensonge qui leur permet de soustraire à la collaboration sociale une partie de leur activité; mais, quand il s'agit de mon intérêt personnel, je suis quelquefois amené à faire moi-même ce que je réprouve chez les autres, parce que mon intérêt personnel est plus immédiat pour moi que le bien de l'association dont je ne subis que le contre-coup.

Ces considérations suffisent à expliquer que le mensonge soit resté si fréquent à notre époque.

Seules les notions métaphysiques résultant de la religion du serment restreignent l'usage de cette pratique de sauvegarde individuelle. Et c'est parce qu'elles sont insuffisantes que le précepte contre le faux témoignage a été inscrit dans les tables de la loi et a entraîné de tout temps une sanction pénale sévère.

Partout où il y a antagonisme entre l'intérêt individuel immédiat et l'intérêt que l'individu peut tirer secondairement de la prospérité de la société, les notions métaphysiques nées d'une habitude prolongée ont été combattues par des considérations tenant à un autre ordre d'égoïsme. C'est l'égoïsme qui a fait naître en nous ce qui est aujourd'hui le sentiment de l'honneur, mais c'est l'égoïsme qui a conservé chez nous l'habitude du mensonge contraire à l'honneur. Toute l'histoire de l'homme actuel est dans cet antagonisme entre l'égoïsme individuel pur et l'égoïsme de l'individu qui profite de la société. Le résultat de cet antagonisme inévitable est cette hypocrisie dont je notais, au paragraphe précédent, le rôle considérable dans l'évolution humaine. Nous ne renonçons pas à mentir quand cela nous est utile, mais nous avons en nous des notions métaphysiques qui condamnent le mensonge et en font une chose honteuse; aussi nous mentons en cachette, quand nous nous croyons sûrs de ne pas être découverts, mais nous réprouvons hautement le mensonge, et nous accablons de notre mépris celui de nos congénères qui s'est laissé appliquer l'épithète de menteur.

§ 28. — LUXURIEUX POINT NE SERAS.

J'ai intentionnellement laissé de côté jusqu'à présent les préceptes relatifs à l'appétit sexuel, parce que cette question est beaucoup plus complexe que les autres et qu'elle est pleine de contradictions. C'est sans doute l'attraction sexuelle qui a été l'une des causes de la fondation des sociétés, puisque, la reproduction de l'espèce humaine étant sexuelle, il n'y a pas de famille sans copulation; mais les besoins d'ordre génital ont eu de tout temps, chez les hommes, un caractère si particulier, que l'*intérêt* relatif à ces besoins a pu se trouver fréquemment en contradiction avec tous les autres intérêts individuels. Je n'hésiterai pas à dire que l'attraction sexuelle a souvent conduit les hommes à des actes opposés à ceux qu'eût suggérés l'instinct de conservation. Aujourd'hui, après des siècles de vie sociale, un égoïsme prolongé a fait naître chez nous des notions métaphysiques qui peuvent parfois nous déterminer à agir contre notre intérêt le plus évident (renoncement, ascétisme, etc.); l'attraction sexuelle, antérieure à toute vie sociale, a produit chez nos ancêtres des résultats tout aussi illogiques.

Nous pourrions nous borner à constater les troubles que produit chez nos congénères (et chez les autres animaux) l'éveil de l'appétit sexuel; mes études de biologie générale m'ont suggéré une remarque qui permet peut-être d'expliquer ces troubles dans une certaine mesure.

Si paradoxal que cela puisse paraître à ceux qui n'ont pas étudié la question avec la méthode scientifique, *l'acte sexuel n'est pas un phénomène vital*. Cet acte que beaucoup considèrent comme l'acte vital par excellence, puisque c'est lui qui, chez les animaux supérieurs, assure la continuité de la vie, est un drame dans lequel les acteurs ne sont pas vivants. Je parle, bien entendu, de la fécondation proprement dite, de l'attraction et de l'absorption du spermatozoïde par l'ovule, et non de la copulation qui prépare la fécondation en rapprochant l'homme de la femme.

Les éléments sexuels sont morts! aucun d'eux n'est en effet capable de vivre par lui-même, c'est-à-dire d'assimiler, puisque l'assimilation est la seule caractéristique de la vie. Livré à lui-même, dans le milieu le plus nutritif pour son espèce, un *gamète* (c'est ainsi qu'on appelle les éléments sexuels, du mot grec signifiant mariage) se détruit petit à petit, sans nutrition possible[1]. Il est une pauvre chose

1. Il y a cependant des femelles chez lesquelles la maturation de l'œuf est incomplète; alors cet œuf reste capable de vivre par lui-même. (Voyez mon *Traité de Biologie*. « Parthénogenèse. »)

incomplète; mais le *gamète* de sexe opposé, qui lui aussi est incomplet, se trouve *complémentaire* du premier; et, de l'un vers l'autre, se manifeste une prodigieuse attraction que l'on peut comparer (c'est là, je crois bien, plus qu'une simple comparaison) à l'attraction des électricités de noms contraires. Deux gamètes de sens opposé se précipitent l'un sur l'autre, quand ils sont en présence, et se fondent l'un dans l'autre, formant ainsi l'œuf qui est non seulement vivant, mais encore infiniment *jeune*, et capable d'être le point de départ d'une série de bipartitions cellulaires construisant un être nouveau.

Dans un être adulte, la plupart des tissus restent formés de cellules *complètes* et vivantes; ce sont les éléments structuraux de l'organisme; mais il en est quelques-uns, situés dans une région particulière de l'individu, et qui, à un certain moment, sont normalement atteints par le phénomène très particulier de mort qu'est la *maturation sexuelle.* Et la présence de ces éléments mûrs ou morts est une cause de trouble pour l'organisme. Ces pauvres choses incomplètes que sont les gamètes répandent, dans l'organisme où ils sont logés, des poisons particuliers qui donnent à cet organisme lui-même la sensation bizarre d'être quelque chose d'incomplet, quoique restant parfaitement vivant et capable d'assimilation.

Ce retentissement de la maturation génitale sur l'état général de l'organisme, aurait pu paraître étrange il y a quelques années; aujourd'hui nous savons que chaque tissu, outre son rôle local dans le mécanisme, joue encore un rôle général dans l'équilibre de l'individu par ses sécrétions internes. Il n'est donc pas étonnant que le tissu génital, qui avait sa part dans l'équilibre général avant la maturation, soit une cause de rupture d'équilibre quand il est atteint par cette maturation mystérieuse qui transforme ses cellules vivantes en gamètes incomplets.

Mais si nous ne nous étonnons pas de l'existence d'un malaise causé chez l'homme par la maturité sexuelle de ses gamètes, nous restons confondus devant l'instinct qui transforme ce malaise en une attraction du mâle vers la femelle. Comment l'homme est-il prévenu, quand une maturation sexuelle de ses gamètes lui cause le trouble chanté par les poètes, que la maturation de sens contraire se produit dans les gamètes de sa femelle? Évidemment cette question resterait sans réponse si nous ne connaissions pas, au moins dans ses grandes lignes, le passé de l'homme. L'évolution sociale nous a fait comprendre la genèse, chez l'homme, de ce sentiment métaphysique de l'honneur qui semble aujourd'hui si éloigné du phénomène d'assimilation, dont il provient, comme tous nos autres sentiments métaphysiques. C'est encore l'évolution qui nous expliquera comment la maturation sexuelle attire l'homme vers la femme, et aussi comment l'homme est devenu, au point de vue morphologique, en quelque sorte le complément de sa femelle. Seulement, pour comprendre ces phénomènes merveilleux, il faudra remonter non pas à l'aurore des sociétés, mais infiniment plus en arrière, jusqu'à l'époque très primitive où les individus très rudimentaires pourvus de sexe pouvaient être attirés l'un vers l'autre sous l'influence de causes du même ordre que l'attraction sexuelle elle-même. Je n'ai pas à faire ici l'histoire de l'origine des espèces ; c'est au contraire une tentation qu'il s'agit d'éviter à tout prix, nous l'avons vu précédemment. Constatons donc simplement que, ayant évolué parallèlement depuis l'origine, le mâle et la femelle d'une espèce quelconque sont attirés l'un vers l'autre au moment de leur maturité sexuelle ; cette attraction a d'ailleurs quelque chose de commun avec les notions métaphysiques que nous avons vu naître des habitudes sociales; elle est en effet parfaitement inutile à l'individu, ou du moins, elle a un caractère despotique qu'elle ne mérite pas d'avoir si l'on prend seulement en considération l'intérêt individuel. Ce qui importe au mâle troublé par ses gamètes mûrs, ce n'est pas, en effet, que ces gamètes aillent féconder des gamètes de sexe opposé; *cela lui est bien égal ;* ce qu'il lui faut, c'est que ses gamètes soient expulsés de son organisme où ils causent des malaises, par empoisonnement. Mais, depuis les temps immémoriaux où son organisation était très inférieure, l'expulsion de ses gamètes s'est faite *habituellement* par rapprochement avec sa femelle. Et au cours de l'évolution de l'espèce, cette habitude, indéfiniment conservée, a modifié, de façons correspondantes, les structures du mâle et de la femelle; cette habitude a fait naître en outre un instinct sexuel, notion métaphysique bien plus ancienne, bien plus fixée par conséquent, que toutes celles qui résultent d'habitudes sociales plus récentes. C'est seulement plus tard que quelques espèces, particulièrement intelligentes, ont compris l'inutilité individuelle de l'accouplement, et ont deviné que l'intérêt individuel est seulement d'être débarrassé de ses gamètes mûrs. Mais le péché d'Onan nous révolte dans ce que nous avons de plus profond en nous, et d'ailleurs, l'instinct qui attire l'homme vers la femme est tellement fixé dans notre organisation, que, même adonnés à ce vice monstrueux, les hommes conservent encore une attirance métaphysique invincible vers le sexe opposé. Nous considérons comme des malades et comme des dégénérés, ceux qui ne subissent pas l'attraction sexuelle.

Je le répète, il est tout à fait indifférent à l'individu lui-même que ses gamètes mâles aillent féconder et compléter des gamètes femelles; l'important pour lui est d'être débarrassé de ces gamètes qui l'empoisonnent. Et d'ailleurs, il suffit d'observer avec quelque attention les faits connus en zoologie pour constater que l'instinct sexuel est, chez la plupart des espèces animales, indépendant de l'idée de reproduction. Bien plus, il est évident que les mâles attirés vers les femelles *ne savent pas*, en général, que la copulation désirée sera suivie d'un effet reproducteur. Cette connaissance de la valeur reproductrice de l'acte sexuel n'est pas inscrite dans notre hérédité ; elle ne peut être connue que par une tradition qui nous rend compte des résultats réitérés d'une observation ancestrale. Mais il n'y a tradition que chez les espèces sociales, et l'on ne court pas grand risque en affirmant que, chez les animaux vivant isolément, les individus ignorent qu'ils se multiplient en obéissant à leur instinct. Quoi qu'en aient pu penser les philosophes, la conservation de l'espèce est le moindre souci des individus ; mais la sélection naturelle, au contraire, fixe les caractères utiles à l'espèce et non ceux qui sont avantageux pour les personnes; c'est pour cela que nous constatons aujourd'hui la généralité de l'attraction sexuelle chez des quantités d'espèces qui n'en connaissent pas la valeur reproductrice. Nous allons encore nous laisser attirer sur le domaine de l'origine des espèces; évitons ces digressions prolongées.

L'enfant ne connaît pas le rôle de l'attraction sexuelle dans la continuité des lignées; l'homme adulte l'apprend par *tradition*.

Et l'on est en droit de se demander s'il n'est pas dangereux, pour la conservation d'une espèce, que ses individus soient au courant de la manière dont l'espèce se conserve ; cela fait dépendre des fantaisies individuelles la continuation de la lignée. Jusqu'à présent, nous devons constater que les effets dangereux de cette *science* de la reproduction ne se sont pas encore fait sentir, car depuis que les hommes *savent* que leur copulation est reproductrice, le nombre des hommes s'est prodigieusement accru. L'existence d'un précepte relatif à la luxure dans les tables de la loi pourrait faire croire que le législateur antique avait déjà compris le danger social que je viens de signaler. Il me semble que l'explication est ailleurs.

Quand un individu est en proie à l'excitation sexuelle, tous les raisonnements qu'il peut faire ne lui servent de rien ; c'est là un état morbide qui annihile provisoirement le gouvernail de la raison. Et à partir du moment où l'homme s'est attribué la dignité d'être raisonnable, quand il s'est considéré comme supérieur aux animaux dont sa raison l'avait rendu maître, il a sans doute été *humilié* de ces mouvements passionnels violents qui, momentanément, le rendaient semblable aux brutes. Cette remarque expliquerait la tendance générale, dans l'espèce humaine, à se cacher pour accomplir l'acte sexuel que les animaux exécutent sans mystère. Ce serait l'origine de la pudeur, qui, instinctive dès que l'homme s'est senti fier de sa raison, a été depuis conservée et développée par la tradition.

Mais, du moment que nos ancêtres ont connu la valeur reproductrice de cet acte passionnel qui humiliait leur raison, ils ont trouvé une sauvegarde de leur dignité dans la noblesse du résultat obtenu. Et c'est pour cela que, dans un grand nombre de religions, on considère comme un péché l'acte sexuel qui n'a pas pour but la reproduction. C'est d'ailleurs la seule interprétation qu'on puisse donner, à mon avis, au précepte du décalogue que j'ai écrit en tête de ce paragraphe. Et, malgré des siècles de vie sociale, malgré la science, qui est la gloire de l'humanité, notre pauvre espèce est restée soumise, comme toutes les espèces animales supérieures, à cette folie sexuelle, plus forte que tout, qui, par moments, triomphe, même chez les plus forts, de cette raison dont nous sommes si fiers. Ceux qui, par mysticisme ou par obéissance religieuse, ont essayé de se soustraire à cet instinct puissant, ont été menacés d'une folie plus durable que celle qui résulte de l'excitation sexuelle. Résignons-nous à être, malgré notre raison, des animaux sexués; peut-être souffrirons-nous moins de cette *diathèse*[1] quand nous aurons compris son origine.

1. J'ai employé cette expression « diathèse sexuelle » dans plusieurs de mes ouvrages de biologie.

§ 29. — LA LUTTE POUR LES FEMELLES.

L'acte sexuel est la conséquence d'une attraction particulière, exercée par les femelles sur les mâles. Chez les animaux sauvages, cette attraction est limitée à une époque de l'année; dans l'espèce humaine, elle est continuelle. Soit que le nombre des femelles soit inférieur à celui des mâles, comme cela a lieu chez certaines espèces, soit que certaines femelles aient la propriété d'exciter plus particulièrement l'appétit sexuel des mâles, il y a concurrence, au moment de l'excitation, entre tous ceux qui convoitent la même femelle.

Et, de même que l'excitation sexuelle s'est montrée tout à l'heure à nous plus forte que tous les autres mobiles, de même la concurrence résultant de la convoitise sexuelle est la plus terrible des concurrences. Lorsqu'il s'agit de la possession d'une femme, tous les raisonnements, tous les intérêts disparaissent; il n'y a plus d'alliance qui tienne; les concurrents deviennent des ennemis mortels, même s'ils étaient frères ou associés.

Dans l'espèce humaine, les différents peuples ont tiré, de cette constatation évidente, des tendances diverses et des réglementations différentes. Chez quelques-uns, la femme, cause de ces troubles morbides qui détruisent les sociétés, a été traitée comme une sorte d'animal domestique dont, à dessein, on a ravalé l'importance sociale pour diminuer l'efficacité de son rôle antisocial.

Chez d'autres peuples, au contraire, et nous sommes de ceux-là, on est arrivé à des conclusions absolument opposées. On a exalté la femme, on l'a divinisée. La femme la plus belle, c'est-à-dire celle qui excite le plus l'appétit du mâle, a été considérée comme la récompense des plus hautes vertus sociales; et ici s'est introduite dans la société, une série de choses illogiques, contre lesquelles la raison protesterait vainement.

La femme, en effet, est un individu comme l'homme; elle a, comme lui, des sentiments et de la raison; elle fait partie de la société au même titre. Chez nous, peuples de l'Occident, elle choisit librement l'homme qu'elle veut honorer de ses faveurs, et c'est là une cause de troubles incurables, comme je vais essayer de le montrer. Que la femme la plus belle fût *donnée* au plus brave, cela cadrerait fort bien avec nos idées de mérite social et de justice sociale. Mais toute idée de justice et de mérite disparaît évidemment, du moment qu'une femme choisit elle-même son élu. De ce que la femme est la plus belle, il ne s'ensuit pas qu'elle ait des qualités sociales supérieures, une intelligence et une valeur morale plus élevées. Or, c'est la *jolie femme* et non la femme vertueuse, qui est le juge de l'homme, puisque c'est elle qui décerne la récompense auprès de laquelle pâlissent toutes les autres récompenses. Le juge a été choisi d'après sa capacité d'excitation sexuelle; il ne faut pas s'étonner si elle fait entrer en ligne de compte, à son tour, pour choisir son élu, non pas la valeur sociale de cet élu, mais l'appétit sexuel qu'elle éprouve elle-même en sa présence. Personne ne saurait songer à empêcher que les mâles et les femelles se choisissent librement d'après l'attraction plus ou moins grande qu'ils éprouvent l'un pour l'autre, mais le fait que la possession de la femme la plus belle est devenue la plus haute récompense de l'homme, trouble alors complètement la notion sociale de mérite et de justice. En voici une preuve incontestable :

La conquête des bonnes grâces de la femme désirée étant la plus haute récompense que l'homme puisse obtenir, le fait de l'avoir obtenue est devenu un honneur qui s'est placé à côté de l'honneur acquis par le courage et par la fidélité au serment, et ceci, quels que fussent les moyens par lesquels cette récompense avait été obtenue. Si la notion de cet honneur s'est affaiblie avec le temps, il n'en a pas été de même du déshonneur qui résulte de la perte de cette complaisance acquise. Au moins dans le langage, l'honneur d'un homme dépend de la fidélité de son épouse. Si celle-ci, après avoir choisi son mari par instinct sexuel, éprouve pour un autre homme un appétit amoureux, le mari abandonné est dit frappé dans son honneur. Sa valeur sociale n'a cependant pas changé; on ne saurait faire dépendre l'évaluation des mérites d'un homme de cette chose éminemment provisoire et changeante qu'est l'appétit sexuel d'une femme. Rabelais a exprimé cette vérité en termes rudes que je ne me permets pas de reproduire ici.

Comme conséquence également illogique du même fait, un homme s'enorgueillit d'avoir reçu les faveurs de plusieurs femmes, toujours parce que l'idée d'honneur a été, à un certain moment, inséparable de celle de récompense. Et cependant, la valeur sociale du Don Juan de Molière était bien inférieure! Mais, quand il s'agit de choses sexuelles, nous oublions toutes les autres considérations; nous perdons tout bon sens et toute retenue! N'est-il pas extraordinaire, par exemple, que nous trouvions *ridicule*, au point d'en faire le sujet de vaudevilles et de comédies, le spectacle le plus attristant que nous présente l'humanité, le vieillard amoureux? Pour les affaires d'amour, nous ne connaissons pas de pitié.

« L'amour, dit Carmen, n'a jamais connu de loi », et cependant on a, dans toutes les sociétés, cherché à réglementer l'amour; mais cette réglementation serait reconnue avoir été, partout et toujours, absolument illusoire si, une fois de plus, l'hypocrisie n'était venue sauver la face des choses et n'avait permis à la tradition de faire naître petit à petit, dans la mentalité des hommes, le sentiment de devoirs métaphysiques qui n'ont jamais été réellement obéis.

Le mariage, association née d'une attraction sexuelle momentanée, est devenu une association d'intérêts, quand il a fallu nourrir les enfants et les défendre contre l'ennemi commun. Nous avons étudié plus haut les origines de la famille. Mais la famille, fondée à l'occasion d'une attraction sexuelle, est basée ensuite, comme toute association, sur une communauté d'intérêts qui n'a plus rien à voir avec la cause même qui l'a fait naître. Si l'amour continue à exister entre le père et la mère, tout est pour le mieux, et les liens sociaux en sont resserrés d'autant; mais l'homme et la femme pourraient être et rester d'excellents associés, alors même que l'attraction sexuelle se serait bien affaiblie entre eux. Le danger, dans ces dernières conditions, serait que l'attraction sexuelle, affaiblie entre eux, se réveillât chez l'un d'eux, mais eût pour objet un individu étranger au ménage. L'homme résiste si peu à ce genre d'appétit que l'association familiale deviendrait, du coup, bien précaire. L'homme amoureux d'une femme étrangère ne remplirait plus vraisemblablement ses devoirs de père et de défenseur dans sa première famille. Et c'est sans doute pour cela que les lois ont interdit l'adultère, et que le décalogue contient ce précepte : « Tu ne désireras point la femme de ton prochain. »

Chose étrange, et qui contribue à placer la diathèse sexuelle encore plus en dehors des autres phénomènes biologiques, le sentiment amoureux qui résulte de l'appétit sexuel s'émousse par l'habitude de la possession, alors que l'habitude développe, au contraire, toutes les autres particularités vitales. Dans la cohabitation familiale, l'amour sexuel diminue par habitude entre le mari et la femme, alors que se développe, au contraire, entre eux, par habitude aussi, une amitié résultant d'une alliance prolongée contre l'ennemi commun. Le devoir social, dans la famille, consistait sans doute, au début, dans la mise en commun des efforts de défense ; mais comme une infidélité sexuelle pouvait menacer l'existence même de la famille, la fidélité sexuelle s'inscrivit petit à petit à côté des devoirs sociaux proprement dits, et les législations condamnèrent l'adultère.

Malgré toutes les lois, les malheurs résultant des attractions sexuelles sont et resteront sans doute toujours les plus inévitables de tous les malheurs. C'est grâce à l'hypocrisie qu'une loi de fidélité, sans cesse violée, a pu paraître appliquée par la majorité des hommes. Et, ainsi, sans détruire le danger résultant d'une attraction sexuelle foudroyante, un sentiment de devoir conjugal est né petit à petit en nous, devoir impuissant à nous arrêter sur le bord d'une grande passion, et ayant seulement pour résultat de nous rendre plus malheureux quand nous y succombons, en faisant naître le remords chez les meilleurs d'entre nous. L'hypocrisie intervient encore ici pour nous sauver ; nous sommes assez intelligents pour comprendre que notre remords n'a pas d'objet quand notre infidélité est restée cachée, et nous nous ingénions à goûter au fruit défendu sans être surpris. Voilà l'un des fondements nécessaires de la société moderne. Nous sommes indulgents pour nos écarts sexuels personnels et sévères pour ceux des autres, tandis que, relativement aux autres devoirs sociaux, ceux d'entre nous qui ont une conscience morale exigeante sont, au contraire, sévères pour eux et indulgents pour leur prochain. C'est la conséquence forcée de ce fait indéniable, que les deux points de vue auxquels on peut se placer pour apprécier la valeur d'un individu, d'une femme, par exemple, savoir le point de vue de la valeur sociale et le point de vue de l'intensité d'attraction sexuelle, *n'ont entre eux aucun rapport*.

Je disais précédemment que les abeilles ouvrières n'ont aucune difficulté à faire leur devoir, parce qu'elles n'ont pas d'autre désir, et que, en particulier, étant stériles, elles ne peuvent pas songer à fonder de famille concurrente ; le fait qu'elles n'ont pas d'appétit sexuel est une cause bien plus importante du bon ordre de leur société. Nous ne pouvons pas espérer, à ce point de vue, devenir jamais aussi heureux que les mouches à miel ! Je ne m'étendrai pas, ici, sur la complication progressive qui est résultée, pour les hommes, du mélange du sentiment sexuel avec les autres notions métaphysiques, et sur le fait que l'attraction sexuelle a pu ainsi être détournée de son objet primitif au point de n'être presque plus reconnaissable : j'ai indiqué, dans un autre livre, ces curieux résultats d'une évolution sociale prolongée[1].

1. *Les Influences ancestrales*, § 57.

CHAPITRE V

LES SENTIMENTS ET LA RELIGION

§ 30. — LA FRATERNITÉ

Dans toutes les pages qui précèdent, nous nous sommes préoccupés de trouver, dans l'intérêt personnel et égoïste qui résulte de l'instinct de conservation, l'origine lointaine ou récente de toutes les notions, même les plus sublimes et les plus éthérées de notre conscience morale, même les plus opposées en apparence à l'égoïsme et à l'intérêt personnel. Finalement, nous avons été conduits à parler de l'attraction sexuelle, et nous avons considéré que l'amour résultant de cette attraction est le plus formidable obstacle à l'entente entre les hommes. Loin d'être un élément d'association, et quoique, chez les espèces bisexuées comme la nôtre, l'attraction sexuelle soit fatalement à l'origine de la famille, l'amour nous a paru devoir être considéré, en dehors de son rôle reproducteur, comme un fauteur de haines et de discordes.

Trouverons-nous, dans les autres sentiments

affectifs, sinon l'origine même des associations, du moins un appoint à la consolidation de ces associations basées tout d'abord sur l'égoïsme? Cette question doit se poser naturellement à nous, puisque certains philosophes croient à la fraternité initiale des hommes, et que des poètes ont chanté le primitif âge d'or où tous les hommes s'aimaient. D'après ces philosophes et ces poètes, la tendresse des hommes les uns pour les autres est un phénomène initial et originel; plus tard seraient nées la haine et la discorde. Je crois au contraire que la haine ou tout au moins la lutte est à l'origine de tout, puisque la vie est une lutte, et que les sentiments de fraternité et d'amitié sont des phénomènes secondaires. Je vais me proposer de résoudre cette question en partant comme toujours des notions biologiques élémentaires.

L'instinct de conservation résume tous les actes *nécessaires* par lesquels se poursuit la vie d'un individu. Tous ces actes sont *nécessaires;* tous sont égoïstes puisqu'ils concourent à la conservation d'une vie individuelle qui est une lutte contre les facteurs ambiants. Et ceci a été vrai de tout temps; pour un individu isolé, vivant par ses propres moyens, nous avons le droit de supposer que cet instinct égoïste comprenait toute l'activité personnelle; c'est de cet instinct égoïste existant seul, que sont sortis les premiers liens sociaux, lorsque l'individu n'a plus été à même de vivre par ses propres moyens, et a dû s'allier à des congénères pour lutter contre des ennemis communs. L'idée d'alliance a donc été la première forme de la notion de liens affectifs; c'est la haine d'un ennemi commun qui l'a fait naître, ou, tout au moins, la défense contre un ennemi commun. Et comme les premières alliances ont été naturellement des alliances de famille, c'est dans la famille qu'est née d'abord l'idée d'amitié.

Un sentiment antérieur a facilité l'établissement de ces relations d'amitié, c'est la tendresse de la mère pour ses jeunes enfants. La tendresse maternelle existe chez les espèces non sociales, du moins chez les mammifères et les oiseaux (car elle est inconnue chez les animaux dont les œufs éclosent sans gestation ou sans incubation); elle est donc sans doute une conséquence de la gestation ou de l'incubation ou de l'alimentation par la mère dans le jeune âge, ainsi que je l'ai expliqué ailleurs[1]. Mais chez les espèces de mammifères non sociaux, la tendresse maternelle ne persiste pas après le moment où les jeunes sont devenus assez grands pour vivre par eux-mêmes; chez l'homme, les frères deviennent des alliés en grandissant; la tendresse maternelle, commune à tous dans le jeune âge, se continue jusqu'à l'âge mûr, et est l'amorce d'un lien affectif qui devient généralement plus fort

1. *Les Influences ancestrales, op. cit.*

entre frères qu'entre alliés quelconques ; la tendresse fraternelle résulte d'une habitude contractée dans l'âge le plus tendre, et ces habitudes sont les plus fortes de toutes. Or, elles n'excluent pas la possibilité d'une lutte, d'une haine, d'une rivalité entre frères, soit pour des questions d'intérêt personnel, soit comme conséquence d'une attraction sexuelle commune. Et si cette *fraternité entre frères,* si cette fraternité initiale et qui sert de modèle à la fraternité entre associés n'est pas suffisante pour créer une association parfaite, comment pourrait-on attendre un résultat efficace de la fraternité entre concitoyens? Des intérêts opposés suffisent le plus souvent à diviser ceux qui, ayant sucé le même lait, ont des habitudes invétérées de tendresse réciproque; des intérêts communs suffisent aussi à rapprocher, pendant que ces intérêts communs sont en jeu, des gens qui, en dehors de cet intérêt commun momentané, n'ont aucune attirance les uns vers les autres. Des alliances contractées contre un ennemi créent parfois des liens durables de tendresse; la reconnaissance pour un service rendu crée, chez les meilleurs d'entre nous, un devoir qui persiste après que les intérêts ont cessé d'être en jeu, mais la reconnaissance est lourde à beaucoup d'hommes qui s'allègent volontiers de ce fardeau, tandis que ceux qui ont rendu service ont souvent au contraire une tendance à s'exagérer la dose de reconnaissance à laquelle ils ont droit. Somme toute, les facteurs affectifs ne paraissent pas capables de servir de base à une société durable. Les apôtres mêmes de la fraternité universelle sont remplis de haine contre ceux qui ne partagent pas leur manière de voir, qui ne sont pas leurs alliés dans la campagne d'amour entreprise. Ce qui crée des liens solides entre les hommes, c'est l'existence d'un intérêt commun à poursuivre ou d'un ennemi commun à combattre; et comme l'espèce humaine, maîtresse du monde, n'a plus d'ennemi sérieux à combattre, la fraternité de tous les hommes me paraît une utopie d'autant plus invraisemblable que, à cause des dimensions limitées de notre planète, les différents groupes humains ont fatalement des intérêts opposés.

La fraternité, ordinairement dissimulée sous des haines et des rivalités, se manifeste au moment d'un danger commun, et alors nous devenons des frères d'autant plus attachés les uns aux autres que nous nous considérions, précédemment, comme des concurrents plus redoutables. L'estime en laquelle nous tenons la valeur, la capacité de nuire d'un de nos congénères, est un facteur important de la solidité de l'alliance que nous contractons avec lui contre l'envahisseur étranger. Et ceci est vrai, soit que nous envisagions des groupements restreints comme la famille ou le clan, soit que nous pensions à des groupements plus importants comme les nations. L'habitude de l'hypocrisie, dont nous avons déjà à deux reprises signalé l'importance dans l'histoire évolutive de l'homme, a permis la généralisation de cette erreur : la fraternité, base des sociétés; mais il suffit d'observer sans parti pris pour se convaincre que les hommes, souvent même s'ils sont membres d'une même famille, sont des concurrents et des rivaux, tant que le groupement dont ils font partie n'est pas menacé par un ennemi étranger. On cite des cas d'amitiés héroïques qui ont résisté à des conflits d'intérêts, mais le fait même qu'on les cite avec admiration prouve qu'ils sont rares; on ne saurait prendre l'exception pour base d'une explication générale du fait social. L'affection fraternelle est l'exception; la haine, la jalousie, l'envie ou l'indifférence sont la règle.

§ 31. — L'ENVIE ET LA JALOUSIE.

Sous le vernis artificiel de la civilisation, la concurrence et la rivalité primitives se superposent à l'égoïsme nécessaire de l'instinct de conservation. Le plus souvent, dans une société en état de paix, cette concurrence, cette rivalité ne se manifestent pas par des luttes effectives, par des batailles dans la rue; mais elles n'en sont pas moins profondément inscrites au fond de chacun de nous; et comment en serait-il autrement puisque nous sommes vivants? Les citoyens d'une même nation ne sont vraiment frères que pendant la lutte contre l'envahisseur étranger. En dehors de cette période exceptionnelle qui exalte la fraternité sous l'influence du danger commun, les concitoyens sont séparés les uns des autres par des haines latentes ou, du moins, font partie de groupements rivaux et véritablement ennemis; les familles sont des groupements rivaux quand elles ne sont pas elles-mêmes divisées par des rivalités intestines. En dehors des familles, il y a les partis, les castes, les confessions religieuses, etc., en un mot tous les groupements d'individus ayant des intérêts ou des ennemis communs. Il suffit d'assister à une réunion électorale pour se rendre compte de ces haines latentes; elles sont aussi violentes, plus violentes même quelquefois que celles dont sont animés contre l'envahisseur les citoyens unis pour la défense du sol national. Et même dans l'intérieur des partis, que de discussions, que de jalousies, que de rivalités! On pourrait presque dire sans exagération que l'envie et la jalousie sont la règle entre membres d'une même agglomération, pendant la paix; la dose de férocité inhérente à la vie trouve ainsi son emploi, en dehors des moments où elle est utilisée contre l'ennemi du dehors. Et personne ne me contredira si j'affirme que les haines des guerres civiles sont plus violentes, plus implacables, que les haines des guerres nationales.

Comme toutes les notions qui se sont fixées par

une longue habitude dans la mentalité des hommes, la notion de concurrence, de lutte, qui a son origine aux sources mêmes de la vie, a pris le caractère absolu d'une entité métaphysique. On est jaloux sans cause, sans intérêt; on est ulcéré par le spectacle du bonheur qui arrive à un voisin, alors que, ce bonheur, on ne pouvait y prétendre, alors qu'on ne le désirait même pas. L'hypocrisie fondamentale fait qu'on s'en cache, et l'utopie de la fraternité continue. Les amis de la tradition nous font accorder à une habitude d'autant plus d'estime, de respect, de vénération, que cette habitude est plus ancienne; pour être logiques, nous devrions élever des temples à l'envie, qui est aussi ancienne que la vie elle-même; l'idée de la fraternité, quoique plus récente, a fait tort à la notion de concurrence, et l'a supplantée sous le couvert de l'hypocrisie. Prenez deux familles très unies, les familles de deux hommes qui s'aiment depuis la plus tendre enfance, et entre lesquels il n'y a jamais eu de nuages. Ces deux amis ont des fils, et les envoient au collège. Les deux gamins ne sont pas dans la même classe, ne sont pas rivaux, et cependant, si l'un d'eux est premier et l'autre dernier, les pères s'en veulent; l'un d'eux triomphe, l'autre est jaloux. Si les deux enfants sont dans la même classe, il y a brouille entre les familles!

Chacun de nous, si détaché qu'il soit des grandeurs humaines, a des jalousies qu'il n'ose pas s'avouer à lui-même; aucune satisfaction d'amour-propre ne nous met à l'abri de cette douloureuse maladie. Napoléon était jaloux du comte de Neipperg! Il faudrait être un fakir, comme le *Purun Baghat* de Kipling; et encore? Mais un fakir n'est plus un être social; il n'est même presque plus vivant.

§ 32. — LA PITIÉ.

La pitié nous est à peu près aussi naturelle que l'envie, quoiqu'elle semble au premier abord en être l'opposé; l'envie nous porte à souffrir de ce qui arrive d'heureux à nos congénères, mais nous conduit rarement à nous réjouir des malheurs qui les accablent. Il me semble que l'envie et la pitié, si contraires en apparence, sont l'une et l'autre une conséquence de l'observation qui nous fait constater que nous sommes *semblables* aux autres hommes. Leur étant semblables, nous supportons difficilement que l'un d'eux jouisse d'avantages que nous ne possédons pas; mais aussi, parce que nous leur sommes semblables, nous nous représentons facilement ce qu'ils souffrent dans la misère, et c'est cette *résonance* en nous de la douleur d'autrui que nous appelons la pitié. Il nous est pénible de nous représenter le chagrin d'un de nos voisins, parce que, nous le représentant, nous en souffrons nous-mêmes. L'égoïsme bien compris doit donc nous pousser, soit à éviter la vue des malheureux si nous pouvons ne pas penser à leur existence, soit à les réconforter dans leur malheur si cela nous est possible. Le raisonnement que je faisais précédemment pour la peine de mort est du même ordre que celui que me suggère la pitié. Nous repoussons la peine de mort comme infâme lorsque nous sommes nous-mêmes accoutumés à un genre de vie qui nous rend lâches devant la mort. Et l'on assiste souvent à ce spectacle illogique : des hommes poursuivent un criminel avec acharnement, parce qu'ils considèrent que leur repos est menacé si le crime reste impuni ; puis, quand le criminel est condamné à mort, ces mêmes hommes, étreints par une angoisse profonde, parce que, pensant au condamné qui attend le couteau, ils se mettent dans sa peau et ont peur avec lui. Cette pensée est exprimée très convenablement par un personnage d'une pièce de Sardou : « Un homme qui essaie de dérober sa tête au bourreau n'est plus un misérable ; c'est un malheureux ». C'est ce qui explique l'attitude d'un jury signant un recours en grâce après avoir condamné un meurtrier à la peine capitale.

L'envie et la pitié existent chez tous les hommes, mais à un degré plus ou moins élevé suivant les individus. La pitié se développe surtout chez les gens qui redoutent la souffrance. Elle peut alors franchir les limites de l'espèce. Tout être vivant qui nous ressemble assez nous paraît capable de souffrir comme nous, et, nous imaginant sa souffrance, nous en éprouvons le contre-coup. Un homme sensible ne peut voir battre un cheval ou un chien sans en éprouver une douleur violente; le même homme écrase une puce ou mange une huitre sans remords, parce que la puce ou l'huitre diffèrent trop profondément de l'homme, et que nous ne pouvons nous représenter la vie subjective de ces animaux. C'est la similitude qui engendre la commisération, et le modèle physique de toutes les pitiés se trouve admirablement illustré dans ce tableau d'un conteur latin : « Un patricien amolli dans les délices de Capoue, et qui sue en voyant un esclave fendre du bois »[1].

La pitié et l'envie sont, chez tous les hommes, les deux aspects de la notion d'Égalité. C'est au nom de la pitié que les heureux de ce monde réclament le bonheur pour les malheureux; c'est l'*envie* qui pousse les déshérités à réclamer leur part du gâteau social. L'étude de ces deux sentiments nous conduit naturellement à la question des *droits* de l'individu dans la société. Nous avons déjà parlé çà et là de cette question des droits; cette question est aujourd'hui extraordinairement encombrée de notions métaphysiques; essayons d'en trouver l'origine biologique.

1. Voyez le chapitre de l' « Imitation » dans *Science et Conscience, op. cit.*, ch. V.

§ 33. — DROIT OBJECTIF ET DROIT SUBJECTIF.

Je crois qu'il est nécessaire de séparer, au moins au début, les droits que la société reconnait à chaque individu, des droits que chaque individu se reconnait à lui-même; il faudra bien, secondairement, qu'un accord se fasse entre ces deux points de vue, sans quoi aucune société ne serait possible.

Quand, dans les premiers temps de l'humanité, deux hommes, vivant au voisinage l'un de l'autre dans un même canton giboyeux, ont, d'un accord tacite, renoncé à s'attaquer parce que chacun d'eux était pour l'autre l'ennemi le plus redoutable du canton, chacun d'eux a, par le fait, reconnu à l'autre *des droits*. Quand, bien armé et bien en forme, l'un d'eux a passé devant l'autre, chargé de butin, le second ne l'a pas attaqué pour lui dérober sa proie, parce qu'il respectait en lui un adversaire dangereux. Le droit de propriété était soutenu par la puissance guerrière, par la capacité de nuire du propriétaire. Malgré toutes les complications qui ont entouré, depuis, la notion des droits de chacun, il y a encore des cas où ces droits sont purement proportionnels à la capacité de nuire de l'individu considéré. Il y a quinze jours, des matelots révoltés ont bombardé la ville de Rio de Janeiro. Le sénat a immédiatement voté l'amnistie pour les rebelles, c'est-à-dire qu'il leur a reconnu implicitement le droit de bombarder la capitale. Quand on est désarmé, on reconnait volontiers des droits à des gens qui sont derrière un canon et savent s'en servir; la vieille fable « *Ego nominor Leo* » n'a rien perdu de sa valeur primitive.

Si l'on hésitait à attaquer un homme chargé de butin quand il était assez fort pour se défendre, on n'essayait pas non plus de le déloger de sa tanière quand il avait des enfants ayant bec et ongles. Et ainsi se reconnaissait petit à petit le droit de propriété, basé sur l'appréciation de la capacité de nuire du propriétaire. Le droit de propriété était admis jusqu'au jour où un ennemi plus fort se trouvait capable de vaincre le chef de famille et prenait possession de sa caverne et de ses armes.

Parallèlement à ce droit reconnu par les voisins, naissait petit à petit, dans la mentalité de l'individu lui-même, le sentiment instinctif de la propriété. Ce sentiment était sans doute une des formes de l'*habitude*, et n'avait primitivement aucun rapport avec les moyens de défense capables de lui donner une valeur réelle. L'homme habitué à vivre dans une caverne avec les siens et à chasser avec eux dans un canton connu, s'attachait à sa demeure et à ses domaines par les liens de l'habitude, et ces liens de l'habitude sont si forts, que le malheureux se considérait comme lésé *dans des droits sacrés* quand un ennemi mieux armé que lui le dépossédait.

A mesure que les sociétés se développèrent, que des associations plus nombreuses existèrent, une confusion s'établit fatalement petit à petit entre ce qu'on peut appeler les droits subjectifs et les droits objectifs des individus, c'est-à-dire entre les droits que leur conférait leur capacité de nuire et ceux dont une douce habitude faisait naître en eux le sentiment profond. Chaque homme, ayant fatalement des instincts de propriétaire, se représentait aisément l'instinct correspondant chez ses congénères ; et, pour n'être pas troublé lui-même dans sa propriété, acceptait volontiers la convention qui rend la propriété respectable. C'est toujours le raisonnement que j'ai fait précédemment pour la pitié et pour la peine de mort.

Il ne faut pas s'exagérer, d'ailleurs, la valeur probable de cette convention dans les clans sauvages d'autrefois ; quand l'intérêt personnel était fortement excité, les barrières opposées par le droit de propriété ne devaient guère arrêter un chef puissant ; mais cependant, on conçoit que l'on peut trouver là l'origine du fondement métaphysique de la notion de droit. On ne saurait nier que le droit objectif, basé sur les moyens de défense et sur la capacité de nuire, n'ait été pendant longtemps plus respecté que le droit subjectif reconnu par une convention sentimentale. Il faut arriver à une société déjà très fortement organisée pour voir respecter à peu près constamment le droit subjectif des faibles. Mais, même de nos jours, le droit objectif a une valeur indiscutablement supérieure à celle de tous les droits subjectifs sentimentaux. Quand des hommes, exerçant une même profession par exemple, ayant des intérêts communs ou des ennemis communs, arrivent à s'entendre entre eux, l'augmentation de leur capacité de nuire leur fait concéder immédiatement par la société des droits subjectifs qu'on leur aurait déniés s'ils avaient été moins forts. La confusion entre les deux genres de droit tient encore ici à notre hypocrisie sociale. Nous voulons avoir l'air d'accorder par un sentiment d'humanité ou de justice ce qui nous est arraché par la force.

Cependant, dans les conditions ordinaires de la vie, on peut dire aujourd'hui que la notion des droits de l'individu est basée sur le consentement universel; une société donnée a des lois qui ont été basées, en partie, sur le respect des droits objectifs de tous ses membres, mais surtout sur la reconnaissance des droits subjectifs chers à chacun. Et, si l'intérêt individuel pousse un homme à méconnaître les droits accordés à son voisin par la loi, l'ensemble des autres membres de la société, menacé dans sa tranquillité par le mépris des lois, s'entend pour infliger un châtiment au délinquant. Quand une contestation s'élève entre deux hommes qui s'attribuent le même droit subjectif sur une propriété, ce n'est plus en luttant l'un contre l'autre qu'ils terminent leur querelle, c'est en faisant interpréter les textes juridiques par des hommes de loi. Il n'y a plus alors ni droit objectif, ni même droit subjectif, puisque deux hommes peuvent avoir tous deux des raisons de prétendre à une propriété que la loi accordera à l'un d'eux à l'exclusion de l'autre. Il n'y a plus que l'obéissance à la loi. Et, par conséquent, la chose la plus importante dans une société est la fabrication des lois. Pour que des lois soient acceptées, il faut qu'elles cadrent assez aisément avec la sentimentalité de tous, il faut qu'elles ne choquent pas le droit subjectif de chacun; ce résultat est presque impossible quand une loi nouvelle est édictée; fatalement, elle lèse des droits acquis par habitude. Ce n'est qu'à la longue que la loi devient bonne pour tous, car la connaissance de la loi entre désormais dans l'appréciation que fait chacun de nous de ses droits subjectifs; nous sommes tellement enrégimentés, tellement domestiqués par des siècles de vie sociale, que nous ne cherchons plus, en dehors de la loi, la source de nos droits individuels. De temps en temps cependant, il arrive que le changement des conditions de vie met la loi en désaccord avec les intérêts d'un certain nombre d'individus capables de résister à la loi; le droit objectif est alors remis en vigueur; il faut modifier la loi pour ne pas laisser voir que la loi est mauvaise ou que la société est impuissante à la faire respecter. Et quand on modifie une loi, c'est toujours au profit de quelques-uns, mais au détriment de quelques autres. Ceux qui sont habitués à profiter de l'ancienne loi invoquent des *droits sacrés*, ce qui veut dire seulement, nous l'avons vu à plusieurs reprises, que l'habitude a fait naître chez eux des notions métaphysiques dans lesquelles, de bonne foi, ils voient une réalité.

Quand le droit objectif d'un certain nombre est devenu suffisamment fort, si les pouvoirs publics ne se résignent pas à modifier la loi, il y a révolution et substitution violente d'une législation nouvelle à la législation surannée. C'est le droit du plus fort qui prend force de loi. Mais cela est soigneusement déguisé sous des formes métaphysiques; c'est toujours au nom d'un droit subjectif que l'on bouleverse le droit établi. Et les gens discutent avec abondance la *légitimité* du droit revendiqué! C'est toujours l'hypocrisie inséparable de la vie des sociétés. La question devrait être posée objectivement : Ceux qui veulent maintenir l'ancienne législation sont-ils capables de résister à ceux qui veulent en établir une nouvelle? Voilà tout le problème. Seulement, parmi les troupes qui entrent en jeu dans la querelle, il y aura lieu de compter, outre les combattants qui défendent ou revendiquent un avantage personnel, des individus désintéressés qui prennent les entités métaphysiques pour argent comptant, et qui sont poussés par le seul souci de la *justice*. De ce nombre sont ordinairement les meneurs des mouvements révolutionnaires. Nous les considérons comme les meilleurs d'entre nous, quel que soit le résultat qu'ils obtiennent, car nous honorons le désintéressement comme la plus haute vertu humaine. Il est possible d'ailleurs que nous trouvions à admirer les mêmes vertus chez les chefs du parti opposé, car là où cesse l'objectivité, là où pénètre la métaphysique, il n'y a plus de raisonnement assez solide pour que le raisonnement contraire ne soit soutenable avec autant de vraisemblance. C'est la science seule qui peut mettre tout le monde d'accord, ou du moins la méthode scientifique, qui est objective et fait bon marché des sentiments.

§ 34. — DROIT ET DEVOIR

Nous avons vu naitre directement la notion du devoir comme une conséquence fatale de certaines habitudes sociales. Une fois établie la notion de droit, une notion nouvelle de devoir en découle fatalement; chaque membre d'une société *doit* respecter les droits de ses coassociés. « L'obéissance aux lois est le devoir de tous ». Mais il suffit de réfléchir un instant pour comprendre que les devoirs ainsi définis n'auront pas tous la même valeur sentimentale dans notre conscience individuelle. Quelques-uns de ces devoirs, ceux qui correspondent aux notions métaphysiques nées anciennement dans la mentalité des hommes, sont inscrits dans notre individu, soit par hérédité, soit par tradition; pour faire accomplir ceux-là, aucun tribunal n'est aussi puissant que le tribunal de notre conscience.

Mais il y a d'autres devoirs sociaux, imposés par la loi, et qui nous paraissent trop factices et conventionnels, pour que nous nous y soumettions de gaieté de cœur. Pour respecter certains articles du code, il faut que nous redoutions les sanctions pénales attachées à leur infraction. Je ne sache pas, par exemple, que le meilleur citoyen du pays se soit jamais reproché à lui-même d'avoir commis le délit de braconnage.

Au contraire, la loi est impuissante à nous débarrasser de l'idée innée que nous devons obéir à notre père; et quand, profitant des droits que nous donne la loi, nous foulons aux pieds l'autorité paternelle, notre conscience ne nous absout pas aisément.

Cependant, même quand il choque notre sentimentalité héréditaire[1], nous acceptons beaucoup plus volontiers un droit nouveau qu'un devoir nou-

1. Seulement, quand, dans ce dernier cas, nous profitons de la loi, nous nous reprochons à nous-mêmes de ne pas accomplir notre devoir.

veau. Et il faut très peu de temps pour que le droit, qui nous est concédé par une loi factice, s'inscrive en nous-mêmes avec le caractère métaphysique et sacré qui s'attache aux vieilles habitudes. Quand nous avons usé quelque temps de ce droit nouveau, nous sommes prêts à combattre pour son maintien, si une nouvelle loi menace de nous enlever ce qu'une loi précédente nous avait accordé. Un droit ajouté à nos droits flatte notre égoïsme naturel d'êtres vivants. Au contraire, un devoir nouveau est une contrainte nouvelle, un obstacle de plus dans la lutte qu'est notre vie de chaque jour. Et nous nous y soumettons de mauvaise grâce; nous tournons la loi aussi souvent que nous le pouvons. *On acquiert l'habitude d'un droit bien plus vite et bien plus aisément que l'habitude du devoir.* Cette remarque a une importance sociale que je m'efforcerai de mettre en évidence dans un chapitre ultérieur. Beaucoup de guerres civiles sont dues à ce que des lois nouvelles ne respectent pas des droits anciens; même quand ces droits n'ont plus qu'une valeur nominale, le caractère métaphysique que l'ancienneté leur a donné les rend assez vénérables pour que des fanatiques les défendent au péril de leur vie. C'est la métaphysique qui mène le monde! Les raisonnements objectifs les plus solides ne vaudront jamais contre un principe métaphysique désuet!

§ 35. — L'ÉGALITÉ.

C'est la métaphysique qui mène le monde ; des gens se font tuer pour un mot qui représente un *principe* métaphysique. L'histoire de la notion d'égalité est le plus intéressant chapitre de l'histoire de l'homme.

Je ne crois pas m'avancer trop en affirmant que la notion d'égalité a été la base de la première société humaine. C'est pour avoir reconnu chez son voisin une capacité de nuire *égale* à la sienne que l'homme des cavernes a respecté ce voisin et a fait alliance avec lui. A cette époque primitive, tout individu inférieur disparaissait forcément par sélection naturelle, comme cela eut lieu plus tard dans la société de Lycurgue. Peu à peu, à mesure que la société s'est constituée, le droit des faibles a été défendu par les forts, quand les forts avaient intérêt à le défendre, mais, en même temps, l'inégalité s'est introduite fatalement parmi les hommes. Le fort qui défendait le faible avait des *droits* sur lui ; le faible, protégé par le fort, avait des devoirs envers lui. Une troupe armée qui avait vaincu une autre troupe et l'avait privée de ses armes, en réduisait les membres à l'état d'esclavage ; et cet esclavage, entretenu d'abord par la force, finissait par devenir une sorte de tare individuelle à peu près incurable. Au bout de quelques générations de servitude, les hommes, tenus à l'écart du métier des armes et adonnés à des travaux paisibles, perdaient non seulement la faculté de se battre, mais surtout la bravoure, qui est indispensable à l'homme de guerre. La notion métaphysique de l'obéissance passive envahissait leurs cerveaux dégradés; ils redoutaient le maître, et le maître les méprisait. Tout ce qui subsistait alors de l'égalité primitive, c'était le sentiment d'envie chez les inférieurs, le sentiment de pitié chez quelques supérieurs. Et quand le maître n'abusait pas trop de son autorité, quand le sentiment de pitié l'amenait à reconnaître, non ses égaux, mais ses semblables, chez les êtres dégradés dont il avait la propriété, cette pitié même, vieux reste de la notion primitive d'égalité, rendait l'inégalité plus grave en la faisant définitive. On a vu des vieux serviteurs *aimer* leur maître et mourir de chagrin à sa mort.

Deux phénomènes ont empêché cette inégalité médiévale de persister avec le même caractère de servage et de despotisme. D'une part, la notion métaphysique d'égalité, développée par l'envie ou par la pitié dans la mentalité de quelques penseurs, s'est répandue de là dans les foules, avec ou sans caractère religieux, suivant les pays. Cette notion métaphysique pouvait d'autant plus prendre corps à cette époque, que les inégalités individuelles étaient devenues beaucoup moins sensibles avec le perfectionnement des armes. L'invention des armes à feu a été un premier pas très important dans la voie de l'égalité. Les vieux Hébreux s'étonnèrent de voir tuer le géant Goliath par la fronde du jeune David. Aujourd'hui, le jeune voyou qui possède un revolver a une capacité de nuire qui le rend très respectable. Au Moyen Age, entre le chevalier bardé de fer et le vilain vêtu de serge, la lutte n'était pas possible; le jour où la cuirasse ne fut plus à l'épreuve de la balle, les castes perdirent toute réalité; il n'en resta plus qu'un vague souvenir ayant l'apparence d'une notion métaphysique.

Ce qui fait de la Révolution française un phénomène unique dans l'histoire du monde, c'est que ceux qui la firent ne furent pas poussés par leur intérêt personnel. Les notions métaphysiques répandues par les philosophes du XVIIIe siècle étaient tellement adaptées à la mentalité de cette époque, qu'elles furent adoptées d'enthousiasme par les gens aux intérêts desquels elles étaient le plus opposées.

Ce mouvement merveilleux et unique dans l'histoire ne fut pas réfléchi; mais quand la Révolution fut triomphante, ceux qui y perdaient, outre des privilèges surannés, donc respectables, la possibilité même de vivre, furent ramenés par l'instinct de conservation à la notion de l'intérêt personnel; alors ils invoquèrent des principes métaphysiques contraires : mais il était trop tard. Ceux à qui l'on avait fait goûter de l'Égalité n'en voulurent plus démordre; on acquiert plus facilement de nouveaux droits que de nouveaux devoirs. Et, malgré la Restauration qui suivit la Révolution, un pas était franchi, sur lequel on ne pouvait plus revenir. Ainsi la notion primitive d'égalité, oubliée fatalement par suite même des conditions de la vie médiévale, reparut au grand jour, ressuscitée par l'envie et la pitié, qui en avaient été la forme individuelle persistante aux époques de pire inégalité.

La notion d'égalité, répandue par la Révolution française, prit, comme toutes les notions absolues, une extension qui n'avait plus de rapport avec les besoins dont elle était sortie; nous verrons le rôle qu'a joué cette notion métaphysique à propos de la mise en valeur du patrimoine social.

§ 36. — LE DROIT DES GENS.

Le mot *Droit*, dont nous venons d'étudier la signification primitive et la déformation historique ultérieure, est un de ceux dont on a le plus abusé dans des raisonnements sentimentaux n'ayant aucune base scientifique. Plus que tout autre mot de notre langue, il a pris un sens métaphysique; il représente une chose sacrée, parce qu'on a oublié son humble origine biologique, et nous nous révoltons quand on dit que « la force prime le droit », comme si le droit, du moins le droit objectif, avait eu pour origine autre chose que la force individuelle et la capacité de nuire. C'est d'ailleurs du droit subjectif qu'il est question dans l'aphorisme que je viens de rappeler; c'est dans ce droit subjectif que nous nous trouvons lésés quand un plus fort nous dépouille de ce que nous sommes habitués depuis longtemps à considérer comme notre propriété. C'est encore de ce droit subjectif qu'il s'agit dans une expression un peu vague et mystique dont je voudrais dire quelques mots en passant, *le droit des gens*.

Le droit des gens est en rapport avec la notion vague de la fraternité de tous les hommes. Il est du moins une conséquence de ce que les hommes se reconnaissent les uns les autres, sinon comme frères, du moins comme semblables; nous avons vu plus haut comment la notion de similitude entre les hommes a conduit notre égoïsme au sentiment de la pitié. Le droit des gens est du même ordre; les nations civilisées ont coutume de l'observer, même quand elles sont en guerre, car il est de l'intérêt des autres nations que ce droit des gens soit respecté; c'est une garantie pour chacun. On voit cependant bien souvent que le vainqueur abuse de sa victoire et méprise le droit des gens sans que personne réclame, surtout lorsque le vainqueur est très puissant. Les gens lésés protestent, mais personne ne les écoute; il serait impossible, en bonne logique, de leur donner tort, et d'autre part il serait trop dangereux de leur donner raison; on se mettrait trop d'affaires sur les bras. En un mot, le droit des gens est la limite à laquelle le vainqueur arrête ses spoliations et ses crimes, parce qu'il considère qu'il serait dangereux pour lui d'aller au delà et de soulever la réprobation universelle. Elle est bien bonne fille, la réprobation universelle, et pas trop tatillonne quand le vainqueur est fort; aussi on se contente de passer les faits sous silence, quand on est trop faible pour punir. Ici encore, l'hypocrisie, pilier de la société, joue son rôle protecteur; c'est grâce à l'hypocrisie que nous croyons encore au droit des gens, après tous les accrocs que lui ont faits les vainqueurs, dans l'histoire des peuples. Et cela est réconfortant et nous permet de nous griser, comme M. Prud'homme, de grandes phrases sonores qui ne signifient rien.

§ 37. — LES RELIGIONS.

Cette question du droit des gens me conduit à parler d'un facteur important dans l'histoire des sociétés, facteur qui a joué dans l'histoire un rôle prodigieux; je veux dire les *religions*. J'hésite à parler des religions parce que, n'ayant jamais été l'adepte d'aucune d'entre elles, ainsi que je l'ai confessé dans un livre publié il y a quatre ans[1], je suis mal outillé pour concevoir leur valeur. Aussi ne m'étendrai-je pas longtemps sur ce sujet. Autant que je puis le concevoir, la religion d'un peuple a d'abord été l'ensemble des principes métaphysiques nés, chez les hommes, de leurs habitudes sociales prolongées. Le sentiment du bien et du mal, du devoir et des autres impedimenta apportés par la conscience au libre exercice des facultés égoïstes, a fait naître aisément l'idée d'un souverain juge punissant les crimes et récompensant les mérites. Cette idée du souverain juge a rendu plus facile la transmission des principes aux jeunes. Et ce personnage mystérieux a été chargé en outre d'expliquer tout ce qu'on ne comprenait pas; en même temps qu'une législation, le Dieu a fourni une cosmogonie.

Primitivement, la religion et la législation ont sans doute été confondues; on a donné aux lois une origine divine, et les peuples ont volontiers accepté cette supercherie de leurs législateurs, parce que les principes sociaux étaient inscrits dans la mentalité de chacun, et que chacun trouvait dans sa conscience un écho de la loi écrite. Ils croyaient aux commandements de Dieu parce qu'ils entendaient ces commandements dans le fond d'eux-mêmes. Les dieux des différents peu-

1. *L'Athéisme.* Paris, Flammarion, 1906.

ples ne leur ont jamais fait haïr que ce que leur conscience leur commandait de haïr; sans cela on n'eût pas cru à l'origine divine des préceptes.

Mais les révélations divines ne pouvaient se faire qu'à des peuples très crédules; plus tard, quand les nécessités sociales firent naître de nouvelles lois, on n'osa plus faire intervenir les dieux; ce furent les hommes qui légiférèrent, et, à partir de ce moment, les lois humaines furent séparées des lois divines. Il y eut un code, fait par des hommes choisis et accepté ensuite par les membres de la société. La base de ce code fut toujours, sans doute, la législation divine primitive, mais il y eut des chapitres nouveaux dont l'origine humaine était connue, et qui, par conséquent, s'imposaient avec moins d'autorité. A partir de ce moment, les prêtres du culte ne furent plus chargés de l'application des lois. Mais le culte subsista, parce que les hommes s'étaient mis à croire vraiment à l'existence de ce Dieu dont on leur avait fait peur; et même quand l'administration de la justice fut séparée du culte divin, beaucoup se soumirent aux lois parce qu'on leur disait que c'était leur devoir, et que Dieu commande d'accomplir son devoir. Mais quand les pouvoirs publics firent des lois qui lésaient les prêtres, il se produisit, dans certaines consciences simplistes, un véritable cataclysme. On ne pouvait pas croire que des devoirs de citoyen fussent en opposition avec des devoirs d'homme pieux. Et l'idée du respect dû à la loi en fut sérieusement ébranlée.

Une des choses les plus intéressantes dans l'histoire des religions, une de celles, du moins, qui se rapportent le plus au sujet de ce livre, c'est qu'il y a eu des guerres de religion. On a pu trouver des raisons économiques, des raisons d'intérêt personnel derrière ces guerres. Il est, à mon avis, inutile d'en chercher. L'égoïsme n'a pas seulement pour domaine l'intérêt matériel. L'homme est un lutteur dans l'ordre de la pensée comme pour tout le reste; *chacun veut avoir raison*. Quand on a appris, étant tout enfant, des vérités éternelles, quand on a reçu ces vérités de ses parents, qui les tenaient eux-mêmes de leurs ancêtres, on a une certitude que rien ne peut ébranler; et celui qui conteste cette certitude vous devient aussi odieux que s'il vous avait pris votre femme ou votre bétail. Les luttes qui désolèrent l'Angleterre à l'époque du *Covenant* sont un des plus beaux exemples de guerres religieuses; là il n'y avait évidemment que du fanatisme; pas de question d'intérêt; et quelles cruautés, quels prodiges de bravoure!

L'amour de Dieu est la forme la plus absolue que puissent prendre les notions métaphysiques nées dans notre mentalité par suite de longues habitudes sociales. Quoique toutes celles de ces notions, que nous appelons les notions morales, aient eu leur origine dans des devoirs sociaux, elles sont aujourd'hui tellement incrustées dans notre mentalité, qu'elles apporteraient encore des entraves à la liberté individuelle d'un Robinson Crusoé isolé dans une île déserte. Un Robinson Crusoé est fatalement encore hypocrite dans la solitude, quoique personne ne l'observe, parce qu'il n'ose pas s'avouer à lui-même certains sentiments que la morale réprouve. Il se sent *sous l'œil de Dieu*, et, dictés par Dieu, les préceptes ont une valeur indépendante de toute utilité sociale. C'est sous la forme religieuse que la plupart des principes moraux sont inscrits dans la mentalité de nos congénères, et là plus que partout, l'hypocrisie a joué un rôle infiniment important. Chacun de nous a intérêt à ce que ses voisins craignent un Dieu qui défend d'attenter à la propriété du prochain, ou à sa femme ou à son honneur. La formule de cette hypocrisie a été donnée dans cet aphorisme lapidaire : « Il faut de la religion pour le peuple ». Or, le moyen d'entretenir la religion dans le peuple, n'est-ce pas de la pratiquer soi-même pour donner l'exemple ? Et comme quelques-unes des pratiques religieuses, celles qui sont simplement des pratiques religieuses sans valeur sociale, sont compatibles avec la poursuite de l'intérêt personnel, on va à la messe et on fait maigre le vendredi pour pouvoir exiger de ses domestiques l'accomplissement des devoirs sociaux utiles aux maîtres. Brunetière, qui devint peut-être croyant, considérait qu'il faut adhérer à la religion catholique comme à la meilleure de toutes les disciplines sociales. Énoncés sous la forme religieuse, les principes métaphysiques, déjà forts par eux-mêmes du moment qu'on a oublié leur origine, deviennent la plus grande force dont puissent abuser les conducteurs d'hommes.

La plupart des intellectuels de notre époque, amenés par le progrès des sciences ou simplement par l'évolution de la mentalité universelle à ne plus croire en Dieu, conservent encore leur valeur absolue à des principes métaphysiques, comme le bien, le mal, la justice, etc., parce qu'ils ignorent ou méconnaissent leur origine historique. Je connais de ces intellectuels qui sont aussi intransigeants sur ces principes que les plus fanatiques des croyants. Il est heureux d'ailleurs que les hommes ne soient pas logiques, et que le sentiment nous mène, là où la raison ne saurait nous faire choisir entre deux alternatives. Avec le passé que nous avons, et dont les erreurs successives se sont inscrites au plus profond de nous, nous succomberions évidemment à la logique pure ; nous ne pourrions sortir, sans mourir, du bain d'erreur dans lequel ont évolué nos ancêtres, de même qu'un poisson d'eau de mer est tué quand on le plonge dans l'eau douce, parce que son équilibre est rompu.

LIVRE III

LE DÉVELOPPEMENT DES SOCIÉTÉS

CHAPITRE VI

LA MISE EN VALEUR DU PATRIMOINE SOCIAL

§ 38. — PROGRÈS.

Toutes les notions métaphysiques de droit et de devoir sont nées depuis très longtemps dans la mentalité des hommes; nous avons pu en étudier l'origine, en nous en tenant à des époques pendant lesquelles la société était encore réduite à des familles ou à des clans vivant de chasse et de pêche. Les notions de propriété et de droit, appuyées pendant de longues générations sur la capacité de nuire du propriétaire, s'étaient ancrées dans les mentalités des hommes quoique n'ayant peut-être pas encore assez de force pour les retenir toujours quand leur intérêt était en jeu. Je crois bien que le chef de famille qui dépouillait de son patrimoine un voisin affaibli avait conscience de commettre une injustice; il la commettait cependant, étant sûr de l'impunité; la forme religieuse des notions métaphysiques, en substituant à la seule voix de la conscience la crainte d'un châtiment divin, rendit plus efficaces les sentiments de droit et de devoir. Quoi qu'il en soit, à partir d'une certaine époque, ces sentiments *existèrent* dans la mentalité de nos ancêtres, firent partie de leur mécanisme, et nous devrons en tenir compte quand nous étudierons leurs adaptations ultérieures. C'est grâce à l'existence de ces sentiments sociaux que les progrès devinrent possibles dans l'utilisation du patrimoine social. Réduits à la chasse et à la pêche, les moyens d'existence des premiers hommes étaient trop précaires pour que la population humaine d'un canton pût devenir dense; la moindre augmentation du nombre des habitants donnait lieu à des concurrences terribles, à des batailles sans fin. En effet, le canton était capable de nourrir un nombre limité d'êtres vivants, mais, parmi ces êtres vivants, il y avait, outre les hommes, des espèces utiles à l'homme, avec des espèces nuisibles et des espèces indifférentes. L'homme devint le maître du monde parce qu'il était fort et intelligent. Il comprit que son intérêt était de détruire les espèces nuisibles et indifférentes, ce que sa force lui permit de faire; il comprit aussi que son intérêt était de développer les espèces utiles, et il y réussit parce qu'il était intelligent et qu'il s'entendait avec ses voisins. Un canton qui naguère, couvert de forêts et de bêtes sauvages, pouvait péniblement nourrir quelques familles humaines, devint capable d'en sustenter des centaines dès qu'il fut uniquement peuplé de céréales et d'animaux domestiques. Cette mise en valeur du patrimoine de la famille permit une augmentation considérable du nombre de ses membres, et, comme il y avait à manger pour tous, cette période aurait été une période de paix, sans l'envie et la jalousie qui sont, fatalement, dans la mentalité des hommes, la trace indélébile de la nature belliqueuse de la vie. D'ailleurs, les populations bien nourries et vivant en paix, s'accroissent bien vite ; au bout d'un certain temps, le canton devenait trop exigu pour nourrir tout son monde ; il fallait songer à s'étendre, soit en défrichant de nouveaux pays, s'il en existait d'inhabités, soit en envahissant la propriété d'un clan voisin, si toutes les terres étaient déjà occupées par des hommes. Ainsi, reculée pendant quelque temps par l'abondance de la nourriture, la guerre redevenait inévitable dès que la population d'un canton était devenue trop dense. La multiplication des hommes en temps de paix prépare fatalement des guerres prochaines. Si les poètes ont chanté un âge d'or, c'est sans doute grâce au souvenir d'une période de paix et d'opulence, que rencontra une famille humaine dans un canton fertile, et qui dura jusqu'au moment où le nombre des habitants fut trop grand. Cet âge d'or eût sans doute duré plus longtemps, si la procréation des hommes avait été réglementée et limitée, comme le demandent aujourd'hui les malthusiens. Mais ceux qui ont pénétré dans les secrets de la biologie sont en droit de se demander si le remède n'eût pas été pire que le mal. La vie, qui est une lutte, ne s'entretient que par la lutte. Cette lutte peut avoir pour objet, soit de se défendre contre d'autres êtres vivants, soit de résister aux intempéries, soit de mettre en valeur le patrimoine social; que cette lutte soit d'ordre belliqueux ou d'ordre laborieux, elle est indispensable, par suite de la nature même de la vie. Dans un pays où une petite population humaine eût trouvé sans effort des fontaines de miel et des fleuves de lait, sans concurrents d'aucune sorte, l'espèce eût dégénéré très vite, sous l'influence de l'oisiveté même.

Nous reviendrons plus tard sur le rêve utopique des pacifistes ; occupons-nous pour le moment de la mise en valeur du patrimoine social, en l'étudiant d'abord à des époques où les hommes étaient peu nombreux dans les cantons qu'ils habitaient.

Je l'ai déjà fait remarquer précédemment, une des conditions nécessaires à l'établissement des sociétés est que le travail d'un individu produise un résultat plus important que celui dont profitera l'individu lui-même ; si chacun ne faisait que juste ce qu'il lui faut pour vivre, deux congénères n'auraient aucun intérêt à s'associer ; c'est parce que la production d'un individu dépasse ses besoins individuels, que la division du travail a pu être réalisée à l'aurore des sociétés.

§ 39. — CIVILISATION ET ADAPTATION.

Une famille humaine étant établie sur les bords d'une forêt montueuse, la plaine et la forêt pouvaient apporter leur contingent à l'entretien de cette famille. Quelques-uns des fils chassaient dans les bois ; d'autres élevaient des bestiaux ou cultivaient la terre dans la vallée. Cette division du travail était d'autant plus utile à tous que chacun, exerçant plus particulièrement une profession, y devenait plus habile. Même sans lien familial, une alliance pouvait être formée entre des peuples laboureurs ou pasteurs et des montagnards chasseurs, comme nous l'avons vu pour le *black mail* des frontières de l'Ecosse. A mesure que le patrimoine social prit plus de valeur, les landes ayant été défrichées, les champs cultivés, le bétail multiplié, il fallut songer à défendre ces richesses contre la convoitise des voisins ; des guerriers furent nécessaires, et les pasteurs nourrirent les guerriers qui les défendaient ; mais il y avait là un danger évident, car l'habitude de la paix rendant les laboureurs impropres au métier des armes, les soldats pouvaient être amenés, par leur avidité naturelle, à abuser de leur force pour prendre plus qu'on ne leur devait. Et cela, sans doute, se produisit bien des fois. Il y eut une hiérarchie dans les hommes, comme il y avait des degrés dans leur capacité de nuire. Il arriva même, dans certains cas, que les travaux des champs furent confiés par des guerriers vainqueurs à des vaincus désarmés et réduits en esclavage. Telle était à peu près la condition de nos ancêtres au Moyen Age.

A mesure que les hommes, devenus les maîtres incontestés du monde, n'eurent plus d'autres ennemis sérieux que les autres hommes, à mesure que le bien-être augmenta, les besoins aussi augmentèrent; le goût de la lutte s'émoussant de plus en plus, on redouta la lutte contre les intempéries et on désira des vêtements et des habitations confortables. L'homme ne s'aperçut pas que chaque pas en avant dans la voie du bien-être lui enlevait de sa liberté première ; nous sommes aujourd'hui esclaves du progrès social. Chaque fois que nos ancêtres ont inventé un outil nouveau, ils ont pris très vite l'habitude de s'en servir, et ont, par conséquent, perdu l'habitude de s'en passer. Cette adaptation rapide à de nouvelles conditions de vie entraîne, par une désuétude fatale, l'atrophie des organes qui ne sont plus utilisés dans le fonctionnement quotidien. Je ne crois pas être contredit sérieusement, si j'affirme que la plupart de nos contemporains seraient condamnés à une mort misérable dans le cas où une révolution les réduirait aux ressources des hommes des cavernes. Ainsi l'habitude du bien-être, en diminuant la valeur de l'homme individuel par rapport à la nature, a resserré les liens sociaux qu'une alliance belliqueuse ou défensive avait primitivement formés. Cette alliance, d'abord librement consentie entre des hommes libres et forts, est devenue une obligation qui s'impose aux individus dégénérés dans le bien-être. Une célèbre poésie de Sully Prud'homme a exposé les terreurs de l'homme qui se voit en rêve « abandonné de tout le genre humain ». La misère est si grande pour ce pauvre esclave des besoins acquis, que, réveillé de son cauchemar, il s'écrie :

Je connus mon bonheur, et qu'au siècle où nous sommes,
Nul ne peut se vanter de se passer des hommes ;
Et depuis ce jour-là, je les ai tous aimés !

Le second vers de la strophe exprime une vérité profonde, mais le dernier se ressent de notre hypocrisie coutumière. On n'aime pas des gens auxquels on est rivé par le besoin, parce que l'on reconnaît qu'on ne peut pas se passer d'eux ; le noble poète que je viens de citer était sans doute trop étranger à l'envie et à la jalousie pour supposer l'existence de ces tares chez ses congénères, mais La Fontaine a énoncé quelque part une grande vérité biologique à laquelle il eût dû penser :

Notre ennemi, c'est notre maître !

La société, dont nous ne pouvons nous passer, nous prive par là même d'une grande partie de cette liberté qui nous est si chère ; elle est notre maître, et l'on n'aime pas son maître. Ces liens, que le souci de notre confort individuel resserre chaque jour autour de nous, ne sont pas des liens d'amour; ce sont des liens d'*intérêt*, et ils sont d'autant plus solides. Le sage, soucieux de sa liberté et de sa dignité, réduit au minimum ces entraves du bien-être ; il s'étudie à diminuer le nombre de ses besoins pour diminuer l'odieux de son esclavage; mais il a beau faire; élevé dans du coton par des parents, soumis à une longue domestication sociale, il reste, malgré qu'il en ait, un simple rouage d'une organisation, alors qu'il possède, dans son cerveau d'homme, des désirs d'indépendance et de liberté.

Un être humain, avec son mécanisme merveilleux, s'adapte à de nouvelles conditions d'existence, sans se modifier dans sa totalité. Membre d'une société où il joue un rôle déterminé qui lui donne droit aux avantages de la vie sociale, il n'en reste pas moins capable de faire autre chose et de désirer autre chose. En ce sens, il est toujours très différent d'un élément histologique qui, entièrement adapté à son rôle local dans l'animal, perd toute possibilité et toute velléité de vie individuelle. Grâce à son intelligence prodigieuse, l'homme peut au contraire apprendre des métiers nouveaux, acquérir des besoins nouveaux, par une simple complication d'un organisme qui reste néanmoins capable de mille autres adaptations. Ces adaptations des individus successifs d'une lignée humaine sont d'ailleurs tellement variées, d'une génération à l'autre, que la plupart d'entre elles ne sauraient s'inscrire dans le patrimoine héréditaire des individus. *C'est la tradition, et non l'hérédité proprement dite qui fait que nous sommes des hommes de notre temps.* Je disais tout à l'heure que, réduits brusquement à la condition d'hommes des cavernes, la plupart de nos contemporains seraient condamnés à mourir de misère; mais je crois que les enfants, pris très jeunes, pourraient, encore aujourd'hui, être élevés de manière à se passer de presque tous les produits de la civilisation; le retour à la barbarie, impossible ou au moins très douloureux pour les adultes, serait peut-être assez facile pour les enfants.

L'observation à laquelle je viens d'être conduit me paraît biologiquement très importante. Chacun de nous est un produit de l'hérédité et de l'éducation, mais, si un caractère est le résultat de l'éducation, il peut disparaître, d'une génération à l'autre, tant qu'il ne s'est pas inscrit dans notre hérédité. Supposons, pour un instant (ce qui est peut-être exagéré, mais qui contient sans doute une grande part de vérité), qu'aucune des adaptations auxquelles l'homme a été soumis depuis l'apparition des industries, ne se soit gravée dans notre hérédité ; nous pourrions alors dire ceci : les hommes du xxe siècle donnent naissance à de petits individus qui ne diffèrent en rien, à leur naissance, de ce qu'étaient leurs ancêtres contemporains d'Abraham ou de Jacob. Mais ces petits individus sont soumis à une éducation du xxe siècle, et deviennent, par imitation, des hommes du xxe siècle. Or, les résultats de l'éducation sont bien superficiels par rapport à ceux qui proviennent, dans l'évolution individuelle, du patrimoine héréditaire proprement dit ; et c'est pour cela qu'il ne faut pas gratter bien fort pour trouver, sous notre vernis d'hommes civilisés, des mentalités de troglodytes.

J'ai déjà exprimé cette opinion sous une autre forme[1] : Les modifications qu'apportent la science et l'industrie dans les conditions de nos vies personnelles s'accumulent avec une rapidité vertigineuse. Les variations qui se produisent dans nos hérédités sont lentes, infiniment, si même nous ne sommes pas arrivés aujourd'hui au terminus de toute évolution, comme je l'ai laissé supposer dans un livre récent[2]. Si cela est, nos adaptations sont simplement individuelles et non spécifiques ; le fond de nous, le fond de l'espèce, est immuable ou

1. *Biologie constructive et Biologie destructive.* Bulletin de l'Université de Bruxelles, 1910.

2. *La Stabilité de la vie.* Paris, Alcan, 1910.

change peu. N'est-ce pas là la cause du malaise qui, en dépit de l'hypocrisie, agite chacun de nous ? Sommes-nous des singes jouant à l'homme civilisé ?

§ 40. — LA SCIENCE, PATRIMOINE DE L'HUMANITÉ.

Quoi qu'il en soit de toutes les considérations exposées au paragraphe précédent, il n'en est pas moins certain que l'homme adulte de nos jours est rivé à ses congénères par ses besoins d'homme social. Aujourd'hui, la vie de chacun est soumise à la nécessité de la collaboration de tous. L'égoïsme et le bien-être ont resserré les liens sociaux qu'avait fait naître une exacte appréciation de la capacité de nuire des individus de l'espèce. Et c'est ainsi que, pendant les périodes de paix qui ont séparé les guerres dans l'histoire des différents peuples, les hommes ont collaboré à une œuvre commune, qui a prodigieusement accru la puissance de l'homme, et l'a élevé infiniment au-dessus des autres habitants de la terre. Cette œuvre commune, c'est la *Science*, patrimoine de l'humanité.

L'intelligence de chacun de nous est la faculté qu'il a de tirer parti de son expérience. Grâce au langage articulé, chacun de nous a pu, en outre, tirer parti de l'expérience des autres, et c'est là l'origine de la Science. Les acquisitions des générations successives étaient expliquées aux enfants, et, leur servant pour leurs besoins individuels, leur permettaient aussi de faire de nouvelles expériences dont tout le monde profitait. Ainsi le premier caractère de la Science a été son impersonnalité; les découvertes faites par chacun étaient utiles à tous.

La Science eut sans doute d'abord un caractère national. Les conquêtes des savants d'un pays étaient utilisées par ce pays dans ses luttes contre les voisins. Mais les hommes sont trop semblables, de peuple à peuple, pour que des découvertes utiles d'une nation n'aient pas été imitées bientôt dans les nations voisines. En dépit des efforts de l'égoïsme nationaliste, les découvertes scientifiques ont toujours, plus ou moins vite, franchi les frontières. Aujourd'hui encore, on s'efforce vainement, dans chaque pays, de conserver le secret des engins guerriers destinés à la défense nationale; c'est, au bout de quelques années, ou même de quelques mois, le secret de Polichinelle. La diffusion fatale de la Science à travers le monde est le plus grand lien qui unisse les hommes; pour un peu, je dirais que c'est le seul! Et les hommes sont fiers de la Science créée par les hommes! Chacun s'enorgueillit des conquêtes de tous; le progrès de la Science donne un but commun à une humanité que tous ses intérêts divisent. Il y a là une marche en avant, qui se poursuit indépendamment de toute considération utilitaire. On ne se demande pas si la Science est bonne ou mauvaise, utile ou nuisible au bonheur des individus; la curiosité et le vertige du progrès l'emportent sur toute autre considération :

...Audax omnia perpeti gens humana ruit per vetitum nefas!

Cette « course à l'abîme » me paraît être, pour ceux qui ont besoin d'une preuve, la preuve la plus parfaite de la *non liberté* humaine. On ne se demande pas où l'on va; on cherche; et l'on n'écoute pas le philosophe désabusé qui s'écrie : « Ce qu'il y a de terrible, quand on cherche la vérité, c'est qu'on la trouve[1] ».

Du moins, l'on est fier d'être des hommes, à cause de la Science, et c'est quelque chose de trouver une occasion d'être *fier*, quand on a tant d'autres raisons de ne l'être point.

L'industrie applique les découvertes de la Science, et le monde habité par l'homme devient un vaste mécanisme, dans lequel chacun joue un rôle personnel de plus en plus effacé. J'emprunte à l'admirable discours prononcé par Anatole France, à Tréguier, la phrase suivante, qui n'est certes pas la plus belle du discours, mais qui donne une idée synthétique de l'état actuel du monde :

« Sur un sol trépidant du souffle de la vapeur et des chocs de l'électricité, les nations immenses,

1. Rémy de Gourmont.

naguère ennemies, rivales encore, prises toutes à la fois, irritées et en armes, dans le réseau d'acier dont la Science et l'Industrie ont enveloppé le globe, cités, peuples, races, un milliard six cents millions d'hommes travaillent les uns pour les autres et les uns contre les autres, s'ignorant ou se haïssant dans les liens qui déjà les unissent. »

Ce réseau d'acier, formé par les voies ferrées et les télégraphes, est complété par les lignes de navigation qui sillonnent la mer ; et chacun de nous utilise, à tout instant, les denrées agricoles ou industrielles que fournissent les pays les plus lointains. Rien de ce qui se passe sur le globe ne nous est plus indifférent ; nous subissons, en France, le contre-coup de ce qui se passe en Australie, et, si la récolte est mauvaise dans l'Inde, nous sommes exposés à payer notre pain plus cher. A un certain point de vue, chacun de nous est donc vraiment un citoyen du monde ; le globe tout entier, avec ses chemins de fer et ses usines, est le laboratoire qui fournit à notre vie individuelle, et il en résulte certes, pour tous, une augmentation de bien-être ; mais cette augmentation de bien-être ne va pas sans une diminution sensible de la liberté individuelle. Plus nous sommes habitués à utiliser les productions des autres hommes, plus nous dépendons des autres hommes, qui les fabriquent pour nous et les transportent chez nous. Le paysan arriéré des collines bretonnes est plus libre que les habitants des grandes villes; il engraisse son lopin de terre avec le fumier de ses bestiaux, et produit dans son champ tout ce qui est nécessaire à son alimentation; ce n'est guère que pour le vêtement qu'il dépend de la collectivité. Au contraire, l'habitant des grandes villes attend *tout* des autres; il ne peut en aucune façon se suffire à lui-même, et, si les autres hommes cessent de travailler, il meurt de faim et de froid. C'est dans l'état de barbarie que l'homme jouit de la plus grande quantité de liberté; il est vrai que le souci de sa défense personnelle lui enlève beaucoup de la tranquillité dont il aurait besoin pour s'approvisionner.

Certains philosophes ont essayé de résoudre la question de savoir si l'homme est plus heureux dans l'état de barbarie ou dans l'état de civilisation. Il est évident que cette question ne saurait être tranchée d'une manière absolue; il y a du pour et du contre, et tout dépend du point de vue auquel on se place.

La seule conclusion que nous puissions tirer des considérations précédentes, c'est que l'habitude du bien-être fourni par l'industrie et le commerce rend les hommes solidaires les uns des autres; plus l'industrie progresse, plus la Science étend son domaine, plus diminue l'indépendance de chaque individu. L'alliance entre hommes s'est produite d'abord, parce que chacun respectait, en son congénère, une capacité de nuire égale à la sienne propre; aujourd'hui, l'alliance résulte de ce que chacun reconnaît, dans son semblable, une capacité de production dont il attend lui-même des effets utiles. Faut-il en conclure que l'alliance d'aujourd'hui est plus fraternelle et est basée sur une affection réciproque? La nature de l'homme actuel est trop voisine de celle de ses ancêtres pour qu'une telle interprétation soit soutenable. Un homme qui a besoin du travail d'un autre homme respecte en ce dernier la capacité de nuire qu'il pourrait acquérir en cessant un travail utile; cette capacité de nuire est d'autant plus forte que l'ouvrier est plus spécialisé dans un métier difficile, et plus difficile à remplacer dans ce métier, s'il lui prend fantaisie de ne rien faire.

Un ouvrier, exerçant une profession indispensable et difficile à apprendre[1] serait un maître redoutable s'il était capable de se suffire à lui-même; mais il est civilisé, lui aussi; il a des besoins créés par la civilisation, et cela diminue sa capacité de nuire; car il dépend des autres autant que les autres dépendent de lui; il est donc obligé de consentir à faire partie d'un mécanisme et de renoncer à une partie de sa liberté individuelle. Chacun le fait à son corps défendant, mais, grâce à l'hypocrisie universelle, cette association d'intérêts complémentaires les uns des autres prend un faux air de

1. Un chirurgien notoire a demandé 100.000 francs pour une piqûre, et les tribunaux l'ont approuvé.

fraternité, auquel des philosophes optimistes ont pu se tromper.

§ 41. — LA PROPRIÉTÉ.

Mis en valeur par l'Industrie et la Science, unifié par les réseaux de transports tant maritimes que terrestres, le globe tout entier est devenu le patrimoine de chaque homme pris en particulier, puisque chaque homme utilise, pour sa vie individuelle, des produits fournis par les différents points du globe, et remaniés ou transportés par l'outillage industriel. On pourrait donc penser que ce mécanisme producteur qu'est le Monde, mis en valeur par la Science, est à tous les hommes indistinctement, ou, si l'on préfère, n'est à personne, ce qui revient au même. Mais pour croire une telle chose possible, il faut oublier la nature humaine ancestrale, que recouvre, sans la modifier sensiblement, un vernis de civilisation. Actuellement, le monde produit assez de nourriture et de tissus pour que tous les hommes soient vêtus et nourris. Cela ne sera peut-être plus vrai un jour, quand la population aura trop augmenté, mais il y a encore de vastes territoires à mettre en valeur, et l'échéance redoutable reste éloignée. Donc, aujourd'hui, le monde produit assez pour que tous les hommes mangent; et, cependant, il y a des gens qui n'ont pas à manger, ou du moins qui n'ont pas assez à manger. Cela tient à ce que nous avons tous un instinct de propriétaire, qui est à peu près aussi fort que notre instinct de conservation lui-même.

Nous avons assisté, précédemment, à la naissance de l'instinct de propriété; il découle naturellement de l'habitude, de l'usage, et est soutenu par la capacité individuelle de nuire. L'homme des cavernes était propriétaire de son butin quand il était assez fort pour le défendre contre la convoitise de ses voisins; il devenait propriétaire du canton sur lequel il avait l'habitude de chasser, quand il était assez fort pour empêcher les autres hommes d'y pénétrer. Et, s'il jouissait assez longtemps de la propriété de sa caverne et de son terrain de chasse, il acquérait, dans sa conscience, la notion des droits sacrés du propriétaire. Il se considérait comme lésé dans ces droits sacrés, si un voisin plus fort le dépossédait de son patrimoine, en employant, pour s'en emparer, les mêmes procédés que lui-même, propriétaire, avait mis en jeu pour l'acquérir ou le conserver.

Le sentiment de la propriété, déjà très fort chez les hommes primitifs (il l'est de même chez tous les animaux, par cela même qu'ils sont vivants et soumis à la loi d'habitude) devint encore plus fort quand il s'agit, non plus de terrains de chasse, mais de régions fertiles que le propriétaire avait fécondées par son travail. Ce sentiment finit par faire partie intégrante de la mentalité humaine. On pourrait dire, sans hésiter : l'homme est un animal propriétaire. Et cette notion de la propriété, qui fut d'abord en relation avec des besoins individuels à satisfaire, finit par prendre, comme toutes les notions métaphysiques, un caractère absolu, indépendant des circonstances qui l'avaient fait naître. Les législations les plus anciennes ont défendu la propriété contre la convoitise des voisins ; le décalogue contient le précepte :

Le bien d'autrui tu ne prendras. convoiteras

Nous avons vu, d'autre part, comment était née la notion de mérite ; la récompense du mérite fut, dans la plupart des cas, une augmentation des propriétés de l'homme méritant. Par son travail, par des services rendus à la communauté, l'homme devint propriétaire de terres, d'outils, de provisions. La loi défendant la propriété de chacun, il y eut des manières légales d'acquérir des propriétés, et toute propriété acquise légalement fut protégée par la loi.

A partir du moment où le droit de propriété fut inscrit dans les codes et dans les mentalités des hommes (et il était impossible que cela ne fût pas), le rêve de la fraternité humaine devint une pure utopie. Du moment qu'un homme croit avoir un droit, et que ce droit est protégé par une loi, il défendra sûrement ce droit contre les autres hommes, même si l'exercice de ce droit lui est parfaitement inutile. Au point de vue de ce droit, dont il a le sentiment, et que le Code protège, l'homme est fatalement l'ennemi de tous les autres hommes : quand on a un droit, c'est *contre* ses congénères ; le mot droit ne peut avoir d'autre interprétation.

Le droit de propriété ayant pris définitivement le caractère d'une notion absolue, la propriété, acquise légalement par les mérites d'un homme, put être donnée par lui à d'autres hommes, en échange de services rendus, ou simplement par affection, par plaisir; la propriété étant absolue, le propriétaire pouvait en disposer comme il l'entendait; et, comme les liens d'affection sont généralement plus forts dans les familles, la transmission des propriétés de père à fils devint une habitude et eut bientôt force de loi. Cette habitude entra même si profondément dans les mœurs que certaines législations reconnaissent aux enfants un *droit* à l'héritage des parents.

Du moment que le droit de propriété était reconnu par la loi, l'inégalité des conditions des hommes était fatale; comment, d'ailleurs, sans créer d'inégalité, eût-on conçu la récompense du mérite? La notion de mérite relatif est une notion contradictoire de la notion d'égalité; la récompense du mérite crée des inégalités définitives, puisque la propriété est absolue. Et il y a là quelque chose d'illogique, car le mérite est momentané et actuel, mais les hommes, qui connaissent le provisoire de tout, veulent des récompenses définitives. De nos jours, un soldat qui commet une action d'éclat reçoit une croix d'honneur qui brillera toute sa vie sur sa poitrine, même aux jours de défaillance et de lâcheté. C'est encore là une des conséquences de l'hypocrisie fondamentale inséparable de toute société. Nous souffrons tellement de l'instabilité de tout, nous sommes tellement humiliés du caractère provisoire de tous les résultats de nos efforts, que nous *voulons* croire à l'existence de choses immuables et définitives. Les Romains récompensaient leurs héros en leur décernant une couronne de feuillage, qui, fanée au bout de deux jours, avait encore duré plus que l'héroïsme récompensé. Aujourd'hui, nous voulons des témoignages définitifs.

Au Moyen Age, les titres qui récompensaient les actions d'éclat étaient héréditaires ; nos décorations ne le sont pas, et c'est un progrès, mais nos propriétés le sont; et cela met en mouvement l'envie et la jalousie inséparables de la nature de l'homme. Ayant en nous les notions métaphysiques de mérite et de démérite, nous ne nous révoltons pas quand nous voyons accorder une récompense à un homme pour une action d'éclat ; notre jalousie se borne à éplucher ses titres, et, si nous ne trouvons rien à redire au mérite, nous ne nous insurgeons pas contre la récompense du mérite. Il n'en est plus de même quand nous voyons de grands biens accumulés par héritage sur la tête d'un enfant qui n'en peut mais. Et cependant l'idée d'héritage est inséparable de celle de propriété. Un homme ne se trouverait pas propriétaire s'il n'était libre de disposer de sa propriété à son gré, et, en particulier, de la donner à ses amis ou à ses enfants.

Ce n'est pas la première fois que nous rencontrons une contradiction entre deux notions également fondamentales chez l'homme; ici, la contradiction est évidente. Chacun de nous est pénétré, d'une part, de l'idée de mérite et de justice, d'autre part de l'instinct de propriétaire qui, au mépris de toute justice, rend l'héritage nécessaire. Heureusement, la bienfaisante hypocrisie permet la coexistence de ces deux contraires. Notre égoïsme fondamental se manifeste d'ailleurs, là aussi, en nous amenant à trouver très légitime, quand nous en sommes bénéficiaires, l'héritage que notre jalousie déclare immoral quand il favorise un de nos congénères. La parabole de « la paille et la poutre » est d'une application courante dans l'histoire de l'humanité. Ceux que tourmente l'idée absolue de justice oublient de renoncer aux héritages qui créent une injustice flagrante en leur faveur; ou bien ce sont des saints, mais les saints ne courent pas les rues, et, quand on en rencontre un, on se moque de lui.

Ainsi, nous nous habituons de plus en plus à l'illogisme nécessaire. Nous acceptons, avec un sans-gêne intellectuel remarquable, l'existence simultanée de notions *absolues* qui sont contradictoires, d'une part l'idée de justice et l'idée d'égalité, d'autre part l'idée des droits acquis et sacrés. Comment s'étonner ensuite que les discussions soient éternelles entre les théoriciens, qui, sans modifier d'ailleurs leur genre de vie, se font les défenseurs de tel ou tel principe métaphysique; la biologie mettrait tout le monde d'accord en enseignant l'origine historique des notions métaphysiques; mais, si l'accord se réalise, il se fera précisément contre la biologie qui renverse les idoles; tout accord se fait d'ailleurs contre quelqu'un et non pour quelque chose; c'est la biologie aussi qui enseigne cela; elle ne s'étonnera donc pas, si elle met provisoirement les métaphysiciens d'accord en leur servant de tête de Turc.

§ 42. — LE CAPITAL ET LE TRAVAIL.

« L'eau va toujours à la rivière », dit la Sagesse des nations. Il suffit de réfléchir un instant pour voir que ce proverbe s'applique fatalement à l'histoire des propriétés. Celui qui possède un sol, par exemple, en a la propriété absolue; il en possède tous les produits animaux et végétaux; mais peu de propriétaires se contentent de ce que fournit le sol livré à lui-même; nous ne sommes plus à l'âge d'or. Le sol, mis en valeur par des procédés scientifiques, rapporte infiniment plus que s'il est en friche. Le propriétaire s'inquiète, en conséquence, de mettre son sol en valeur; pour cela il emprunte les bras de quelques-uns de ses congénères qui, eux, n'ont pas de sol, et que la stricte protection de la propriété par la loi condamnerait nécessairement à mourir de faim. Le propriétaire a donc le légitime orgueil de se dire qu'en *employant* des miséreux, il les fait vivre. Il les nourrit, en effet, en échange de leur travail, et même, il leur fournit quelquefois de quoi nourrir leur famille; et les pauvres qui n'ont pas de terre doivent être reconnaissants au riche qui les emploie, car, n'ayant pas de terre, ils n'ont pas le droit de vivre. Il est donc fort aisé de trouver des travailleurs pour produire des résultats agricoles; on en trouve fatalement du moment qu'on se charge de les nourrir, eux et les leurs, qui ont faim. Et le propriétaire intelligent, réduisant les frais d'exploitation au minimum, tire de sa propriété beaucoup plus de produits qu'il n'en peut consommer lui-même. Le surplus, il l'échange avec d'autres propriétaires; il augmente ainsi sa propriété sous l'œil bienveillant de la loi. Ainsi, celui qui possède, possédera de plus en plus, tandis que celui qui ne possède pas devra une éternelle reconnaissance au propriétaire qui l'empêche de mourir de faim. Cela est obligatoire, légal, humain. Et tant qu'il y aura des hommes, les choses se passeront fatalement ainsi, parce que l'homme est un animal propriétaire et qui a le sentiment de la justice.

J'ai parlé, dans les lignes précédentes, de la propriété foncière; elle est la vraie propriété, car la Terre seule nous nourrit; mais les nécessités des échanges entre propriétaires ont conduit les hommes à inventer des symboles qui représentent la valeur des produits de la Terre, et que l'on appelle le numéraire. Tout a pu être évalué en numéraire, aussi bien les denrées commerciales que la propriété foncière elle-même, et aussi le travail de l'ouvrier. Le numéraire est une commune mesure de tout ce que l'homme peut utiliser, comme le kilogrammètre est une commune mesure qui permet d'évaluer et de comparer les quantités des énergies naturelles les plus diverses. On peut évaluer, en kilogrammètres, un travail mécanique, une production de chaleur ou d'électricité, voire une provision de matières chimiques; mais ces évaluations n'ont rien de conventionnel, elles représentent des équivalences véritables, que la science du XIXe siècle a appris à mesurer; au contraire, les évaluations en numéraire des denrées, des terres et du travail ouvrier, sont éminemment conventionnelles et éternellement modifiables suivant les fluctuations de l'offre et de la demande.

Aujourd'hui, les possessions d'un propriétaire s'évaluent en numéraire, car il lui est toujours loisible de transformer ses biens territoriaux ou autres en argent comptant. Et celui qui possède beaucoup a toujours le moyen de s'enrichir, en faisant rapporter à ce qu'il possède un produit supérieur aux frais de l'exploitation, résultat qu'il obtient en calculant, d'après ce produit, le salaire des ouvriers.

On appelle revenu d'un capital la somme d'argent que rapporte annuellement ce capital, défalcation faite des salaires des ouvriers qui ont été employés pour le faire valoir. Depuis que l'industrie a fait de grands progrès, le capital est souvent représenté par une usine avec un outillage et des approvisionnements, les produits de cette usine étant ensuite évalués en numéraire d'après le cours des marchés industriels. Et, en toute bonne foi, le propriétaire de l'usine, aussi bien que le propriétaire rural, se considère comme le bienfaiteur des ouvriers qu'il emploie dans ses ateliers, et qui, sans lui, mourraient légalement de faim.

Le revenu s'ajoutant au capital, défalcation faite des dépenses annuelles du propriétaire, tout capitaliste s'enrichirait fatalement sans cesse, s'il bornait ses dépenses à une partie de son revenu. Or, il est impossible que tous les capitalistes s'enrichissent à la fois. Le patrimoine humain est limité, et est aujourd'hui entièrement partagé entre ceux qu'on appelle, par là même, propriétaires. Ce patrimoine peut s'accroître par la découverte de moyens d'action nouveaux, mais il est et restera toujours limité. Lors donc qu'un propriétaire s'enrichit, un ou plusieurs propriétaires s'appauvrissent fatalement, et cela arrive grâce aux dépenses exagérées des rentiers. Un homme qui a un gros revenu dépense plus qu'un ouvrier, quoiqu'il n'ait ni plus faim ni plus soif que l'ouvrier; s'il se bornait aux dépenses nécessaires à l'entretien de la vie, on le mépriserait pour son avarice, et il n'y a pas loin du mépris à la haine. Si, au contraire, il dépense tout son revenu et même plus que son revenu, il éclabousse de son luxe les malheureux non propriétaires, qui le haïssent naturellement par jalousie.

Le luxe comprend deux côtés absolument distincts : d'une part, la recherche de ce que les Anglais appellent le confortable; d'autre part, la satisfaction de la vanité humaine qui fait parade de sa richesse pour exciter l'envie. La richesse étant la grande force sociale devant laquelle tous les hommes s'agenouillent, on fait parade aujourd'hui de sa richesse, comme on faisait parade autrefois de son courage et de sa fidélité, et cela pour la même raison, pour être respecté, pour être craint. Tel financier sera très fier de couvrir des bijoux les plus rares la femme qui excite son appétit sexuel, et cela pourra être, de sa part, non seulement la satisfaction d'un mouvement de vanité, mais encore une manœuvre destinée à inspirer la confiance à ses actionnaires.

Le confortable comprend le vêtement, l'habitation, la nourriture, etc. Il évite à l'homme toute sorte de lutte avec les intempéries et les agents naturels du monde, mais il lui enlève, par là même, beaucoup de sa valeur individuelle. en atrophiant, par désuétude, tous ses moyens de défense.

Et, tant par l'excès du confortable que par le luxe de parade, les riches font naître fatalement chez le pauvre une jalousie dangereuse. L'ouvrier, qui développe ses facultés par un travail sain, envie l'oisiveté atrophiante du riche ; il envie même l'ennui qui découle de l'oisiveté. A plus forte raison, ce sentiment d'envie doit-il naître chez le malheureux contraint par la faim à des besognes sordides et malsaines ; celui qui apporte à sa famille une ration alimentaire insuffisante ne peut regarder sans haine le « gavé » qui jette l'argent par les fenêtres. Des philanthropes fort bien intentionnés ont cru qu'on étoufferait la haine et l'envie en accordant à tous les ouvriers un salaire supérieur à un certain minimum. C'est là une utopie qui résulte de l'ignorance des lois biologiques. Le pauvre est un homme comme le riche; il a les mêmes caractères humains : la vanité, la jalousie, l'égoïsme en un mot. Si les pauvres devenaient riches et les riches pauvres, il n'y aurait dans le monde rien de changé.

La haine du pauvre pour le riche se comprendrait déjà suffisamment ; elle a une autre cause, plus profonde et plus irritante que le besoin de manger, c'est l'appétit sexuel. La beauté des femmes développe chez les mâles des désirs féroces faisant reparaître le troglodyte sous le vernis de civilisation de l'homme du xxe siècle ; or les femmes aiment tout ce qui brille, et se laissent facilement tenter par les séductions de la fortune, de sorte que celles qui sont jolies, et qui, nées dans la classe ouvrière, pourraient devenir les compagnes de leurs camarades ouvriers, acceptent souvent de devenir les maîtresses des riches bourgeois. Et cela fait probablement naître plus de haine entre les classes, qu'il n'en résulterait naturellement de la différence des conditions économiques.

§ 43. — LA CHARITÉ.

Tous les hommes, quels qu'ils soient, ont le sentiment de la propriété et considèrent ce sentiment comme respectable. Un voleur, devenu propriétaire, fait son possible pour cacher l'origine de sa fortune, car son exemple pourrait être suivi, et, devenu propriétaire, il redoute les voleurs. Un pauvre qui hait un riche, par le sentiment naturel d'envie qui est dans tous les hommes, ne peut s'empêcher de reconnaître la légitimité de la propriété, car lui-même, pauvre, en a le sentiment inné, et serait profondément propriétaire s'il s'enrichissait. Et quand, soit par une pitié naturelle qui découle fatalement de la similitude des hommes et des résonances établies entre eux, soit par la crainte de pousser à bout la haine du pauvre et de l'exaspérer jusqu'au vol et au meurtre, un riche fait l'aumône à un miséreux, le riche, d'une part, a la conviction intime qu'il est généreux parce qu'il donne quand il ne doit pas, le pauvre, d'autre part, a de la reconnaissance pour le riche qui, lui faisant l'aumône dans un moment critique, l'a empêché de mourir de faim. Les riches Romains avaient des *clients* qu'ils nourrissaient, et qui étaient tout disposés à défendre leur patron contre ses ennemis, pour ne pas voir tarir la source des revenus qui leur permettaient l'oisiveté.

Il ne faut sans doute pas s'exagérer l'importance des sentiments de reconnaissance développés par la charité. Celui qui donne a une tendance, nous l'avons vu déjà, à s'exagérer la valeur de ses dons; celui qui reçoit a l'oubli facile; mais tous les hommes considèrent la reconnaissance comme une vertu, même lorsqu'ils ne la pratiquent pas, et, l'hypocrisie fondamentale aidant, nous nous accordons tous à détester l'ingratitude. De sorte qu'en acceptant la charité des riches, les pauvres se trouvent désarmés contre eux, soit parce qu'ils éprouvent une reconnaissance vraie, ce qui est rare, soit parce que les autres hommes refusent de les aider si, s'attaquant à leurs bienfaiteurs, ils font preuve d'ingratitude.

Ainsi, la bienfaisance, reconnue de tous les hommes dans le fond de leur conscience, parce que tous ont le sentiment de la propriété, maintient les différences de classes. Un patron, qui emploie des ouvriers, se considère comme leur bienfaiteur, malgré le bénéfice qu'il retire de leur travail, parce que, sans lui, les ouvriers inoccupés mourraient de faim. Et ainsi coexistent chez les miséreux deux sentiments également profonds et absolument contradictoires : d'une part, la jalousie, l'envie, la haine naturelle à tout être vivant, quand elle n'est pas corrigée par la croyance au mérite de celui dont le sort est enviable; d'autre part, le sentiment indéracinable de la propriété, qui fait que, malgré tout, le pauvre reconnaît au riche le *droit* de posséder ce qu'il a, et est tout disposé à revendiquer ce droit pour lui-même de toute bonne foi, si un revirement de fortune le rend propriétaire à son tour.

Ces deux sentiments contradictoires font partie de la nature de l'homme actuel; nous pouvons oublier *momentanément* l'un d'eux au profit de l'autre, parce que les circonstances mettent notre intérêt du côté de l'autre, mais cet oubli ne peut être que momentané, car les deux sentiments dureront autant que l'homme. Les conducteurs d'hommes trouvent facilement le moyen d'exciter contre les bourgeois la haine naturelle des malheureux, mais ils ne modifient pas pour cela la nature humaine, et, si une révolution déplace la richesse, les nouveaux propriétaires se reconnaîtront, comme les anciens, des droits sacrés; ils feront l'aumône à leur tour, et attendront de la reconnaissance de ceux qu'ils auront empêchés de mourir de faim. Réciproquement, les propriétaires, qui s'entendent aujourd'hui contre les pauvres pour défendre les droits sacrés de la propriété, deviendront des pauvres haineux et envieux si une révolution les dépossède.

Et le contrat provisoire qui résulte de la charité continuera à lier pour un temps les mains de celui qui aura reçu le bienfait, et à rassurer, pour un temps, le bourgeois bienfaiteur convaincu qu'il a droit à de la reconnaissance. Il est cependant bien difficile à un pauvre qui a faim de ne pas tendre la main! mais, en agissant ainsi, il a conscience qu'il s'avilit, parce qu'il contracte une dette de reconnaissance dont son sens inné de propriétaire reconnait, malgré tout, la légitimité. En acceptant l'aumône, il se crée des devoirs envers le riche que, d'autre part, il envie et hait. Et cela est très humiliant pour un descendant de l'homme des cavernes qui se souvient de sa liberté primitive. Je crois qu'un homme se sent plus humilié, s'il est surpris tendant la main, que s'il est pris en flagrant délit de vol. Et je ne suis pas bien sûr que les autres hommes ne méprisent pas plus un mendiant valide qu'un voleur. Cependant la loi punit le vol, et se contente, dans certains cas, d'interdire la mendicité. La mendicité déshonore parce qu'elle consacre l'abjection; mais les descendants des races guerrières ne peuvent distinguer, que par une convention assez caduque, le corsaire admiré de tous et le vulgaire cambrioleur. Je disais précédemment que nous n'avons pas en nous l'horreur profonde du vol, et que nous ne connaissons pas le remords après avoir volé sans être surpris, surtout quand le volé ne nous inspire pas de pitié. Cependant l'épithète de voleur est profondément injurieuse, mais elle n'est devenue telle que par l'intervention de l'hypocrisie qui, chez tous nos ancêtres, a déterminé la simulation, de l'horreur d'un crime puni par la loi. Si l'hypocrisie disparaissait, la société serait menacée dans ses assises profondes; décidément l'hypocrisie est bien la clef de voûte de notre édifice social.

§ 44. — LA PROTECTION DU CAPITAL.

Les plus anciennes législations punissent le vol. Le sentiment de la propriété est tellement inhérent à la nature humaine, qu'aucune association entre hommes n'a pu se passer d'en tenir compte. Si des hommes s'unissent pour un but quelconque, il est fatalement entendu entre les associés que chacun d'eux respecte la propriété des autres, sans quoi, au lieu d'être associés, ils seraient ennemis ; ils s'entendent volontiers pour piller des étrangers, mais s'ils veulent se piller les uns les autres, toute entente cesse. Et si l'association convient d'un code, d'une législation, le respect de la propriété individuelle est inscrit en tête du code accepté par tous.

Chaque homme tient à sa vie et à son bien, (peut-être même plus à son bien qu'à sa vie, car il sacrifie souvent sa vie pour défendre son bien), et le code de l'association dont il fait partie doit protéger sa vie et son bien. Si donc l'association possède des moyens de coercition, elle les met forcément au service de la propriété, puisque ces moyens de coercition doivent faire respecter la loi, et que le droit de propriété est inscrit dans la loi.

Il y a cependant des gens pour s'étonner que la force armée d'une nation défende le capital ! Cette question mérite de nous arrêter un instant.

Les anciens patriciens avaient des clients à leur *solde*, et ces clients les défendaient contre leurs envieux ou leurs ennemis, dans les luttes civiles ou électorales. Le mot soldat vient de *solde*, parce que les soldats ont, de tout temps, été à la solde de ceux pour lesquels ils se battaient. On a cependant, dès l'antiquité la plus reculée, distingué les soldats proprement dits qui, enfants d'un pays, défendent ce pays contre l'étranger, et les mercenaires qui, ayant pour métier de se battre, se louent au plus offrant pour la durée d'une guerre dans laquelle leurs sentiments personnels ne sont pas intéressés.

A mesure que l'idée de patrie s'est précisée dans la mentalité des hommes, le *devoir* de défendre la patrie contre l'étranger s'est également inscrit dans leur conscience morale. C'est encore là une notion acquise par l'habitude de défendre, contre un ennemi commun, des intérêts communs ; mais cette notion métaphysique n'est pas assez anciennement acquise pour avoir pris le caractère d'une obligation sacrée, et se manisfester aux heures où la Patrie n'est pas en danger. Quand la loi du service obligatoire a été inscrite dans le code, les jeunes gens s'y sont soumis par crainte des châtiments qu'ils auraient encourus en s'y soustrayant ; mais nous voyons, à chaque instant, des « malins » qui se font *réformer* sans vergogne pour des infirmités imaginaires, et qui, loin d'avoir honte de leur « carotte », s'en font presque gloire. Nous reconnaissons la faiblesse d'un sentiment à ce que l'hypocrisie ne prend pas la peine de le simuler.

En temps de guerre contre l'étranger, personne n'oserait ouvertement se soustraire à son devoir militaire ; les lâches cacheraient leur lâcheté derrière des prétextes spécieux ; l'hypocrisie reprendrait tous ses droits, car le sentiment patriotique existe chez tous, dès que le territoire est envahi, quoi qu'on en puisse penser en temps de paix ; et les lâches, qui ne peuvent s'empêcher d'être patriotes, dissimuleraient de leur mieux leur lâcheté.

Mais en temps de paix, ce n'est pas la même chose. Tant que n'apparaît pas l'ennemi commun qui, comme un *Deus ex machina*, unit en un faisceau parallèle toutes les forces de la nation, les concitoyens sont simplement des concurrents, des rivaux, voire des ennemis. En temps de paix, et quand aucune guerre n'est imminente, les jeunes citoyens considèrent le devoir militaire comme une pure vexation, à laquelle ils se soumettent sans enthousiasme et par crainte de la répression. Il est donc absolument illusoire de faire entrer en ligne de compte, dans la prévision des événements, le sentiment du devoir militaire. Ce sentiment n'est vraiment vivace et violent qu'en présence de l'envahisseur étranger. En particulier, l'intervention d'une armée *nationale* dans des luttes intestines entre citoyens du même pays ne saurait guère être justifiée par des considérations métaphysiques, car il n'y a de sentiment *national* que contre l'ennemi extérieur. Du moment qu'il s'agit d'intervenir dans des affaires intérieures, le seul sentiment qu'on puisse mettre en avant est l'habitude du respect de la loi. Cette habitude a pu avoir autrefois une grande force, quand on considérait la loi comme d'origine divine, et que la terreur religieuse s'unissait au sentiment métaphysique. Mais dans un pays où les lois sont faites par la majorité, comment s'illusionner au point de croire que cette loi aura un prestige religieux auprès des membres de la minorité ? Je reviens à l'exemple qui a nécessité cette longue digression, la question de la protection du capital.

Il y a, dans un pays, des gens qui possèdent et des gens qui ne possèdent pas. Cela est fatal, et sera toujours tant qu'il y aura des hommes, puisque tous les hommes ont l'instinct de la propriété. Or, la *Loi*, par cela même qu'elle est rédigée par des hommes, protège la propriété, défend ceux qui possèdent contre ceux qui ne possèdent pas et qui sont tentés par la convoitise. Les gouvernements, chargés par les citoyens de faire appliquer la loi, ont à leur disposition des forces mercenaires composées d'hommes qui, comme le soldat de jadis, ont, choisi pour métier de prêter main-forte à la loi ; ce sont les forces de police. La police protège donc, au nom de la loi, ceux qui possèdent contre ceux qui ne possèdent pas ; cela est inévitable à cause de la nature humaine qui est foncièrement propriétaire. Les gens de la police se battent pour un salaire, comme un ouvrier travaille pour nourrir sa famille. Et il est curieux que les ouvriers aient souvent du mépris pour les policiers, qui sont des ouvriers comme eux.

L'armée nationale, formée de tous les citoyens enrôlés pour un temps, est encadrée par des officiers qui sont des hommes de métier, nourris par la profession des armes. Ces officiers sont hiérarchisés, et ont l'*habitude* d'obéir aux ordres des gouvernants sans discuter ces ordres. Beaucoup d'entre eux embrassent la carrière militaire pour avoir l'honneur de sacrifier leur vie à leur pays, dans une guerre étrangère ; mais on mange aussi en temps de paix, et, pour gagner sa vie, on obéit en temps de paix comme en temps de guerre. D'autre part, les soldats, enrôlés pour le temps du service militaire, prennent *l'habitude* d'obéir à leurs chefs ; ils sont forcés de prendre cette habitude à cause des moyens de répression du code militaire, mais une fois l'habitude prise, ils obéissent simplement par la force de l'habitude.

De sorte que, si l'armée est commandée pour prendre part à une lutte civile, les officiers obéissent parce que leur profession est d'obéir, et les soldats suivent leurs officiers parce que c'est leur habitude.

Et ainsi, tout naturellement, l'armée nationale double et renforce la police qui a pour fonction de faire respecter la loi ; comme la loi protège le capital, l'armée, qui défend la loi, est naturellement au service du capital protégé par la loi. Et cela se passe ainsi quotidiennement par la force de l'habitude qui évite les efforts de réflexion.

Il arrive parfois, cependant, que dans la conscience d'un militaire, la force de l'habitude ne suffit pas à annihiler les opinions et les préférences individuelles. Si une loi blesse les convictions d'un officier, on le verra quelquefois refuser d'obéir, parce que son *devoir militaire* est contre-balancé par un autre *devoir* dont il a le sentiment profond. On a vu, au moment de la séparation des Eglises et de l'Etat, des officiers catholiques renoncer à leur gagne-pain pour ne pas agir contre leurs convictions religieuses. Dans la lutte engagée entre le capital et le travail, des apôtres bien intentionnés et possédés de l'utopie de la justice ont prêché la désobéissance aux soldats appartenant aux classes pauvres, et leur ont montré qu'en exécutant les ordres de leurs chefs ils luttaient en vérité contre leurs frères de misère, et soutenaient de leurs armes les capitalistes odieux. Jusqu'à présent, soit par ce que l'indifférence est assez générale chez les hommes pour ce qui ne les intéresse pas personnellement, soit parce que la crainte d'un châtiment immédiat et sûr est plus efficace que l'espérance d'un avantage illusoire et lointain, on a vu ordinairement la majorité des troupes obéir, en temps de paix, aux ordres des gouvernements ; mais il est évident que cet état de choses est menacé dès que, dans la conscience d'un homme, il se produit un conflit entre la *légalité* d'une mesure et le sentiment de son *illégitimité*. « Légalité contre légitimité », « droit objectif contre droit subjectif », voilà l'origine du plus grand danger que puisse courir un régime établi. Or, les intérêts des divers citoyens étant opposés les uns aux autres, la loi, qui protège les uns, les protège *contre* les autres. Les premiers trouvent la loi bonne, les seconds la trouvent mauvaise et injuste. C'est une cause profonde de fragilité pour une association, que la loi ne soit plus, pour chacun des associés, l'expression de la *justice*. Celui qui se trouve lésé par le contrat associatif est bien près de rompre l'association. Or, les notions métaphysiques de droit et de justice sont aujourd'hui développées chez tous nos congénères ; chacun discute la loi et se propose d'y échapper quand elle lui paraît mauvaise. La vieille formule « l'obéissance aux lois est le devoir de tous » n'a plus le caractère religieux qu'elle avait autrefois ; on obéit à la loi parce qu'on a peur de la répression qu'entraînerait une désobéissance, et, par conséquent, il n'est plus question que d'une chose : savoir si l'on est assez fort pour résister. Nous revenons ainsi à la première formule des temps barbares : le droit de chacun est proportionné à sa capacité de nuire. Mais à cette formule si simple, et si purement objective, la déformation mentale résultant de plusieurs siècles de civilisation a ajouté des complications inextricables, les notions métaphysiques contradictoires développées par l'habitude de la société dans la conscience des hommes.

CHAPITRE VII

LA LOI

§ 45. — LA HIÉRARCHIE DES PRINCIPES.

Les hommes réunis en association ont eu, dès le début, des codes établis par consentement réciproque, et que des législateurs avisés ont rendus plus puissants en leur imaginant une origine divine. Les lois, restant longtemps en vigueur, finissaient par créer, dans les mentalités des hommes, des sentiments métaphysiques très résistants. A partir de ce moment, la loi, ayant pour elle la force de l'habitude, était devenue une chose intangible, parce qu'elle était inscrite dans la conscience des individus. Et toutes les fois que le besoin d'une nouvelle législation s'est fait sentir, les législateurs ont dû conserver les grandes lignes des législations passées, sous peine de heurter de front des sentiments universellement respectés; de sorte que la tradition a fatalement fait durer jusqu'à nos jours des vestiges fort importants des législations primitives.

Dans la mentalité de l'homme du xxe siècle, on

retrouve des traces indélébiles de toutes les législations passées qui ont été acceptées assez longtemps par ses ancêtres. Nous avons des principes moraux qui nous sont infiniment chers, même lorsque nous avons compris que ce sont des résidus sociaux surannés. Et il est impossible que le législateur, chargé de rédiger un code nouveau, ne tienne pas compte de l'existence de ces principes, même s'il connaît leur origine biologique. Le plus souvent d'ailleurs, les hommes chargés de faire des lois ne sont pas au courant de la valeur réelle des principes qui se présentent aux hommes avec un caractère impératif absolu; ils constatent bien cependant que ces principes sont souvent contradictoires, ce qui devrait suffire à les mettre en garde contre la tentation de leur attribuer une origine divine. Ils se contentent, en général, d'établir une hiérarchie entre ces principes contradictoires, et de déclarer que, s'il y a conflit, le principe plus élevé l'emportera sur le principe moins noble.

Mais alors, il est évident que la mentalité du législateur interviendra dans l'établissement de la subordination des principes; son œuvre ne sera pas scientifique, parce qu'elle ne sera pas purement objective, et, par conséquent, elle ne s'imposera pas à tous les hommes, puisqu'elle sera entachée de ce vice évident, la préférence personnelle du législateur.

Tous les hommes sont différents, et il est vraisemblable que, si on les interrogeait tous, avec assez de soin, sur l'ensemble de leurs préférences personnelles, on n'en trouverait pas deux qui établissent exactement la même hiérarchie de principes; néanmoins les diverses hiérarchies de principes peuvent ordinairement se rapporter à un certain nombre de types moyens, qui sont ce qu'on appelle des *opinions politiques*. L'opinion politique d'un homme est quelquefois désintéressée et purement philosophique, souvent intéressée au contraire et commandée par les besoins et les appétits du moment. Lors donc que, dans un pays de suffrage universel, on invite les électeurs à se prononcer pour tel ou tel candidat d'après sa profession de foi, il y a sans doute, parmi les électeurs du même député, des gens de mentalités extrêmement diverses. Les uns choisissent leur candidat parce qu'ils sympathisent avec lui au sujet de la hiérarchie des principes, d'autres au contraire votent pour lui parce qu'ils ont un intérêt immédiat à ce que la majorité accepte sa manière de voir, quitte à changer leur fusil d'épaule et à passer dans un autre camp, où les appellent des préférences sentimentales, dès qu'aura été votée la loi dont leur intérêt a besoin. Il est donc tout à fait illusoire de s'imaginer que des élections, entièrement libres et dégagées de toute fraude, peuvent faire connaître *l'opinion* de la majorité.

Quand un millionnaire s'intitule socialiste, je croirais que telle est en effet son *opinion* (à moins que ce soit seulement un ambitieux qui recherche une place dans le gouvernement), car il n'a rien à gagner au triomphe du socialisme; au contraire, je trouverai tout naturel qu'un ouvrier vote pour le candidat socialiste, sans avoir la mentalité correspondant à cette opinion, et uniquement parce qu'il a un intérêt immédiat à l'amélioration du sort de la classe ouvrière.

Pour ceux qui croient à la valeur absolue des principes métaphysiques, celui qui vote suivant son opinion est plus sympathique que celui qui vote suivant son intérêt. Pour le biologiste qui s'efforce de faire une étude objective des choses, les hommes qui, désintéressés en la question, votent suivant leur préférence sentimentale, ne font que fausser les résultats des élections en mêlant des considérations métaphysiques à des besoins réels. Si l'on savait, après une élection, quel est le nombre de ceux qui ont *intérêt* à la promulgation d'une loi, on aurait un point de départ scientifique que l'on n'a pas avec les élections actuelles. Le législateur pourrait ainsi se proposer de satisfaire une majorité réelle, puisque, les intérêts des hommes étant contradictoires, il est impossible de satisfaire tout le monde. Mais aussi, quel résultat lamentable on obtiendrait en tenant compte des intérêts *actuels*, des besoins *actuels* d'individus incapables de voir de loin et de prévoir les conséquences ultérieures de la satisfaction immédiate de leur désir !

Dans un pays de suffrage universel, le législateur s'efforce naturellement de satisfaire la majorité, parce que la majorité a théoriquement une capacité de nuire supérieure à celle de la minorité. Et cependant mille hommes courageux et déterminés valent plus que 50.000 lâches. Quel est donc le but que peuvent se proposer les législateurs pour prêter le moins possible le flanc à la critique ?

§ 46. — LE BUT QUE DOIVENT POURSUIVRE LES LÉGISLATEURS.

Toute législation basée sur les préférences d'une majorité actuelle sera forcément caduque. Si le législateur a choisi une hiérarchie de principes d'après le goût de la majorité, d'une part, il mécontentera la minorité, et des mécontents sont toujours dangereux ; d'autre part, il devra prévoir que, sous l'influence même de la mise en vigueur des nouvelles lois, les conditions de la vie individuelle étant modifiées, les anciens membres de la majorité, ayant obtenu certaines satisfactions, auront de nouveaux desiderata qui pourront être contradictoires des précédents. Pour un homme qui est pauvre, le principe de l'égalité sera plus important que le droit de propriété; devenu riche, il réclamera des lois qui protègent la propriété contre les égalitaires avides; il détestera la hiérarchie des principes dont l'adoption l'a tiré de la misère. D'une manière générale, quand on donne satisfaction à des mécontents, ils changent de camp en devenant des satisfaits. Il est donc bien difficile à un législateur de faire des lois qui aient des chances de durer, s'il se propose de satisfaire sentimentalement un groupe d'individus. Nul ne peut espérer satisfaire des hommes qui possèdent, inscrits dans leur mentalité, des principes contradictoires ayant une apparence absolue. On réclamera toujours, au nom d'un principe, quand le principe opposé aura guidé le législateur. « On ne peut contenter tout le monde » est un proverbe vieux comme l'humanité, et qui sera éternellement vrai.

S'il est impossible de faire de bonnes lois en se basant sur des préférences sentimentales, le législateur aurait-il plus de chances de réussir, en se plaçant, pour légiférer, à un point de vue purement objectif? Évidemment cela serait préférable si cela était possible. Mais, comment le législateur choisira-t-il alors le but qu'il veut atteindre en édictant des lois objectives? Car les lois sont l'organisation de la société. Pour choisir une organisation de la société, il faut choisir le résultat qu'on espère tirer de cette organisation; et là encore se manifestera une préférence individuelle qui enlèvera au travail législatif toute valeur définitive. Si l'on se place, par exemple, au point de vue du *rendement* de la société, point de vue qui ne tient aucunement compte des sentiments individuels, du bonheur ou du malheur de chacun, encore faudra-t-il se décider pour un rendement déterminé, car les hommes peuvent faire des choses très diverses, et l'on peut s'intéresser à tel rendement plutôt qu'à tel autre qui est contradictoire du premier.

D'ailleurs, une condition essentielle pour qu'une loi soit bonne, c'est qu'elle puisse être acceptée par les gens qu'elle concerne. Et si le législateur se propose un but objectif sans tenir compte des sentiments des hommes, il est bien vraisemblable que les intéressés, n'ayant aucune raison personnelle d'attacher une importance quelconque au but poursuivi par le législateur, se révolteront contre le dommage que leur cause l'application de la loi.

Ceci nous conduit à une première règle dont ne sauraient, sous peine d'un échec absolu, s'écarter les législateurs. *Il faut que la loi accorde aux individus ou aux groupements d'individus, des droits qui soient en rapport avec leur capacité de nuire.* Nous voilà revenus aux premiers temps des sociétés, à l'époque des hommes des cavernes. Notre hypocrisie actuelle se plaît à déguiser cette nécessité législative sous des dehors métaphysiques très nobles ; on accorde, dit-on, aux hommes ce qu'il est *juste* de leur accorder. Au fond, on leur accorde simplement ce qu'ils prendraient de force si on ne le leur accordait pas, et il y aurait là un exemple détestable, qui compromettrait la foi dans la valeur des principes.

Les intérêts des membres d'une société étant contradictoires, le législateur doit se demander, à chaque instant, jusqu'où il peut aller dans les satisfactions accordées aux uns, sans amener une insurrection chez les autres, chez ceux que lèsent dans leurs droits subjectifs les bienfaits dispensés aux premiers.

D'une manière générale, les majorités représentent l'élément redoutable ; on est donc tenté d'accorder tout aux majorités ; mais quand la minorité devient menaçante, il faut bien aussi lui donner un morceau de gâteau pour la décider à rentrer ses griffes. Le législateur doit donc s'occuper sans cesse de maintenir un équilibre entre les appétits contradictoires. Ordinairement, il se borne à cela ; il ne poursuit pas de but précis ; il ne marche pas vers un avenir souhaité ; il se borne à empêcher momentanément les gens de se dévorer. Le résumé de toutes ces considérations serait donc à peu près ceci :

Ceux qui sont chargés de faire les lois ne se demandent pas où ces lois conduiront la société dans un avenir plus ou moins éloigné. Ils ne regardent pas si loin, et ils ont peut-être raison, car seule une préférence personnelle pourrait leur faire choisir un but à poursuivre; ils n'en choisissent donc pas; *ils se bornent à éviter les révolutions*, pour sauver le prestige de la loi. Il serait en effet d'un très mauvais exemple, dans une société aussi civilisée que la nôtre, à une époque où les principes métaphysiques sont si universellement professés par ceux qui en profitent momentanément, de voir une bande de gens armés s'arroger des droits exorbitants, uniquement parce qu'ils seraient les plus forts! Comment voulez-vous qu'après cela, on croie encore à la justice? Les révolutions sont dangereuses parce qu'elles mettent trop crûment en évidence les vérités biologiques, parce qu'en temps de révolution, l'hypocrisie, vertu sociale par excellence, perd ses droits.

A un certain point de vue, les législateurs ont d'ailleurs raison de redouter les révolutions, et de satisfaire légalement, dans la mesure du possible, les appétits qui pourraient être tentés de se satisfaire eux-mêmes par la force; ils ont raison, parce que, quand une révolution commence, on ne sait pas ce qui en résultera. Comme les appétits actuels seuls sont en jeu, et que personne ne voit au delà de ses besoins du moment, le résultat de la révolution peut être la destruction même de la société. Cette remarque nous suggère un but objectif à donner aux législateurs, but objectif que les biologistes tireront facilement de l'étude de la vie; la vie n'intéresse le biologiste que si elle continue; de même la société doit être, pour que le sociologue s'y intéresse, *un phénomène qui continue.*

§ 47. — QUE LA SOCIÉTÉ CONTINUE.

Un folliculaire qui avait violemment attaqué un ministre, dans l'espoir de le faire chanter, disait pour sa défense : « Il faut pourtant bien que je vive ! » « Je n'en vois aucunement la nécessité », répondit le ministre.

Évidemment, on pourrait me faire la même réponse au sujet de la société. Je ne vois aucune raison métaphysique valable à invoquer en sa faveur. De même, quand j'étudie un animal, je ne vois aucune nécessité pour qu'il continue de vivre, et en effet, il m'arrive quelquefois de le tuer, ce qui prouve bien que sa vie n'était pas nécessaire. Mais, en tant que biologiste, je ne m'intéresse à lui que s'il continue de vivre. De même, le législateur, qui a pour but d'organiser la société, doit se proposer que cette société continue, sans quoi son effort serait vain.

D'ailleurs, chacun de nous a, en lui-même, le désir de continuer; c'est l'instinct de la conservation, qui, toutefois, ne nous empêche pas de mourir. Et comme chacun de nous, au XXe siècle. a besoin de la société pour vivre, impuissants que nous sommes à nous procurer par nous-mêmes tout ce qu'il nous faut pour être satisfaits, notre instinct de la conservation nous conduit naturellement à désirer la continuation de la société dont nous faisons partie.

Il est donc tout naturel que le législateur se propose, comme but, d'établir des lois telles que la société, régie par ces lois, puisse durer. Et la crainte des révolutions est en rapport immédiat avec ce désir naturel, car, lorsqu'une révolution commence, on ne sait pas comment elle tournera. Chacun agit au mieux de ses intérêts immédiats sans se demander si la satisfaction de ces intérêts est compatible avec l'existence d'une société. En particulier, la vertu sociale qui est la clef de voûte de notre société, l'hypocrisie est bannie par les révolutionnaires ; et si le cynisme la remplace trop longtemps (on appelle cynisme l'application non dissimulée des vérités biologiques), si le cynisme, dis-je, s'étale trop longtemps, on peut redouter que l'hypocrisie ne revienne jamais, et que, dès lors, toute société soit impossible.

Les meneurs, qui préparent la révolution et donnent du fil à retordre aux législateurs, ne se préoccupent jamais que de détruire ; l'édifice social leur paraît mauvais, parce qu'il n'est pas en concordance avec la hiérarchie des principes qu'ils ont adoptée pour eux-mêmes, momentanément, soit par sentiment, soit par besoin. Ils entreprennent donc de le détruire, au nom des principes sublimes de justice et d'égalité, sans se demander sur quelles bases on le reconstruira ensuite, ou même si on le reconstruira.

La nature leur donne cependant une leçon de choses dont, plus clairvoyants, ils tireraient peut-être parti. La nature construit toujours avant de détruire. Quand un organe devient inutile à un animal, dans des conditions nouvelles de vie, les organes nécessaires aux circonstances actuelles se construisent d'abord, et, le fonctionnement de ces organes rendant inutile les anciens organes non adaptés, ceux-ci disparaissent *ensuite*, petit à petit, par désuétude. C'est surtout dans le phénomène merveilleux des métamorphoses des insectes que le souci de la survie, fixé par la sélection naturelle, se manifeste d'une manière étonnante.

Aucune révolution humaine n'est comparable comme intensité à la révolution cellulaire qui a son siège dans la chenille au moment où elle va se transformer en papillon. On ne trouve plus, dans l'animal en métamorphose qu'une bouillie innommable, sans aucune apparence de coordination; les phagocytes dévorent les anciens éléments histologiques, et tout cela est très impressionnant. Et cependant, de cette œuvre destructive aveugle, sort le papillon merveilleusement coordonné. Mais les éléments qui doivent construire le papillon étaient formés dans la chenille avant que commençât l'œuvre de destruction! Cette œuvre de destruction n'a pour résultat que de leur laisser la place libre;

le plan du palais futur était tracé en entier avant que les démolisseurs prissent la pioche. Aussi, la vie continue! Elle ne continue pas indéfiniment, puisque le papillon meurt bientôt, mais du moins, elle a continué après la révolution, et dans une forme que l'on peut s'accorder à trouver plus parfaite.

Quand une révolution humaine se produit, sait-on si la société continuera après cette secousse? L'anarchie révolutionnaire a mis en jeu les individuelles capacités de nuire, sans souci des freins sociaux; si les hommes qui sortent vainqueurs de la mêlée étaient outillés pour vivre par eux-mêmes, sans avoir recours à d'autres hommes, le retour à la barbarie serait réalisé; il y aurait des individus et plus de société; jusqu'à présent cela ne s'est pas produit dans l'histoire du monde; la vie sociale, avec le bien-être qui en résulte, même pour les plus disgraciés, est d'un tel attrait pour l'homme, que l'on a vu, aux époques d'invasion, les hordes nomades victorieuses se laisser gagner par la civilisation au lieu d'en effacer la trace. En tant qu'individu, l'homme perd de sa valeur au contact du bien-être résultant de la vie en société. Je crois qu'il a perdu définitivement cette valeur individuelle et qu'aujourd'hui, habitué dès le jeune âge à jouir des produits de la civilisation, il ne peut plus s'en passer. Le nombre des hommes existant à notre époque s'oppose à tout retour à la barbarie;

la vie barbare ne pourrait pas nourrir sur la Terre la centième partie de l'effectif humain que nourrit la vie sociale appuyée sur la science et l'industrie.

Il faut d'ailleurs remarquer que, dans toutes les révolutions passées, les partis victorieux ont eu le souci de s'appuyer, pour gouverner, sur la tradition des régimes disparus. L'homme n'invente rien; il imite. C'est une des comédies les plus amusantes, pour l'observateur désintéressé, que la continuité établie volontairement par les révolutionnaires vainqueurs, entre le *pouvoir* passé et le *pouvoir* ultérieur. On voulait détruire le *pouvoir*, mais on savait qu'il y avait un *pouvoir* établi dans la mentalité des hommes, et le parti vainqueur voulait être considéré comme continuant ce pouvoir. Dès lors, l'hypocrisie avait le dessus; la société était sauve.

Je ne sais ce que nous réservent les prochaines révolutions sociales, mais je crois pouvoir prophétiser que, toujours, l'hypocrisie nous sauvera. Ce que désirent les égalitaires les plus forcenés, ce n'est pas une égalité réelle qui déplairait à tous les hommes; ils veulent être à leur tour ce que sont maintenant ceux qui gouvernent. On gouverne aujourd'hui au nom de la justice et de l'équité: on gouvernera demain au nom des mêmes entités métaphysiques. Mais, tant qu'on aura le souci de gouverner au nom d'une entité métaphysique, la société sera sauvée. Ce qui serait terrible, ce serait l'avènement de la franchise, c'est-à-dire du cynisme. Si les vainqueurs disaient seulement qu'ils gouvernent, parce qu'ils sont les plus forts, nous serions perdus. Mais on n'est jamais sûr de rester longtemps le plus fort. Une fois qu'on a conquis le pouvoir, on veut l'asseoir définitivement sur des droits sacrés; c'est le seul moyen de s'y tenir. Et, par conséquent, la tradition l'emportera longtemps encore; mais on peut voir cependant, depuis quelque temps, un affaiblissement du respect extérieur accordé aux principes sur lesquels repose la société dans la subjectivité de chacun de ses membres, et cela est sans doute inquiétant pour ceux qui désirent éviter les grands cataclysmes.

§ 48. — LES SYNDICATS.

L'union fait la force; c'est une vérité qui a été reconnue depuis longtemps, et qui devient de plus en plus évidente. Il est donc tout naturel que ceux qui n'ont que leur salaire pour vivre s'entendent entre eux pour n'être pas désarmés vis-à-vis du capital qui les emploie. Un ouvrier isolé est un pauvre animal esclave de ses besoins; il n'a pas le droit de vivre, puisqu'il ne possède pas de terre à faire valoir, et il doit accepter avec reconnaissance le salaire modique que lui accorde le propriétaire pour lequel il travaille. Nous avons vu tout cela plus haut. Mais cependant, si le métier qu'il exerce est difficile à apprendre, le fait qu'il connaît son métier lui donne une plus grande capacité de nuire, donc plus de droits. Il suffit, en effet, qu'il refuse de l'accomplir pour amener des désastres ; un ouvrier qui, *seul au monde*, saurait faire une chose indispensable à tous, serait aussi puissant qu'un roi. Il n'y a pas de tels ouvriers sur la terre, sauf peut-être les grands savants, mais le métier des savants n'apparaît pas comme assez immédiatement indispensable, et cela diminue leurs droits.

Quant aux ouvriers ordinaires, ils sont généralement un grand nombre sachant faire le même métier; et, comme tous ont faim, ils se précipitent sur les places disponibles, sans pouvoir s'y caser tous. L'un quelconque d'entre eux, pris isolément, n'a aucun droit, car il n'a aucune capacité de nuire ; s'il refuse de travailler, il est remplacé immédiatement par un camarade qui a besoin de manger, et qui est enchanté de le voir renvoyer et de prendre sa place. Tout change si les ouvriers s'entendent entre eux, si *tous* ceux qui exercent la même spécialité conviennent d'un accord qu'on appelle le syndicat. Ils peuvent alors imposer leurs conditions aux employeurs ; s'ils s'entendent *tous*, ils sont assez forts pour réclamer un tarif minimum. Encore faut-il que, refusant de travailler au-dessous d'un certain tarif, ils puissent manger pendant le chômage, eux et leurs familles ; cette nécessité créera toujours une inégalité dans la lutte entre ceux qui possèdent et ceux qui ne possèdent pas. De là est venue l'idée que tous doivent s'efforcer de posséder un trésor de guerre, permettant aux membres du syndicat de se nourrir pendant la grève. Mais déjà l'on voit que cela n'est plus exactement alors la lutte de ceux qui possèdent contre ceux qui ne possèdent pas ; pour pouvoir lutter efficacement, il faut que l'ouvrier ne soit pas absolument démuni ; il faut qu'il possède, lui aussi, sous forme du trésor syndical, une petite propriété. Cela étant, tous les ouvriers syndiqués acquièrent des droits objectifs en rapport avec leur capacité de nuire, c'est-à-dire avec le tort qu'ils peuvent faire aux employeurs en cessant collectivement le travail. La capacité de nuire d'un syndicat est d'autant plus grande que le syndicat est plus riche et peut faire durer la grève plus longtemps.

La première fois que les employeurs se sont heurtés à une grève, ils se sont trouvés lésés dans les droits subjectifs que chacun d'eux s'était créés par une longue habitude.

Les lois, dont le principal objet est de protéger la propriété, ont traité les grévistes comme des criminels. Mais les droits subjectifs ne sont pas très sérieux, en dehors de la mentalité de ceux qui les conçoivent, quand des droits objectifs, qui leur sont opposés, deviennent manifestement plus forts. Alors la loi est fatalement modifiée. Toujours sous le couvert de la justice, la loi reconnait *le droit de grève*, du moment où ceux qui sont chargés d'appliquer la loi se trouvent impuissants à réprimer les grèves.

De même que les propriétaires s'indignaient contre les grévistes, au nom des droits sacrés acquis par une longue habitude, de même les ouvriers se grisent aujourd'hui de grands mots représentant des entités métaphysiques; ils s'entretiennent les uns les autres dans un enthousiasme qui décuple leurs forces, au moyen de discours et de chants qui célèbrent la fraternité humaine et la sainteté du travail. La métaphysique ne perd jamais ses droits. Il est cependant bien évident que cet enthousiasme fraternel est bien factice; il durera autant que la lutte contre l'ennemi commun, mais pas plus longtemps; supposons un syndicat vainqueur et devenant propriétaire de vastes usines; ses membres, naguère unis, deviendront immédiatement des concurrents ennemis, âpres à la curée. Seule l'hypocrisie inséparable de la vie sociale peut empêcher de reconnaitre cette vérité évidente.

La croyance aux entités métaphysiques qui répondent aux besoins du moment fait naître, dans les mentalités des hommes, des haines violentes contre ceux qui ne partagent pas les mêmes croyances. Et ces haines, prenant le caractère absolu de haines religieuses, peuvent se montrer quelquefois indépendantes des questions de pur intérêt. Les ouvriers syndiqués, qui voient dans leur union le moyen de lutter contre le capital détesté, éprouvent, indépendamment peut-être de toute considération d'intérêt, des sentiments de mépris et d'aversion pour l'ouvrier isolé qui, cédant à des besoins immédiats ou à des considérations métaphysiques, refuse de s'affilier au syndicat, et, par là même, fait cause commune avec le patron haï. On le traite de rénégat, parce qu'il ne partage pas les haines de classes.

Ainsi, les syndicats représentent, dans la société humaine, des associations nouvelles qui, comme toutes les associations, sont devenues bientôt tyranniques au nom de principes métaphysiques. Il y avait déjà la famille, la patrie, la confession religieuse, etc., et toutes ces associations avaient fait naître dans la mentalité des pauvres hommes des notions métaphysiques, souvent très douloureusement tenaces, toujours, d'ailleurs, contradictoires les unes des autres. On appelle honnête homme celui qui obéit aux ordres de sa conscience. Mais à ce compte il est bien difficile d'être honnête homme quand on appartient à plusieurs associations à la fois ; le devoir de famille peut être, en effet, contradictoire du devoir religieux ou du devoir envers le pays. Or, chaque association est tyrannique et n'admet pas que ses ordres soient discutés. C'est pour cela que s'établit, en chacun de nous, d'après le tempérament individuel, une hiérarchie des principes métaphysiques ; et nous ne nous entendons pas volontiers avec ceux qui choisissent une hiérarchie de principes différente de celle que nous avons adoptée nous-mêmes.

La tyrannie du principe syndical s'est montrée, dès le début, au moins égale à celle de tous les autres principes. L'une de ses prétentions a été, non seulement de primer, mais d'étouffer complètement le principe patriotique. La lutte des classes a voulu devenir la seule lutte, toutes les autres étant considérées comme sacrilèges, ou, qui pis est, inutiles et même nuisibles. Les prolétaires se sont sentis, au delà des frontières, des frères de misère qui ont, comme eux, le capital pour ennemi. Tout cela prête à des déclamations impressionnantes et à des développements poétiques faciles. Je ne sache pas d'ailleurs qu'on puisse se garder d'être ému quand un poète habile essaie de nous attendrir au sujet d'un principe métaphysique, quel que soit d'ailleurs ce principe métaphysique. Et les *malins* en abusent pour développer chez leurs congénères ceux des principes dont ils ont un besoin actuel pour leurs affaires.

Il me semble cependant qu'une remarque s'impose au sujet de la tyrannie syndicale. Je crois que le syndicalisme, sous couleur d'organiser la lutte des classes, organise, effectivement, l'existence même des classes. Je m'explique :

Livré à lui-même, dans la bonne comme dans la mauvaise fortune, l'individu isolé n'a qu'un but : *arriver*; c'est-à-dire que les sentiments égoïstes naturels à l'homme lui font désirer une situation plus élevée dans la société que celle qu'il a. Isolé, il n'a que peu de chances d'arriver, *mais il en a*, et il caresse le rêve d'un succès qui, pour être problématique, n'en est pas moins un but donnant de la saveur à tous les efforts. Dans notre société moderne, nous voyons sans cesse des hommes partis des situations les plus modestes et qui arrivent néanmoins aux honneurs et à la puissance. Et comme ces hommes ne sont pas toujours les meilleurs, tant au point de vue moral qu'au point de vue intellectuel, chacun de nous a d'autant plus de droits de se dire « qu'il pourrait bien faire comme eux ». Si une vie individuelle ne suffit pas ordinairement à faire franchir l'*étape* totale, le plus modeste ouvrier peut caresser l'espoir d'arriver dans la personne de ses enfants. C'est un rêve que caressent volontiers ceux qui placent le sentiment familial au-dessus des autres dans la hiérarchie de leurs principes. Or, il suffit de regarder autour de soi pour voir que les plus hautes situations sont atteintes aujourd'hui, tant dans le gouvernement que dans le monde des sciences ou des arts, par des fils et des petits-fils d'ouvriers. Il n'y a pas un monde bourgeois proprement dit, se reproduisant par hérédité; il y a en réalité un état d'indépendance relative, dû à une certaine aisance, état jusque auquel quelques-uns se montent chaque jour, alors que d'autres en descendent. Ces fluctuations, quotidiennement constatées, et que l'on traduit en disant qu'il y a des familles qui montent pendant que d'autres descendent, constituent, à mon avis, la satisfaction la plus grande que puisse éprouver notre sentiment inné de la justice.

Je ne crois pas que la pauvre humanité connaisse jamais de jouissance supérieure à celle de se sentir « une famille qui monte ». Le résultat ne sera pas durable, c'est entendu ; dans l'éternel provisoire qu'est la vie humaine, les descentes suivent les montées ; ceux qui sont au faite, ou sur le point d'y arrive[illegible]nt l'envie de ceux qui n'ont pas encore c[illegible]encé à monter ou qui ont déjà commencé à descendre. Et cette envie, qui prend souvent un caractère bas et douloureux, est aussi le plus noble mobile qui puisse exciter l'activité des hommes.

Devant cette fluctuation perpétuelle des familles, je me demande si l'on dit quelque chose qui a un sens durable lorsque l'on parle de la lutte des classes. Les petits-fils du même grand-père occupent aujourd'hui tous les degrés de la hiérarchie sociale, depuis les plus hautes jusqu'aux plus infimes, et, par conséquent, je ne sais plus ce que c'est qu'une classe, du moment que je vois les membres d'une même famille appartenir en même temps à toutes les classes.

Eh bien! je me demande si ces classes qui, quoi qu'on en dise, n'existent pas, le syndicalisme ne va pas les créer!

La tyrannie syndicale demande à celui qui s'y soumet une abdication totale. Le syndicat lui assure un moyen d'obtenir un salaire minimum représentant un confortable relatif pour lui et les siens. Cet avantage appréciable, le malheureux syndiqué ne l'obtient qu'en renonçant à toute ambition personnelle. Et si, par hasard, l'influence politique des syndicats a pu faire sortir du commun un homme de talent primitivement lié à la fortune des syndicats, de quelles injures n'abreuve-t-on pas le malheureux qui s'est permis de vivre le rêve d'ambition personnelle, si naturel à tous?

Si les syndicats réussissaient à imposer la tyrannie à laquelle ils prétendent, la société deviendrait de plus en plus semblable à un individu dans lequel il y a des éléments *foie* qui sont toujours *foie*, des éléments *muscle* qui sont toujours *muscle*, etc. Pour un peu de bien-être momentané, pour un succès momentané sur le despotisme patronal, le syndicalisme demande à l'individu de renoncer à son individualité, de n'être plus qu'un rouage dans une montre, un tissu dans un organisme. Il ne me semble pas possible que cela se perpétue ainsi; l'égoïsme individualiste a trop de ressort. Et d'ailleurs, dès qu'une association aura vaincu l'ennemi commun qui était sa raison d'être, elle se dissoudra et se montrera ce qu'elle est réellement, une réunion momentanée de concurrents rivaux, très étonnés, les uns et les autres, après la victoire, d'avoir pu contracter une alliance durable. Je ne crois donc pas que cette nouvelle déformation de l'humanité aille jusqu'à créer des spécialités héréditaires comme celles des divers tissus. Le syndicat est un moyen actuel ; ceux qui y voient un état durable oublient trop la nature de l'homme et l'égoïsme inséparable de ses nécessités vitales les plus profondes.

§ 49. — GOUVERNEMENT ET FONCTIONNAIRES.

Dans un État organisé, pourvu d'un patrimoine national et d'une législation, un certain nombre d'individus sont chargés par l'ensemble des habitants d'appliquer les lois et de prendre les mesures que comportent les nécessités éventuelles. Ce sont les rouages de l'organisme social.

Quelques-uns, ceux qui ont les fonctions les plus synthétiques, forment ce qu'on appelle le gouvernement ; les autres, plus modestes, plus spécialisés, constituent l'administration et les services publics. Tous les citoyens ont un intérêt essentiel à ce que les services publics fonctionnent régulièrement ; tout mauvais fonctionnement de ces services retentit péniblement sur la vie de chacun.

En accordant à un homme une place dans le gouvernement ou dans l'administration, on lui donne donc une capacité de nuire supérieure à celle des citoyens ordinaires de l'État, puisqu'on met entre ses mains une autorité dont il peut faire un mauvais usage. Il est indispensable que les choses soient ainsi, mais il est indispensable aussi que l'État soit garanti contre les abus dont ses fonctionnaires peuvent se rendre coupables. Et par conséquent, dans une société bien organisée, il faut d'abord qu'il y ait des lois contre les détenteurs de l'autorité, lois d'autant plus sévères qu'elles concerneront des fonctionnaires plus haut placés. Cette nécessité s'est révélée aux plus anciens législateurs, et, dans les démocraties anciennes, les gouvernants prévaricateurs étaient punis de mort.

Il semble que, de nos jours, on ait oublié cette nécessité fondamentale, et que les ministres soient surtout préoccupés de combler de faveurs injustifiées leurs neveux ou leurs cousins; le pis qui puisse leur arriver, c'est de perdre l'assiette au beurre dont ils ont eu la libre disposition pendant quelque temps. Aussi tout le monde convoite le pouvoir, parce que tout le monde en voit les avantages immédiats sans songer à ses devoirs terribles. Je ne crois pas que le plus intègre de nos ministres pense mal faire en distribuant des faveurs à ses parents, à ses amis, à ses électeurs. Cela est entré dans nos mœurs, et l'on ne s'en cache plus. Quoi d'étonnant alors si, l'exemple partant de si haut, les fonctionnaires, à toutes les échelles de l'administration, songent à profiter des droits que leur confère leur actuelle capacité de nuire, plutôt que de se dévouer à l'accomplissement de leurs devoirs? Un gouvernement sera impuissant à faire respecter la loi par ses fonctionnaires tant qu'il ne sera pas lui-même tenu, par des lois draconiennes, à l'accomplissement de ses devoirs de gouvernant.

Au lieu de cela, on voit de jour en jour les employés des services publics créer des associations analogues à des syndicats pour défendre leurs *droits* contre les abus dont leurs supérieurs se rendent coupables. Et cela est parfaitement illogique. Le fonctionnaire qui entre dans une administration publique reçoit, par là même, une capacité de nuire supérieure à celle que lui donneraient ses mérites en dehors de cette situation privilégiée. Il faut donc que la société qui lui délègue ces pouvoirs prenne des précautions contre l'abus qu'il peut en faire. Le fonctionnaire est un travailleur d'une nature spéciale, en ce sens que tous les citoyens sont intéressés sans exception à ce qu'il accomplisse sa besogne normalement. Et il doit y avoir un contrat entre l'État et les fonctionnaires, contrat qui assure aux fonctionnaires certains avantages, mais qui exige d'eux, en échange, un certain fonctionnement. Il faut des lois contre les fonctionnaires, et il y en a; mais ces lois ne sauraient avoir aucune valeur, si l'on ne commence pas par faire des lois contre les gouvernants et par les appliquer avec rigueur. Une grève de fonctionnaires me paraît une chose qui ne rime à rien. Évidemment, si j'ai un fusil, je ne le confierai pas à un inconnu sans m'assurer d'abord qu'il ne s'en servira pas contre moi. Si j'ai une automobile à faire conduire, je prendrai mes précautions pour que mon chauffeur ne lui fasse pas passer la frontière et n'aille pas la vendre à un recéleur. Tous les services publics ayant pour objet d'appliquer la loi, le gouvernement doit avoir les moyens de faire marcher les services publics. Un fonctionnaire qui accepte d'être un rouage de l'administration générale du pays doit s'engager à fonctionner normalement et doit être puni s'il ne le fait pas; tous les citoyens ont intérêt à forcer les fonctionnaires à fonctionner; il est évident qu'une grève de fonctionnaires ne saurait être approuvée par ceux qui souffrent de cette grève. Mais notre époque a vu se constituer des collectivités tellement complexes que le nombre des fonctionnaires est presque égal au nombre des citoyens. Leur capacité collective de nuire devient, dans ces conditions, absolument terrible. Et s'ils s'entendent pour s'en servir, comme ils ont toutes les armes en main, ils seront les maîtres. Sans doute, mais, ensuite, que feront-ils? Une fois que rien ne marchera plus, il n'y aura plus de fonctionnaires puisqu'il n'y aura plus de fonction, plus de pays, plus rien.

Rien n'est plus facile pour des fonctionnaires qui s'entendent entre eux, que de faire une révolution en renversant l'ordre établi. Mais par le fait même qu'ils agissent ainsi, ils ne sont plus fonctionnaires; ce sont seulement des hommes qui ont profité de ce qu'on leur a concédé pour un temps une certaine capacité de nuire. Ils peuvent être tentés de le faire par la considération de quelques avantages immédiats; s'ils voient plus loin, ils s'effraieront de leur puissance.

Il n'est pas question, dans toutes les considérations précédentes, des principes métaphysiques au nom desquels les hommes agissent; il s'agit seulement de leur capacité de nuire. Tant qu'un gouvernement a en mains des moyens de coercition suffisants pour essayer de maintenir les fonctionnaires dans leur devoir, tant qu'il a avec lui un nombre suffisant de fonctionnaires, il peut s'appuyer sur eux pour faire marcher les autres; voilà tout. Mais comme les principes métaphysiques sont représentés par des mots qui ont un pouvoir magique, il est utile que les gouvernants déguisent leur force sous un costume de principes; il faut donc qu'ils soient eux-mêmes inattaquables au point de vue de ces principes. La première condition pour qu'une démocratie soit forte est que ses ministres aient la réputation d'hommes intègres. Il est plus important pour nous de croire à la *loyauté* de nos ministres que d'être rassurés sur la *légalité* de leurs agissements.

Un incident récent a montré combien volontiers nous nous grisons de mots. Le chef du gouvernement rendait compte à la Chambre de ce qu'il avait fait dans la grève des cheminots. Il avait visiblement la grande majorité de la Chambre pour lui, et il crut pouvoir négliger, dans son triomphe, l'hypocrisie parlementaire habituelle. Il osa donc dire une vérité, à savoir que, dans une circonstance nouvelle, qui met en danger l'existence même d'un pays, le rôle du gouvernement est de prendre les mesures nécessaires sans se préoccuper de savoir si ces mesures exceptionnelles se trouveront ensuite justifiées par des lois déjà existantes. Ah ! ce fut un beau tapage ! Il me fait penser à la condamnation, survenue depuis, d'un chirurgien qui, au cours d'une opération d'urgence, avait oublié une compresse dans l'abdomen d'un malade. Le malade avait été sauvé, mais il avait fallu agir très vite, et des compresses avaient glissé sous des paquets intestinaux. Le chirurgien était coupable : il était sorti de la légalité et eut une très forte amende à payer. Le même cas se reproduit tous les jours, mais, désormais, quand des chirurgiens se trouveront dans un cas analogue, ils laisseront simplement mourir le malade pour ne pas être ruinés en essayant de gagner du temps.

Quand un homme ou un animal se trouve en présence de circonstances habituelles, de circonstances auxquelles il est adapté et dont il a l'expérience, il agit naturellement au moyen des organes qui sont nés en lui sous l'influence de ces circonstances habituelles. Mais, quand il est mis brusquement en présence d'un cas nouveau, il est obligé de prendre une attitude nouvelle, ce qu'on appelle une *initiative*. Suivant qu'il est plus ou moins intelligent, son initiative sera plus ou moins heureuse, et il aura ensuite à s'en féliciter ou à s'en mordre les pouces, suivant le résultat. Un chef de gouvernement est un homme comme les autres, mais qui a une plus grande capacité de nuire, parce que ses initiatives, dans les éventualités imprévues, entraînent des conséquences qui retentissent sur la vie de chacun des citoyens. Il est donc nécessaire de choisir, pour le mettre à la tête de l'État, un homme intelligent et capable de prendre des décisions dans le danger. Quand son initiative a un heureux résultat, on dit qu'il a, comme Cicéron, sauvé la République. Si le résultat est mauvais, on le renverse, on le met même en accusation, et on le menace des pires châtiments, parce qu'il s'est montré incapable dans le péril. Qui se soucie alors de savoir s'il a ou s'il n'a pas respecté la légalité?

L'homme qui se trouve en face d'un danger personnel agit au moyen des *outils* qu'il a à sa disposition. Le chef d'État fait de même; il se sert des services publics qui lui obéissent de par la loi. Il s'en sert pour faire quelque chose de nouveau qui, n'ayant jamais été fait encore, n'est pas prévu par la loi, n'est donc pas légal. Cela est évident. Et c'est pour qu'il puisse au besoin prendre des initiatives avantageuses, qu'on choisit, pour chef de l'État, un homme intelligent et capable de décision. Si son attitude lui était dictée à chaque instant par des lois préexistantes, il serait réduit à l'état de distributeur automatique; c'est le rêve de beaucoup de parlementaires; mais alors, pourquoi choisir un chef?

Il reste toujours au pays, après la crise, le pouvoir de remercier son gouvernement, s'il le juge incapable, et de le remplacer par un autre. Pendant une crise, c'est-à-dire en présence d'un danger nouveau, un chef de gouvernement est un dictateur, puisque c'est de son initiative que dépend le sort du pays. Du moment qu'un chef de gouvernement agit dans des circonstances nouvelles, il fait un *coup d'État*. Et c'est pour cela qu'on l'a mis au pouvoir de préférence à un autre. Cette expression « *coup d'État* » fait frémir les moutons de Panurge du Parlement. On a en effet réservé ce nom à des opérations dans lesquelles des chefs d'État ont abusé de leur ascendant actuel, de leur actuelle capacité de nuire, pour se créer à eux-mêmes des situations anormales. Par exemple, un chef de gouvernement républicain, investi de pouvoir par le Parlement, s'arroge brusquement un pouvoir personnel, et déclare qu'il n'a plus de compte à rendre à personne. Cela réussit ou cela ne réussit pas. Si cela ne réussit pas, le chef d'État qui a essayé de changer la forme du gouvernement, est mis en accusation; si cela réussit, cela prouve que le personnage avait en lui de quoi réussir, soit par sa valeur personnelle, soit par l'autorité de son nom ou de son passé. Et, à partir de ce moment, une légalité nouvelle commence, jusqu'au moment où des mouvements populaires seront assez forts pour renverser le gouvernement établi et le remplacer par un autre. Quand on prononce les mots « légalité » ou « gouvernement établi », on est impressionné par la grandeur de ces expressions qui représentent des notions métaphysiques. On oublie que tout gouvernement établi a été établi par un coup d'État, et est établi seulement jusqu'à ce qu'un autre coup d'État le renverse. Nous avons la manie des expressions absolues et l'illusion des choses éternelles; toutes les fois qu'un état de choses existe, nous oublions volontairement son caractère forcément provisoire; nous le considérons comme éternel et comme sacré. Et tous ceux qui songent à le renverser sont des criminels, jusqu'au jour où ils auront réussi, et seront par suite nimbés d'une auréole métaphysique. Les hommes sont d'éternels « gobeurs! »

§ 50. — LA GRÈVE DES CHEMINOTS.

J'ai entrepris cette longue série de déductions, parce que je voulais me faire une « opinion » relativement à la révolution sociale que nous avons sentie très proche au moment de la dernière grève des cheminots. J'ai été mis au pied du mur par un visiteur qui me demandait de « flétrir la conduite du gouvernement ». Me voilà bien embarrassé, et je crains d'avoir perdu mon temps.

Pour *flétrir* la conduite de quelqu'un, il faut s'indigner au nom d'un principe métaphysique auquel on croit. Or, voilà que tous les principes métaphysiques me paraissent également dignes de respect, ou, ce qui revient au même, également dépourvus de valeur. C'est par suite d'habitudes séculaires que nous avons vu naître en nous ces principes contradictoires. Les uns sont très vieux, les autres plus récents, mais je conçois l'origine historique de tous! Comment, dès lors, m'indigner au nom d'un principe, lorsque je vois que quelqu'un méprise ce principe au nom d'un autre principe contradictoire et également respectable?

Chacun établit la hiérarchie des principes d'après son tempérament personnel; celui-ci met l'idée de justice avant l'idée de patrie; celui-là l'idée de propriété avant l'idée de fraternité. Cela dépend des natures et aussi des intérêts. Si l'on établissait la hiérarchie des principes d'après leur antiquité, il est bien évident que l'égoïsme aurait la première place. Il est aussi ancien que la vie. Et, de fait, dans la grève des cheminots, c'est bien l'égoïsme qui a réuni le plus de partisans. Chacun a vu immédiatement, indépendamment de la hiérarchie de principes à laquelle il était ordinairement attaché dans ses discussions ou ses discours, le côté économique redoutable pour tous les citoyens : Paris affamé, le commerce ruiné, l'industrie suspendue, etc. Et la grande majorité des citoyens a approuvé le gouvernement qui avait éloigné le spectre de la famine et des débâcles financières; la grande majorité des citoyens attend du Parlement des lois qui rendent impossible le retour de pareilles calamités. C'est le triomphe de l'égoïsme.

La majorité des approbations n'a cependant pas été jusqu'à l'unanimité. Il y a eu des gens qui, même en présence des désastres immédiats, sont restés fidèles à leur foi métaphysique. Ceux-là mettent au-dessus de tout la notion de justice et celle d'égalité; ils souscriraient volontiers à la vieille formule :

Pereat mundus; fiat justitia!

Ceux-là sont des saints, et l'on ne peut s'empêcher de les admirer, même en agissant de manière à restreindre au minimum leur capacité de nuire. Pour ma part, je suis sensible à plusieurs sentiments métaphysiques, et je n'hésite pas à dire que le sentiment de la justice me paraît le plus noble de tous; mais cette appréciation personnelle ne m'empêche pas de reconnaître l'utopie de ceux qui croient à la possibilité du règne de la justice. Ce qui résulte de plus clair pour moi de la longue enquête biologique que je termine en ce moment, c'est que les principes métaphysiques sont contradictoires, et que même un seul principe choisi de préférence à tous ne peut être appliqué sans contradiction. Il me paraît impossible de faire justice aux uns sans faire injustice aux autres. Les hommes, si épris de justice, sont, avec la meilleure volonté du monde, incapables de rendre la justice[1].

Une révolution sociale me paraît une éventualité dangereuse pour tous, car personne ne sait ce qui en résultera. Notre égoïsme doit donc redouter ces terribles convulsions populaires et choisir des gouvernants qui soient capables d'en retarder l'échéance. Je dis retarder; je ne crois pas qu'on puisse dire *éviter*. Les différences sont trop grandes aujourd'hui entre ceux qui possèdent et ceux qui ne possèdent pas. Évidemment, cela ne

1. Je reproduis, en appendice de ce livre, une étude dans laquelle je montre le rôle du hasard dans le mode de jugement que les hommes considèrent comme donnant les plus grandes garanties, le jugement par le jury.

peut pas durer, et je crois qu'il y aura des cataclysmes qui rendront, pour un temps, les différences moins sensibles, ou qui, du moins, feront changer la personne des propriétaires; mais ce ne sera jamais qu'une révolution provisoire. L'instinct de la propriété est tellement puissant chez les hommes qu'aucune loi restreignant l'enrichissement possible des individus n'aura jamais de chance d'être adoptée. Et le nivellement momentané des fortunes n'aura pas de lendemain. Il me semble donc probable qu'il y aura une suite de révolutions dont aucune ne conduira à l'âge d'or rêvé par les utopistes; tant qu'il y aura des hommes, les hommes seront des concurrents, des rivaux, des ennemis, mais ils seront aussi des hypocrites, et, grâce à l'hypocrisie, la société durera, je le pense, aussi longtemps que l'humanité.

§ 51. — L'UTOPIE DES PACIFISTES.

Je suis déjà sorti des limites que j'avais d'avance imposé à mon travail. Je n'ai aucunement la prétention, dans le premier essai que représente ce livre, d'établir des conclusions définitives. Je crois avoir suffisamment indiqué la méthode qui me paraît bonne, et il sera facile désormais à n'importe qui de suivre cette méthode, si elle est considérée comme profitable par d'autres que par moi. Je ne cache pas d'ailleurs que les résultats, auxquels j'ai été conduit en suivant mon fil d'Ariane, n'ont pas toujours été sans me surprendre, et même, quelquefois, m'ont vivement déplu. On a beau faire de la logique, on n'en reste pas moins un homme, et tout homme a des préférences, des opinions. Ces opinions n'entrent pas en ligne de compte dans les déductions, mais elles existent cependant, et font qu'on est content ou mécontent lorsqu'on découvre telle ou telle vérité. Je me suis contenté de faire dans ce livre une besogne tout à fait impersonnelle, mais je prévois qu'elle choquera bien des gens, parmi ceux qui me feront l'honneur de me lire, et qu'on détestera mes affirmations, ni plus ni moins que si elles représentaient mes opinions, ce dont je me défends.

Je m'attends, en particulier, à être violemment pris à partie par des hommes pour lesquels je professe une vive sympathie, les pacifistes, les amis de la paix universelle.

Moi aussi, j'aime la paix, car je n'ai jamais connu la guerre, et je la redoute comme un fléau terrible; mais j'aime aussi la justice, et cependant je ne crois pas à l'avènement possible du règne de la justice.

Je ne puis m'empêcher de considérer scientifiquement la vie comme une lutte : c'est là une vérité dont l'évidence s'impose à moi. Je ne puis me défendre non plus de considérer la guerre comme la fonction la plus naturelle de l'homme, et cependant je n'aime pas la guerre. D'ailleurs les guerres actuellement possibles n'auront même plus l'avantage des guerres anciennes; elles ne développeront plus les qualités viriles, car la capacité de nuire de chacun est en rapport avec la valeur de l'engin dont il se sert, bien plus qu'avec sa bravoure et sa vigueur corporelle. Cependant, les guerres entre nations me paraissent inévitables. Si d'ailleurs on cessait de croire à la possibilité des guerres, il n'y aurait plus de nations, car le seul lien des citoyens d'un même pays est la haine commune de l'étranger. Et quand la guerre nationale n'existe pas, les concitoyens se haïssent et se jalousent. Cette guerre civile latente, cachée sous l'hypocrisie sociale, n'est-elle pas plus odieuse que toutes les guerres?

Et la sécurité de la paix, tout en conservant très vivaces nos jalousies et nos égoïsmes envieux, nous enlève, par atrophie, les qualités correspondantes; nous devenons lâches; nous avons peur de la mort et de la douleur. Si le rêve des pacifistes se réalisait, ce serait, à très brève échéance, la fin même de l'humanité. Et nous avons beau faire, malgré des siècles de civilisation, les vertus viriles de nos ancêtres des cavernes sont encore celles que nous prisons par-dessus toutes les autres. Il plaît à nos veuleries de rencontrer des héros. Que la paix soit assurée au monde pour cent ans, et nous n'en rencontrerons plus.

Le rêve des pacifistes s'exprime dans des phrases très nobles et très impressionnantes. L'homme débarrassé des soucis de la guerre complètera, disent-ils, l'œuvre magnifique de science à laquelle le dernier siècle a donné un prodigieux éclat. Personne plus que moi n'aime la science, mais personne aussi ne remarque plus nettement l'impuissance de la science à modifier l'homme. Les conquêtes de la science sont brusques, l'évolution de l'homme est lente, si elle n'est pas tout à fait arrêtée. Au lieu de caresser avec les pacifistes le rêve d'une humanité annoblie par la science, je redoute l'abâtardissement fatal d'une humanité à laquelle la science aura fourni les délices d'un confortable exagéré. Et je m'attriste de penser que la férocité de nos ancêtres des cavernes se perpétuera dans cette humanité abâtardie, sous sa forme la plus inférieure et la moins digne d'admiration, la jalousie et la haine dissimulées sous les dehors d'une fraternelle hypocrisie.

FIN

APPENDICE

Le rôle du hasard dans la justice des hommes[1].

Il y a quelques semaines, je mettais la dernière main à une étude comparative sur les méthodes de Lamarck et de Darwin.

Les raisonnements de l'évolutionniste anglais m'étonnent toujours; je ne puis m'expliquer qu'on lui ait si facilement concédé la possibilité d'expliquer par *le hasard* l'ordre admirable du monde vivant actuel. Il y a là, pour moi, un non-sens déconcertant, tandis que l'œuvre de Lamarck, basée sur les lois mêmes de la vie, me paraît scientifiquement inattaquable.

Je me laissais donc aller à des réflexions décousues sur les phénomènes dont nous ignorons le mécanisme; j'en étais à m'indigner de l'indulgence avec laquelle nous tolérons les loteries ou les jeux immoraux comme la roulette, dans lesquels on risque une fortune sur un seul coup, quand un gendarme fut introduit dans mon cabinet et m'annonça que *le sort* m'avait désigné pour être membre du jury de la Seine dans la deuxième quinzaine de décembre.

Je n'avais jamais pensé sérieusement à l'institution du jury. Peut-être, à un autre moment, n'eussé-je pas été conduit aux mêmes réflexions; mais, étant donné le cours

1. Cette étude a paru dans la *Grande Revue*.

de mes idées à l'instant précis où je reçus la visite du gendarme, je ne pouvais manquer d'arrêter mon attention sur le recrutement d'un tribunal appelé à juger en dernier ressort les affaires les plus graves.

On tire *au sort* trente-six jurés pris sur une liste dressée à l'avance par les autorités du département et comprenant des milliers de noms. Il y a, sur cette liste, des rentiers, des marchands, des ingénieurs, des médecins, des avocats, etc., j'ai appris, depuis, qu'il est question de l'allonger encore. Les gens qui en font partie ont naturellement des valeurs intellectuelles et morales très diverses; ce sont simplement des citoyens qui n'ont pas eu maille à partir avec la justice, et que l'on croit, par cela même, aptes à juger leurs compatriotes moins heureux.

Quelles peuvent être les raisons qui ont conduit à adopter ce recrutement par tirage au sort? Evidemment, ces raisons sont multiples.

La première, la meilleure sans doute, est que, si l'on prend le mot humanité dans son sens étymologique de « propriété d'être un homme », tout homme doit être capable d'apprécier un crime de lèse-humanité. A ce compte même, il n'y aurait aucune raison d'éliminer de la liste du jury les individus qui ont déjà subi des condamnations.

Au théâtre, le public ne se compose pas exclusivement de petits saints; beaucoup, parmi les spectateurs, se sont rendus coupables, dans leur vie familiale ou sociale, de méfaits comparables à ceux des traîtres qui paraissent sur la scène. Et cependant, tout le monde est ému aux mêmes endroits; chacun, quelle qu'ait été par ailleurs sa conduite personnelle, applaudit à la vertu et déteste le crime, tant est éternellement vraie la parabole de la paille et de la poutre. Un voleur, qui serait membre du jury, jugerait avec sévérité les voleurs autres que lui-même.

Une séance de cour d'assises est comparable à une représentation théâtrale. L'accusé, les témoins, le ministère public et les avocats sont les acteurs du drame. Les jurés sont les spectateurs. On a pu penser, en instituant le jury tel qu'il fonctionne aujourd'hui, que tous les jurés, étant des hommes, seraient du même avis à la fin de la représentation. Alors, le mode de recrutement de ces juges suprêmes serait sans importance; d'autres hommes quelconques, mis à la place des premiers, auraient acquis la même conviction, et le verdict eût été le même dans tous les cas. Je ne dis pas que ce verdict eût été bon; le talent d'un avocat peut entraîner la conviction de gens peu habitués à réfléchir, et qui jugent avec leur sentiment plus qu'avec leur raison : nous nous occuperons de cela plus tard; je veux dire seulement que, si l'on avait pu croire que tous les hommes seraient également impressionnés par la représentation théâtrale donnée à la cour d'assises, le mode de recrutement du jury par le hasard eût été aussi bon que n'importe quel autre mode de recrutement. Tous les verdicts auraient été rendus à l'unanimité, comme cela est exigé d'ailleurs dans d'autres pays que la France. Chez nous, les verdicts sont rarement unanimes, ils sont rendus à la majorité; un déplacement d'une voix peut, dans certains cas, faire passer de la condamnation à l'acquittement. Il faut donc tenir compte de la valeur personnelle de chacun des jurés, et cela donne une importance énorme, terrible dans les affaires graves, au choix des membres du jury.

On les choisit au hasard!

On peut se placer à deux points de vue pour excuser le mode de recrutement par tirage au sort. Ce mode de recrutement est juste, dira-t-on: il donne une moyenne, dira-t-on encore. Ni l'un ni l'autre de ces raisonnements n'est soutenable.

Je prends d'abord le second argument : « Vous êtes l'émanation directe de la nation », nous disait un avocat qui, dans une éloquente péroraison, s'adressait « à la conscience éclairée du jury de la Seine ».

C'est une erreur très répandue, que celle qui consiste à croire que le tirage au sort donne une moyenne. Cela n'est vrai que lorsque le tirage est effectué un *très grand nombre de fois*. En jouant à rouge ou noir avec un jeu de cartes ordinaire, on constate que, sur un millier de coups, il y a environ 500 coups rouges et 500 coups noirs. Mais jouez seulement douze coups! vous aurez peut-être douze rouges, peut-être 12 noirs, peut-être 3 rouges et 9 noirs! Un tirage unique de 12 coups ne vous donnera pas une moyenne; or, pour juger une affaire criminelle donnée, on ne tire le jury qu'une seule fois!

Personne ne saurait soutenir que 36 jurés, tirés au sort une fois pour toutes, sur une liste de plusieurs dizaines de milliers, représentent la moyenne du public auquel ils sont empruntés. Comparez les listes des jurés dans deux sessions successives des assises, et vous verrez combien ces deux listes diffèrent à tous les points de vue, notamment au point de vue de la proportion des hommes très instruits et des hommes presque illettrés. Il est donc peu probable que les jugements rendus à deux sessions consécutives des assises soient comparables.

Bien plus, ils ne sont même pas comparables au cours des affaires successives d'une même session Les 36 jurés ne siègent pas tous; chaque jour, pour chaque affaire, on tire *au sort* 12 d'entre eux, et, de même que les 36 membres du jury ne représentent pas la moyenne d'un département, de même les 12 membres tirés au sort pour chaque affaire ne représentent pas la moyenne du jury total.

Ainsi, le jury, tiré au sort, ne représente pas la moyenne de la conscience publique. Mais, a-t-on dit aussi, le tirage au sort est juste, en ce sens qu'il ne favorise personne. Voilà une singulière conception de la justice !

De tout temps, les hommes ont recouru au tirage au sort, quand ils ont été embarrassés pour agir raisonnablement. Dans la complainte du petit navire,

On tira-z-à la courte paille
Pour savoir qui serait mangé.

Dans un cas comme celui-là, tous les intéressés *acceptent* le tirage au sort, parce que chacun d'eux espère que la courte paille désignera son voisin. Et, en effet, tant que le tirage n'a pas été effectué, il y a égalité entre les compagnons. Mais une fois la paille choisie! « Le condamné n'a pas de *chance*, disent les autres pour s'excuser de leur férocité; mais ç'aurait aussi bien pu être nous! »

Il est certain que le hasard joue un rôle dans toutes nos existences, et que, sans aucun rapport avec le mérite ou le démérite de chacun, il y a des heureux et des malheureux. Et cela, sans doute, nous empêche de croire à la justice absolue. Mais je trouve étrange que, dans le tribunal suprême qu'est la cour d'assises, la *chance* puisse entrer en ligne de compte, dissimulée sous l'appareil majestueux de la plus haute juridiction du pays. Or, je prétends que, *dans beaucoup de cas*, en tirant au sort les 12 jurés appelés à siéger dans une affaire, *le président tire au sort l'acquittement ou la condamnation de l'accusé.*

J'ai le droit d'émettre cette affirmation, quand il s'agit d'une condamnation prononcée à la majorité et non à l'unanimité. S'il y a unanimité, on peut, avec quelque vraisemblance, penser que l'évidence était suffisante dans l'affaire pour entraîner de la même manière la conviction de l'un quelconque des 36 jurés. Mais toutes les fois que quelques-uns des jurés sont en désaccord avec les autres, j'ai le droit de faire le raisonnement suivant : sur 36 cartes, j'ai tiré sept rouges et cinq noires; les rouges signifiant condamnation, l'accusé est condamné. Je refais le tirage et je trouve quatre rouges et huit noires; avec ce nouveau jury, l'accusé est acquitté.

Les jurés qui ne sont pas tirés au sort pour une affaire, ont le droit et même le devoir d'assister aux débats pour se familiariser avec leur rôle terrible de justicier. J'ai donc assisté à certaines affaires dans lesquelles je n'étais pas appelé à voter, et, plusieurs fois, j'ai été surpris par le verdict, parce que j'aurais voté en sens contraire. Je ne dis pas que mon opinion valait mieux que celle des jurés définitifs; je dis seulement que si le hasard avait désigné, pour l'affaire en question, une majorité de gens ayant la même mentalité que moi, le verdict eût été différent.

Est-il une constatation plus douloureuse que celle-là? Au xxe siècle, ce que l'on a trouvé de mieux pour rendre la justice, c'est de tirer au sort l'acquittement ou la condamnation des accusés! Le bon Rabelais examinait jadis avec indulgence le cas du juge Bridoye, « lequel sententiait les procès au tirage des dés ». Il est vrai qu'il ne s'agissait pas d'affaires criminelles, et que, pour une affaire plus grave, le même auteur approuve l'aréopage d'Athènes, qui demanda cent ans pour rendre son jugement.

Dans l'affaire Crainquebille, Anatole France fait cette boutade : « Il n'y a qu'un anarchiste pour rêver une justice juste ». A ce compte, nous sommes tous plus ou moins anarchistes: nous n'admettons pas qu'il y ait deux poids et deux mesures; nous voudrions au moins, si c'est un leurre d'aspirer à la justice absolue, que les jugements humains fussent comparables les uns avec les autres. Equité est synonyme de justice, et veut aussi dire égalité; il faudrait que tous les accusés fussent jugés également; or, les variations du jury sont telles que la *même affaire*, venant devant deux jurys différents, serait terminée par deux verdicts contradictoires! J'ai vu, dans une même session, l'acquittement pur et simple d'un criminel aussi coupable que d'autres qui ont été condamnés à mort. C'est très heureux pour l'acquitté, mais les condamnés doivent trouver la comparaison amère. Le premier a eu de la chance, dit le public; les autres n'en ont pas eu! Si, réellement, après tant de siècles de civilisation, nous en sommes réduits à considérer que la chance joue fatalement un rôle dans les verdicts du tribunal suprême, ne devons-nous pas confesser notre impuissance et dire : « L'idée de justice est celle qui nous tient le plus au cœur, mais nous sommes inaptes à rendre la justice ». Il serait sûrement préférable de tirer directement aux dés le sort des accusés, parce qu'au moins, alors, nous n'aurions pas l'air d'avoir *rendu la justice*. Un acquitté serait considéré comme un « veinard »; un condamné inspirerait la pitié comme n'ayant pas eu de chance. Tandis qu'avec l'appareil majestueux de la cour d'assises, le public, confiant dans la « conscience éclairée du jury », rend toute son estime à l'acquitté, et considère le condamné comme à jamais taré!

Je n'ai pas la prétention de remplacer le jury par quelque chose de meilleur; il me semble pourtant que l'on courrait moins de risques en exigeant, dans tous les cas, un verdict rendu à l'unanimité. On pourrait toujours espérer que, sur une bande de 12 jurés choisis au hasard, il se trouverait un homme assez intelligent et assez indépendant pour opposer son veto personnel à une irrémédiable sottise. Mais cela présenterait aussi un inconvénient et pourrait, comme disent les magistrats, « énerver la répression », car, sur 12 jurés, il s'en trouverait vraisemblablement un au moins, que sa conscience timorée empêcherait de voter l'application d'une peine très sévère, même dans les crimes les plus horribles.

Quelquefois, le verdict d'un jury n'atteint pas seulement le condamné; nous avons vu, dans de récentes affaires, le sort de la France tout entière suspendu à un jugement de cour d'assises. Le procès Déroulède, le procès Zola, pouvaient modifier du tout au tout la direction des événements ultérieurs du pays. A ce moment douloureux de notre histoire nationale, il est bien certain que les citoyens capables d'être appelés à faire partie du jury étaient d'avance irrémédiablement ancrés dans leur opinion. Les débats ne pouvaient changer le vote d'un seul d'entre eux. Parmi les 36 jurés tirés au sort, il y avait, par exemple, 16 dreyfusards et 20 antidreyfusards. Cela ne représentait pas, le moins du monde, la moyenne de l'opinion nationale; un autre tirage au sort eût donné une proportion toute différente. Et sur ces 36 jurés, le sort a désigné de nouveau

12 noms constituant le jury définitif de l'affaire. Prenez 20 cartes rouges et 16 cartes noires, et effectuez successivement, en vous servant du paquet de 36 cartes ainsi constitué, plusieurs tirages de 12 cartes : vous aurez une fois (5 + 7), une autre fois (8 + 4), une autre fois (3 + 9) etc. La majorité passera constamment du côté rouge au côté noir. De même que les 36 jurés ne représentaient pas la moyenne de l'opinion nationale, de même les 12 jurés définitifs ne représentaient pas la moyenne du jury total. Le président, en tirant au sort les 12 jurés, *tirait le verdict au sort*. Ceci est indiscutable.

Je comprends maintenant pourquoi on attache un tel prix aux questions de forme; le juge Bridoye disait qu'il s'était trompé dans quelques procès depuis que, devenu vieux, il avait la vue trop basse pour bien lire les points des dés. Des questions de forme qui, manifestement, n'ont pu modifier le vote des jurés, entraînent la cassation d'un verdict. La Cour de cassation a pour fonction de vérifier, sinon l'honnêteté du croupier, du moins la bonne construction de la roulette. On veut bien tirer les jugements au sort, mais il ne faut pas qu'il y ait d'erreur systématique dans le tirage. Nous nous apitoyons quand on nous dit dans la complainte du petit navire :

> Le sort tomba sur le plus jeune
> Qui n'avait jamais navigué.

Nous nous apitoyons, parce que nous voulons croire que le tirage à la courte paille a été fait honnêtement; nous serions indignés, si l'on nous apprenait que les « anciens » se sont entendus pour que le plus jeune fût mangé. Et cependant, il aurait été mangé dans les deux cas, et sans être plus coupable dans l'un que dans l'autre. Si la *forme* a été respectée, notre conscience se rassure.

Eh bien ! dans le tirage au sort des 12 jurés définitifs de chaque affaire criminelle, j'ai remarqué une particularité qui constitue au premier chef un vice de forme. D'autres ne s'en sont pas aperçus, parce qu'ils n'avaient pas comme moi l'idée que le président, en tirant le jury au sort, tirait en réalité au sort la condamnation ou l'acquittement de l'accusé.

En présence de l'accusé et de son défenseur (et cette précaution indique assez que l'on a compris l'intérêt du tirage du jury pour l'accusé), le président prend, une à une, les pièces de bois portant les noms des 36 jurés, et les met dans l'urne à mesure que chaque juré répond à l'appel de son nom fait par un huissier. Une fois l'appel terminé, le président tire 12 noms de l'urne, *de cette même main* qui y a, tout à l'heure, introduit les 36 pièces de bois! Je prétends qu'un habitué de Monte-Carlo n'admettrait pas qu'une loterie fût tirée de cette manière. Le président qui a mis les bois dans l'urne est précisément le seul homme qui n'ait pas le droit d'effectuer le tirage au sort. On devrait faire appel à une main inexperte, à celle d'un des jurés par exemple, qui n'eût pas *touché* les fiches individuelles introduites dans l'urne.

Je suis bien convaincu que, même au cours des procès politiques les plus retentissants, un président de cour d'assises n'a jamais abusé de cette circonstance regrettable pour éliminer du jury, au moyen d'une marque faite à l'avance à sa fiche individuelle, un homme redoutable, dont le talent ou la situation éminente lui auraient paru susceptibles d'influencer le verdict dans la chambre des délibérations.

Mais il s'agit d'une question de forme, et il y a là un vice de forme. La robe rouge, comme la femme de César, ne doit pas être soupçonnée; pour que personne ne puisse parler d'erreur systématique dans le tirage du jury, il est bien plus simple de faire effectuer le tirage par un individu quelconque ne pouvant avoir aucune connaissance des fiches individuelles. Et je m'étonne que les présidents d'assises n'aient pas encore songé à se récuser, à se déclarer disqualifiés pour le tirage des fiches qu'ils ont déjà manipulées. Mais c'est que, vraisemblablement, les présidents d'assises croient à la justice, et à la « conscience éclairée du jury ». Ils ne se sont pas aperçus que tout dépend du tirage au sort. Et cependant, au moins celui que j'ai vu à l'œuvre, paraissait être un homme tout à fait supérieur.

Le tirage effectué, les 12 jurés prennent place dans la salle de la cour d'assises, et la représentation commence. Le président présente les accusés; il raconte leur passé, leurs tares, leurs condamnations antérieures s'il y en a; il les interroge sur les faits qui leur sont reprochés, en insistant sur tout ce qui peut « éclairer la conscience du jury »; quand certaines nuances importantes sont particulièrement difficiles à saisir, il se retourne vers les jurés, et leur explique paternellement la valeur de telle ou telle réponse. On sent que ce magistrat de carrière connaît l'affaire à fond; il a étudié le dossier et a sans doute une conviction faite; il jugerait, s'il y était autorisé, en toute connaissance de cause; mais la loi lui impose un jury formé de 12 personnages dont il ne connaît pas l'intelligence; il fait son possible pour leur faire comprendre les faits, pour empêcher qu'ils ne s'égarent trop grossièrement. Son interrogatoire est très impartial; il n'en veut pas aux malheureux accusés; mais sa conviction est faite; et, en toute conscience, il insiste sur les détails qui ont entraîné sa conviction, de telle sorte que, lorsqu'il se tait, il peut être à peu près certain que la plupart des jurés partagent sa manière de voir.

Les jurés appartiennent à toutes les catégories sociales; mais il est évident que la robe rouge impressionne un grand nombre d'entre eux. Ils oublient volontiers qu'ils ont été désignés par le sort, et se croient supérieurs en mérite à d'autres citoyens qui ne sont pas jurés. Avant l'entrée en séance, le président leur a fait une petite allocution; on est des collègues; on va tâcher de faire de bonne besogne ensemble; et des poignées de mains, et de petits bonjours amicaux, quelques plaisanteries... Tel juré que les nécessités de sa profession mettent quotidiennement en rapport avec un public peu courtois, est charmé de la familiarité dont l'honore un magistrat si distingué. Il serait désolé de ne pas être de son avis; il fera tout son possible pour comprendre la pensée du président et la faire sienne. Et c'est peut-être un bon côté de l'institution; ceux qui ne savent pas essayent d'adopter l'opinion de celui qui sait, qui a étudié l'affaire. Mais alors, à quoi bon déranger 36 citoyens?

On procède à l'audition des témoins. Tous ont déjà été entendus par les magistrats; leur déposition est au dossier; mais il faut qu'ils parlent devant les jurés. Depuis leur première déposition, beaucoup ont oublié; ils ont eu d'autres préoccupations que celle de l'affaire dont un hasard les a rendus témoins; quand ils se trompent, l'avocat général les reprend et lit la pièce officielle qu'ils ont signée cinq ou six mois auparavant. Quelques-uns bredouillent; la barre est loin de l'endroit où siège la cour; de temps en temps on s'aperçoit que le président n'a pas entendu la même chose que les jurés, et il en résulte un imbroglio plus ou moins grave. Evidemment ces dépositions à l'audience sont moins importantes que les dépositions antérieures. Si le président n'avait d'avance mis les jurés au courant, ils auraient bien de la peine à se faire une opinion.

Voici cependant qu'un juré curieux demande à poser une question à un témoin. Tel fait, s'il l'avait constaté, corroborerait une des hypothèses émises par le président. Mais le témoin ne sait pas, n'a pas remarqué. Sur ce point important, l'instruction est muette ; on n'a pas songé à s'enquérir. Tant pis ! il faudra se contenter des hypothèses.

Le défilé est quelquefois long ; on n'apprend rien qu'on ne sache déjà ; le président était au courant et avait tout expliqué. Quelquefois, à la demande de l'avocat et peut-être sur ses indications, un témoin fait une démonstration pathétique et s'adresse, non plus à la « conscience éclairée », mais à la sensibilité de Messieurs les jurés. C'est la femme de l'accusé, c'est sa mère, c'est son père. On comprend aisément que ces pauvres gens désirent voir acquitter leur mari ou leur enfant ; mais cela prend tout de même quelquefois...

La parole est à M. l'avocat général.

L'avocat général représente la société ; il parle en son nom. Il montre le danger de la criminalité croissante, la nécessité d'une répression sévère. Il demande aux jurés de ne pas se laisser attendrir par les avocats qui parleront tout à l'heure. La société a besoin d'être protégée ; on doit punir les criminels, parce que cela est juste, et parce que la punition sera d'un bon exemple. Le ministère public entremêle l'idée de justice et l'idée de défense sociale. L'idée de justice, suivant laquelle tout coupable doit être puni, est plus puissante près des jurés simples qui jugent d'après leurs sentiments. L'idée de défense sociale est aussi d'un bon usage, car les jurés ne sont pas des héros : « La victime, Messieurs les jurés, ce sera peut-être l'un de vous demain, si l'on relâche ces bandits ou si, en les punissant insuffisamment, vous encouragez leurs amis à les imiter. Soyez donc sévères ; ne trahissez pas les intérêts de la société, qui sont aussi les vôtres ». Et, pour les intellectuels qui pourraient se trouver parmi les jurés : « La société, vous dira-t-on, n'a pas le droit de punir. Soit ! mais elle a le droit et le devoir de se défendre en mettant les criminels dans l'impossibilité de nuire, etc... ». Tous ces couplets se trouvent fatalement dans chaque réquisitoire. Au bout de quelques séances, on les sait par cœur.

Mais dans le réquisitoire, il y a autre chose ; il y a l'exposé du crime et la démonstration de la culpabilité des accusés. Et cela est plus grave.

Après la lecture de « la Robe Rouge » de Brieux, j'avais cru à la férocité du ministère public. Les exemples que j'ai eus sous les yeux m'ont guéri de cette croyance regrettable. Le rôle de l'avocat général est de dire aux jurés : Si le crime est prouvé, soyez sévères ; il n'est pas de leur fournir, coûte que coûte, un criminel à condamner. Evidemment, pour que la Chambre des mises en accusation ait décidé de poursuivre l'accusé, il faut qu'elle ait relevé contre lui des charges sérieuses. Le réquisitoire doit exposer ces charges aussi clairement que possible, mais doit aussi, pour être honnête, mettre en lumière les faits acquis à la défense. Un avocat général qui escamoterait les éléments de doute profitables à l'accusé commettrait un crime impardonnable. J'espère que ces crimes ne se commettent que dans les romans ou dans les pièces de théâtre. Les réquisitoires que j'ai entendu prononcer m'ont toujours paru être l'expression fidèle de la conviction de celui qui les prononçait. L'homme peut se tromper, mais s'il se trompe de bonne foi, on n'a rien à lui reprocher. Et l'idée, assez répandue encore, qu'un magistrat peut demander la tête d'un homme qu'il croit innocent, me paraît devoir être reléguée avec tout le fatras des accessoires des vieux mélodrames. Ces accusations odieuses courent sans doute cependant dans le public ; j'ai remarqué que, durant les premières séances de la session, les jurés n'accordaient pas à l'avocat général la même confiance qu'au président. Ils se disaient sans doute : « Cet homme-là a intérêt à nous tromper ; une condamnation sera pour lui un succès ». Et ils se défiaient du ministère public autant que des avocats. La défiance s'est atténuée petit à petit ; dans les derniers jours, on était les collègues de toutes les robes rouges, sans arrière-pensée. Et cela était très flatteur.

Pendant le réquisitoire, les avocats soulignent par des gestes les arguments qui leur semblent plus faibles ; ces gestes s'adressent aux jurés qui, le plus souvent, n'en sont pas contents. Cela les empêche de bien entendre ; et puis, ils se croient aussi intelligents que les robes noires, et sont assez grands pour comprendre tout seuls ; on est collègues « avec » les robes rouges, pas avec les avocats. Ces messieurs de la défense ont souvent nui à leurs clients par une pantomime trop expressive ; les jurés n'aiment pas qu'on les prenne pour des crétins.

Une fois le réquisitoire terminé, l'opinion des jurés est faite. Ceci est vrai surtout pour les derniers jours de la session, alors que tout soupçon fâcheux contre l'avocat général s'est évanoui. D'ailleurs, le réquisitoire est ordinairement d'accord avec le résultat de l'interrogatoire mené par M. le Président. Si l'on votait à ce moment, il n'y aurait aucune hésitation. Quand une suspension de séance suit le réquisitoire, les jurés, réunis dans leur salle de délibération, se communiquent leurs impressions; l'évidence est telle qu'ils se demandent sur quel terrain on pourra plaider. Et ils déclarent bien haut que leur conviction ne sera pas ébranlée par l'éloquence des défenseurs; ils ne croient même pas que les avocats trouvent quelque chose à dire...

Les avocats ont toujours quelque chose à dire.

***

Je ne sais quel auteur dramatique se vantait de refaire sa pièce sans rien changer aux événements, et en rendant sympathiques les personnages qui, dans la première version, avaient soulevé la réprobation générale. On assiste chaque jour à ce tour de force dans la salle des séances de la cour d'assises. Après avoir écouté l'avocat général, on entend la défense qui prend, sur tous les points, le contre-pied du ministère public. Le réquisitoire vous faisait détester l'assassin; l'avocat essaie de vous rendre la victime odieuse; c'est l'assassiné qui a tous les torts! Et quand la victime était parfaitement honorable, c'est la société qui est responsable du crime. Suivant les affaires, l'avocat prend en effet des attitudes différentes: le même avocat prend même, au cours de deux affaires consécutives, des attitudes contradictoires, mais cela n'a aucune importance, puisque les affaires sont séparées, et ne se discutent pas le même jour.

De deux choses l'une: ou le doute est impossible, l'accusé ayant avoué et les charges étant décisives; ou l'accusation semble précaire, et peut n'avoir pas entraîné la conviction des jurés d'une manière définitive:

Dans le premier cas, l'avocat plaidera la responsabilité de la société :

Pauvreté, pauvreté, c'est toi la courtisane!

Cette tête que vous demande le ministère public, que ne l'avez-vous meublée de pensées nobles et délicates; par quelle impardonnable incurie avez-vous laissé germer les mauvais instincts dans cet individu qui est votre frère? C'est mon client qui a commis le crime, c'est vrai; mais qui est coupable? C'est nous, c'est vous, Messieurs les jurés, etc., etc. Voyez Victor Hugo : « Le dernier jour d'un condamné ».

Et tout cela est parfaitement juste.

Mais voici que, quelques jours après, le même avocat défend un autre accusé, pour lequel il y a doute. La conscience timorée des juges hésitera vraisemblablement devant le châtiment suprême. Il s'agit d'enlever l'acquittement en montrant, dans le cas de culpabilité, la guillotine nécessaire. Alors, il n'est plus question de la responsabilité de la société. Au contraire! « Ce crime horrible, Messieurs les jurés, ce crime impardonnable ne mérite aucune pitié. Si vous êtes sûrs que mon client l'a commis, condamnez-le sans faiblesse! Pas de circonstances atténuantes! Comment trouver des circonstances atténuantes à un forfait qui soulève d'indignation les cœurs les plus indulgents? C'est la mort! Mais, si j'ai pu vous pénétrer de ce qui est mon intime conviction, si je vous ai montré la faiblesse des arguments de l'accusation, etc., etc..., vous acquitterez mon client; j'attends avec confiance le jugement de votre conscience éclairée. »

Ce que recherche l'avocat, c'est un succès personnel. Du moins, plusieurs exemples m'ont fait croire que quelques-uns d'entre eux ne se soucient guère de leur client. Dans une des affaires de la session, on aurait demandé à l'accusé : « Que penseriez-vous de deux ans de prison avec sursis? » que le malheureux, redoutant une condamnation bien plus grave, aurait bondi de joie et béni ses juges. Pour beaucoup d'accusés de la cour d'assises, la condamnation avec sursis équivaut à un acquittement. Mais alors, où serait le succès pour l'avocat? Le ministère public a été mou, porté à l'indulgence; il a dit aux jurés : « Cela mérite une répression; il serait déplorable d'acquitter, mais je ne m'oppose pas à l'application de la loi de sursis ». « Pas de loi Bérenger, s'écrie l'avocat; pas de faiblesse! S'il y a eu légitime défense, acquittez; sinon, condamnez sans hésitation ». Je pense que l'accusé n'était pas fier en entendant refuser pour lui, à l'avance, le bénéfice de la loi de sursis; car, sûrement, il ne se sentait pas blanc, et le verdict du jury était douteux. Dans l'espèce, il fut ce que redoutait le défenseur : 18 mois de prison avec sursis. L'avocat était battu et furieux : il dit à son client, quand les gardes l'introduisirent dans la salle : « Vous êtes condamné! » Le malheureux devint blême... et fut bien joyeux ensuite, quand il apprit à quoi il était condamné, et qu'il allait être mis en liberté immédiatement.

L'important, pour un avocat, c'est d'obtenir autre chose que ce qu'a demandé le ministère public. Et cela est quelquefois dangereux pour son client.

Il y a, d'ailleurs, bien des cas où l'avocat est dangereux pour son client. C'est par exemple, quand, rétorquant les arguments du réquisitoire, il est agressif pour la cour et manque de respect à messieurs les magistrats. Il oublie trop que les jurés sont les collègues du président et de l'avocat général, et se sentent, pour ainsi dire, une robe rouge sur les épaules. Ces juges temporaires s'indignent de toute attaque qui peut porter atteinte à la majesté de la justice. Cela est vrai surtout quand l'avocat est un « jeune » qui n'a pas encore beaucoup de notoriété. Tout autre est le cas, lorsqu'il s'agit des célèbres maîtres X ou Y, qui ont remporté des succès incroyables dans des affaires retentissantes. L'éclat de leur gloire impressionne les jurés, qui sont flattés d'être momentanément en relation avec eux. Ils n'ont pas de robes rouges, mais ils sont plus connus que l'avocat général, aussi connus que le président; et cela n'est pas vain. Cependant, cette notoriété même peut leur nuire. « Maître Un Tel, nous disait-on au début d'une affaire, tire son aplomb imperturbable de la certitude où il est de faire voter le jury comme il veut ». Les jurés, prévenus, se rebiffent; ils réagissent volontairement contre l'éloquence entraînante de l'avocat; ils ne veulent pas se laisser influencer; ils ont peur qu'on leur dise ensuite : « Maître Un Tel vous a mis dans sa poche, comme c'est son habitude ».

Si l'avocat est quelquefois nuisible à son client, il l'est presque toujours aux clients des autres. Lorsque l'on juge trois ou quatre accusés en même temps, comme acteurs ou comme complices d'un même crime, chacun des accusés a son défenseur; chaque défenseur essaie naturellement de se tailler un succès personnel; tant pis pour les clients des camarades, si le sauvetage d'un accusé ne peut s'obtenir qu'à la condition de charger ses voisins. Et, naturellement, celui qui parle le dernier a tous les avantages. Dans une affaire très grave, la tête de deux hommes était menacée; avec eux comparaissait le recéleur qui les avait dénoncés; la seule chance de salut pour les deux premiers était que l'on ne crût pas à la bonne foi de leur dénonciateur; mais alors le jury n'eût pas eu pitié de celui-ci. L'avocat du recéleur, qui plaidait le dernier, se porta garant de la loyauté de son client; c'était condamner les deux autres à mort. Il est vrai que, dans l'espèce, cela n'avait pas grande importance; le siège du jury était fait; mais c'est tout de même une chose redoutable que l'éloquence d'un avocat!

Ce jour-là, je fis une remarque qui me parut intéressante, sur la valeur intellectuelle des divers jurys. L'avocat, qui était l'un des plus illustres, fit, pour sauver son client, le raisonnement que voici : « Le ministère public vous demande les têtes de A et de B sur la foi de C qui les a dénoncés. Il croit donc à la bonne foi de C; et quand C affirme ensuite qu'il ignorait la provenance criminelle des bijoux dont il s'est chargé, Monsieur l'avocat général lui retire toute sa confiance; c'est illogique! » J'entendis, à ce moment, un de mes voisins, homme peu instruit cependant et d'une âme simple : « Il nous prend pour des imbéciles, disait-il. Son client a avoué le crime des autres pour sauver sa propre tête puisqu'il était inculpé du crime; il n'avoue pas sa participation comme recéleur pour éviter la réclusion; c'est bien naturel! ». Le recéleur fut d'ailleurs condamné; mais, je pense que l'éminent avocat était habitué à faire peu de cas de l'intelligence des jurés. Peut-être avec un autre jury eût-il eu gain de cause!

C'est donc, le plus souvent, une simple lutte entre le talent de l'avocat général et celui du défenseur. Chacun joue sa pièce devant le jury avec un objectif différent; c'est celui qui a le plus de talent qui l'emporte. L'avocat a d'ailleurs un grand avantage sur le ministère public; il parle le dernier; et cela compense la couleur noire de sa toge. Dans quelques cas, on peut croire qu'en intervertissant les rôles, en chargeant l'avocat de l'accusation et l'avocat général de la défense, on eût changé le verdict.

Le résultat ordinaire de la plaidoirie, quand le défenseur a du talent, est de troubler la conscience des jurés. Après le réquisitoire, leur opinion était ferme; après la plaidoirie, beaucoup ne savent plus ce qu'il faut penser, et montent, pleins de doute, à la salle des délibérations; quelques-uns sont très malheureux. Ce doute est favorable aux accusés, et il ne faut pas le regretter; mais aussi, quelle incohérence dans la série des verdicts!

Le plus souvent, l'avocat ne sait rien de plus que le ministère public; il se contente de présenter les mêmes évnements sous un jour opposé. Mais, quel triomphe pour lui, lorsqu'il connaît un fait qui a échappé à l'instruction ! Même si le fait n'a aucune importance, il peut suffire à entraîner l'acquittement. C'est l'arme de la dernière heure. Et cette arme est surtout redoutable si le ministère public en manifeste de l'émotion. Tout à l'heure, le réquisitoire affirmait, avec véhémence, telle particularité dont il eût d'ailleurs pu se passer; l'avocat montre que cette particularité est mensongère, et l'accusation s'effondre. Les jurés, naguère convaincus, ont un mouvement de surprise et d'humeur; ils ne condamneront pas.

Un homme ivre avait été entraîné par deux camarades de rencontre dans la chambre de l'un d'eux, où il était mort d'un coup de revolver et avait été dépouillé. L'avocat, d'accord avec les accusés, plaidait la thèse invraisemblable du suicide de la victime. Les jurés ne se laissaient pas convaincre. Mais l'avocat général avait affirmé que la victime n'avait jamais de revolver sur elle. Une circonstance fortuite permit à l'avocat de démontrer le contraire; cela ne prouvait rien; il n'en devenait pas plus vraisemblable qu'un homme ivre-mort se fût suicidé d'une balle dans la tempe gauche, alors qu'il n'était pas gaucher. Mais l'avocat général laissa voir sa surprise: on sentit qu'il était impressionné; la belle assurance des jurés disparut; les deux accusés ne furent condamnés que pour vol qualifié. Il est vrai que, s'il y avait crime, un seul des deux était coupable, et on ne savait pas lequel. Néanmoins, l'incident du revolver fut pour beaucoup dans l'acquittement du fait d'homicide volontaire.

***

Les débats sont clos. Le président lit les questions sur lesquelles les jurés auront à répondre. On monte à la salle des délibérations; un huissier y enferme le jury qui n'a plus le droit d'en sortir avant d'avoir rendu son verdict.

Imprimée en gros caractères, une affiche, pendue au mur de la salle, apprend aux jurés ce que le pays attend d'eux. D'abord, il leur est dit qu'on ne leur demande pas compte des moyens par lesquels ils sont arrivés à leur conviction; on leur demande seulement d'avoir une conviction; le doute s'exprime par un bulletin blanc, et est favorable à l'accusé. Evidemment, les promoteurs de l'institution ont voulu que les jurés jugent avec leur sentiment plutôt qu'avec leur raison. Les sentiments ne se discutent pas; on n'en doit compte à personne; tandis que les arguments scientifiques doivent être passés au crible. Si, d'ailleurs, on avait voulu des jurés jugeant scientifiquement, on ne les aurait pas choisis au hasard.

Ensuite, l'affiche rappelle aux jurés qu'ils ne sont ni des législateurs, ni même des juges; ils ne doivent pas se préoccuper de la peine qui menace les accusés; ils *doivent* l'ignorer; cela ne les regarde pas. Si la loi est trop sévère, ils ne sont pas chargés d'en atténuer les rigueurs; on ne choisit pas au hasard les gens auxquels on veut confier la réforme du code

Ce paragraphe avait sans doute une grande importance aux yeux de ceux qui ont institué le jury; il est aujourd'hui lettre morte. Sous prétexte que, vraisemblablement, la loi sera changée dans quelque temps et accordera au jury le pouvoir d'appliquer lui-même la peine, on agit aujourd'hui comme si une nouvelle loi était en vigueur. Cette nouvelle loi m'effraie. Il était bien entendu, jusqu'ici, que les jurés, *tirés au sort*, n'étaient ni des législateurs, ni des juges. Ils avaient seulement à répondre, *d'après leur sentiment*, oui, non, ou bulletin blanc. Cela pouvait, à la rigueur, se défendre, si l'on croyait à la similitude des sentiments humains. Mais voilà qu'on veut donner à ces 12 hommes *choisis au hasard* le pouvoir discrétionnaire le plus absolu! De plus, personne ne peut refuser de faire partie du jury. De quel droit imposerez-vous à des malheureux, qui n'ont aucun goût pour la profession de juge, la nécessité de condamner leurs concitoyens? Il y a des gens, même parmi les partisans de la peine de mort, qui ne voudraient pas être bourreaux. A la rigueur, avec l'institution actuelle, le juré pouvait se dire : ce n'est pas moi qui ai condamné; j'ai donné mon sentiment en toute loyauté; mais ce n'est pas moi qui ai fait la loi; c'est la loi qui est cruelle; moi, j'ai seulement répondu à une question de fait, suivant ma conscience.

Dès aujourd'hui, le jury applique la peine; *il viole la loi*. Le président d'abord, l'avocat général ensuite, l'avocat enfin expliquent en détail à messieurs les jurés quelle sera la conséquence de leur verdict. Si vous dites *oui* pour telle ou telle question, ce sera la mort; si vous dites *non* pour telle autre, ce sera les travaux forcés à temps, etc. C'est une comédie! Ou l'institution du jury est bonne, et elle doit fonctionner telle qu'elle existe; ou elle est mauvaise, et il faut se hâter de la supprimer ou de la modifier. Actuellement, elle fonctionne illégalement; *tous* les verdicts sont rendus dans des conditions contraires à la loi. Et il faut que les jurés soient pénétrés de l'idée de leur mérite pour accepter, étant tirés au sort pour une certaine fonction, d'en remplir une toute différente.

***

Les jurés sont réunis dans la salle des délibérations; ils délibèrent! La loi leur demande de voter, et, en cela, elle est sage; mais ils délibèrent. Et c'est bien dangereux.

Si on a choisi 12 hommes au hasard, c'est pour que chacun vote suivant son sentiment, et non suivant l'opinion de son voisin. Je suppose qu'on exige des jurés le silence absolu et qu'on les fasse voter; puis qu'on autorise les délibérations et qu'on fasse recommencer le vote : le verdict sera différent. Délibérer, cela veut dire donner la parole à celui qui veut la prendre. Et s'il y a dans le jury un homme ayant une certaine habileté de parole, surtout si cet homme occupe une situation sociale en vue, s'il a une certaine notoriété, son influence est plus grande sur les décisions du jury que celle du ministère public et de l'avocat; car c'est lui qui parle le dernier!

L'avocat a contredit le réquisitoire du ministère public; la conscience des jurés est vacillante: ils avaient été convaincus par l'avocat général, et la plaidoirie de la défense les a troublés. Ils ne savent plus! C'est dans ce désarroi qu'il vont subir l'ascendant du plus influent d'entre eux. Hésitant devant la responsabilité de leur acte, ils seront heureux de se soulager en acceptant l'opinion d'un collègue qu'ils jugent plus qualifié. Et suivant que ce collègue plus intelligent ou plus habile est, par nature, porté à l'indulgence ou à la sévérité, le verdict du jury sera plus indulgent ou plus sévère. Ainsi, c'est quelquefois d'un homme pris au hasard que dépend la tête d'un autre homme. Supposez que, dans les 36 jurés d'une session, il y ait deux individus de tempérament opposé, et capables l'un et l'autre d'influencer le vote de leurs collègues. Supposez que le hasard des tirages quotidiens les fasse alterner dans les jurys des affaires successives. Quelle incohérence dans l'ensemble des résultats! Comme ces résultats seront peu comparables, peu *équitables*, puisque équité vient du mot latin qui veut dire égalité! Et si les deux protagonistes sont dans le même jury, ils renouvelleront la lutte de l'avocat et du ministère public; ce sera le plus habile qui l'emportera!

Pour ma part, je ne comprends pas qu'un juré assume la responsabilité d'un vote quand il s'agit d'une affaire capitale; celui qui a conscience de pouvoir peser sur l'opinion de ses collègues ne peut s'empêcher de prendre la parole quand il est convaincu de l'innocence de l'accusé; il ne se pardonnerait pas de laisser commettre une erreur terrible; mais si, au contraire, il croit à la culpabilité, il doit se taire et laisser au malheureux le bénéfice de l'inintelligence de quelques-uns de ses juges. Cela n'est pas juste, il est vrai, mais c'est humain. Je dois dire d'ailleurs que, lorsqu'une affaire est très claire, lorsque la culpabilité est évidente, un silence morne règne parmi les jurés après la clôture des débats; personne ne prend la parole, l'on vote lugubrement. Il n'y a pas d'erreur judiciaire possible dans une affaire évidente; le jury est aussi apte que n'importe quel tribunal à rendre un verdict quand aucune hésitation n'est permise; mais dans ce cas, il était inutile de déranger 36 citoyens: la cour aurait sûrement jugé de la même façon sans demander l'avis des 12 individus pris au hasard. Le jury n'est dangereux que lorsqu'il y a doute, et il y a doute huit fois sur dix!

***

Le chef du jury lit les questions l'une après l'autre. Ce magistrat provisoire est désigné par le sort; son nom est sorti premier de l'urne. Il a d'ailleurs un rôle assez effacé, et est plutôt le secrétaire du jury que son chef; c'est lui qui recueille les votes et signe la feuille de verdict. L'homme qui veut influencer le vote n'a pas besoin d'être chef du jury pour prendre la parole.

La plupart des questions sont rédigées d'une manière obscure. Le chef du jury ou, à son défaut, l'un quelconque des jurés présents, explique à ses collègues le véritable sens et la portée de la question. Et cela est loin d'être inutile. La première question se présente toujours ainsi : « Un tel est-il coupable d'avoir, dans telle circonstance, commis tel acte? » La question porte sur *coupable*, et il faut l'expliquer à quelques-uns des jurés; l'acte étant avoué, plusieurs diraient oui, croyant qu'on leur demande si l'accusé a commis l'acte qu'il ne nie pas avoir commis. Ils s'imaginent qu'on leur pose une question de fait, alors qu'on leur pose en réalité une question de sentiment! Sûrement, quand un jury ne contient pas un individu ayant le souci d'éclairer ses collègues à ce sujet, des erreurs matérielles doivent se produire;

des gens croyant à la légitime défense peuvent voter « oui », parce qu'ils n'ont pas compris la question.

La question est la même dans tous les cas; c'est très dangereux, et cela peut tromper des jurés peu habitués à raisonner verbalement.

Voici par exemple un homme qui en a tué un autre, et qui ne le nie pas, mais qui invoque la légitime défense ou toute autre raison sentimentale valable. On demande : est-il coupable? Cela veut dire : lui pardonnez-vous d'avoir agi comme il l'a fait, ou trouvez-vous qu'il mérite d'être puni?

Voici, au contraire, un individu qui est accusé d'en avoir tué un autre; mais on n'en est pas sûr; il nie, et les charges ne sont pas suffisantes pour faire éclater l'évidence dans la conscience de tous les jurés. On pose la même question unique : Est-il coupable? Or, le problème est double; il devrait s'énoncer ainsi : 1º A-t-il commis l'acte? Trouvez-vous qu'il soit coupable s'il l'a commis? Une formule trop synthétique risque de produire des confusions, et en produit en effet; j'en donnerai un exemple tout à l'heure. Il ne serait pas inutile que les jurés fussent forcés de comprendre si on leur pose une question de fait ou une question de sentiment. Je trouve d'ailleurs que, si le vote à la majorité peut à la rigueur être admis quand il s'agit d'une question de sentiment, l'unanimité devrait être requise dans le cas où il s'agit d'une question de fait. Mais ce serait vouloir de la justice juste!

***

La manière dont les questions sont posées a une importance formidable. Bien des acquittements ont été dus à ce que le jury ne voulait pas prendre la responsabilité d'une peine trop sévère. *Oui*, c'était la mort, ou au moins, avec circonstances atténuantes, les travaux forcés à perpétuité. On se serait entendu à la rigueur pour la peine moyenne de 10 ans de prison; mais plutôt que de voter la mort, sans savoir à l'avance si l'on pourrait réunir ensuite une majorité sur la question des circonstances atténuantes, on se décidait pour l'acquittement pur et simple. C'est, je pense, ce que voulaient les fondateurs de l'institution. Ou l'accusé est coupable et il faut le condamner, ou il est innocent et il faut l'acquitter; il n'y a pas de milieu.

Cet état de choses était très favorable aux avocats; ils en abusaient et se taillaient des succès faciles dans la conscience timorée des jurys. « Je n'évoquerai pas, Messieurs les jurés, le spectacle terrible de la guillotine, l'aube blafarde, le condamné hagard qui voit luire le couteau fatal sur la place encombrée d'une foule féroce avide de sang; etc., etc. ». Tous les jurés ne sont pas héroïques; et il en est résulté souvent que le vote sur la première question n'a eu aucun sens. Car on additionne tous les *non* sans se demander ce qu'ils signifient. Or tel juré a voté non (ou bulletin blanc, ce qui revient au même) parce que les débats ne lui ont pas donné de certitude; tel autre a voté non, parce qu'il n'est pas partisan de la peine de mort, même pour un homme de la culpabilité duquel il ne doute pas. Quand j'étais enfant on me posait la question suivante : Combien font trois carottes, deux navets et un poireau? Et je répondais aussitôt : six! — Six quoi? me demandait-on alors; et j'étais tout déconfit. Bien des acquittements ont été dus à ce qu'on a additionné des carottes et des poireaux.

Mais, je le répète, c'est probablement ce que voulaient les promoteurs de l'institution du jury. Ils ne voulaient pas de moyen terme entre la condamnation et l'acquittement. Ils se défiaient de la veulerie des jurés qui, s'ils hésitent devant la peine capitale, s'en vont dîner tranquilles après avoir condamné un homme à cinq ans de réclusion. La condamnation à une peine mitigée peut être obtenue parce que, aux voix de ceux qui croyaient à la culpabilité et eussent voté le châtiment suprême, se sont ajoutées les voix timorées des jurés hésitants. S'il s'était agi de la peine capitale, les hésitations se fussent traduites par des *non;* du moment que ce n'est qu'une affaire de réclusion, on pense qu'un monsieur qui a, pendant quelques mois de prison préventive, redouté la guillotine, doit être bien heureux de s'en tirer à si bon compte. Et ainsi l'on ne voit plus autant d'acquittements. Mais l'institution du jury est faussée; si on l'a reconnue mauvaise, qu'on la supprime donc!

Ce résultat mitigé, ces condamnations à des peines médiocres, on y arrive en décomposant les questions. On aurait pu le faire, comme je le demandais tout à l'heure, en faisant voter séparément sur la question de fait et sur la question de sentiment, pour éviter d'additionner des poireaux et des citrouilles, et en demandant d'abord : « L'accusé a-t-il commis l'acte qui lui est reproché? » Puis, dans le cas d'une réponse affirmative à cette première question : « Trouvez-vous qu'il soit excusable de l'avoir commis? » Ces deux sortes de questions sont des questions purement humaines, et rentrent dans la compétence de jurés tirés au sort. Mais ce n'est pas du tout ainsi que l'on agit, et la décomposition des questions est, passez-moi le mot, d'une *cocasserie* invraisemblable.

Il s'agit, par exemple, d'un cas d'homicide. Si l'on posait la question : « A a-t-il tué B volontairement? » la condamnation, en cas de réponse affirmative, ne pourrait pas descendre au-dessous d'un minimum déjà très grave, même avec les circonstances atténuantes. Il faut donc ruser avec la loi, quand on redoute un acquittement. Et voici ce qu'on a trouvé!

Première question : « A a-t-il volontairement porté des coups à B? »

Deuxième question : « Ces coups ont-ils déterminé la mort? »

Et le président ajoute paternellement : « Vous savez, Messieurs les jurés, *oui*, sur la première question et *oui* sur la seconde, c'est un minimum de tant d'années de réclusion; tandis qu'en répondant *non* sur la seconde et *oui* sur la première, vous permettez à la cour de descendre jusqu'à quelques mois de prison ; les circonstances atténuantes permettent même l'application de la loi de sursis ».

Ainsi, voilà que les jurés, tirés au sort, sont érigés en tribunal médical! Les coups portés volontairement ont-ils déterminé la mort? Si l'on avait demandé : « L'accusé a-t-il donné la mort avec l'intention de la donner? » la question entrerait dans le domaine des appréciations sentimentales, qui est le domaine du jury. Mais c'est une consultation médicale qu'on demande à des citoyens choisis au hasard!!

Un jour, il s'agissait d'une malheureuse ivrognesse qui avait succombé aux suites d'un petit coup de couteau reçu dans le cou. Le couteau n'était pas une arme dangereuse; un pauvre couteau de fer-blanc à pointe mousse! L'autopsie avait d'ailleurs montré qu'aucun des gros vaisseaux n'avait été atteint. C'était en vérité, un tout petit coup de couteau. La victime était morte d'hémorragie sept ou huit heures après.

Après avoir répondu *oui*, sur la première question de coups portés volontairement, le jury devait voter sur la seconde. Un médecin, présent par hasard, put expliquer à ses collègues d'un jour que, dans les cas de cirrhose du foie, les alcooliques sont sujets à des hémorragies terribles. Ici il s'agissait d'une ivrognesse; on pouvait donc répondre : « En mon âme et conscience, non! Les coups n'ont pas déterminé la mort; c'est la cirrhose alcoolique qui a rendu fatale une blessure insignifiante en elle-même ». Le pauvre diable d'accusé fut donc condamné à une peine minime. Avec des questions posées autrement, il eût peut-être été acquitté, car il était sympathique, et la victime, qui l'avait attaqué, ne l'était guère. Supposez maintenant que le médecin n'eût pas été là. Ignorant les accidents d'hémophilie, les jurés eussent dû répondre : « oui; en mon âme et conscience, c'est le coup de couteau qui a déterminé la mort ». Et le malheureux eût eu au minimum cinq ans de réclusion. Il est dangereux de faire juger des questions d'ordre scientifique par des gens qui n'ont jamais fait de sciences!

Voici maintenant où cela devient amusant, autant que peut être amusante une affaire de cour d'assises; c'est *cocasse* qu'il faudrait dire.

Le surlendemain, on jugeait encore un homicide qui, à un certain point de vue, pouvait être excusable; on pouvait se demander s'il n'y avait pas eu légitime défense; il est vrai que tous les témoins étaient des amis de l'accusé; aucun ami de la victime ne s'était présenté comme témoin à charge. L'accusé prétendait qu'il avait tué son ennemi (une vieille haine de famille), au moment où celui-ci levait le couteau sur lui; tous les témoins affirmaient la même chose, et l'on remarqua même qu'ils répétaient une leçon apprise par cœur; quelques-uns passaient des phrases. Un juré essaya de savoir si la victime, tuée raide, avait été trouvée un couteau à la main. Personne ne le savait, et c'était la seule chose importante; on passa outre. Naturellement l'avocat plaida la légitime défense et démontra que l'assassiné seul était coupable. Il demanda l'acquittement en montrant au jury combien énorme serait le minimum de la peine, dans le cas où l'on répondrait *oui* sur la première question.

A ce moment, le président intervint, et fit remarquer que le défenseur se trompait, que la cour, en vertu de la loi de 18.., avait décidé de décomposer la première question : « Première partie : L'accusé a-t-il porté volontairement des coups à la victime? Deuxième partie : Les coups ont-ils déterminé la mort? »

L'avocat n'était pas content; il sentait que son succès lui échappait; le jury eût pu reculer devant cinq ans de réclusion; il n'hésiterait vraisemblablement pas à donner un an de prison d'autant que le ministère public avait été plus que modéré dans son réquisitoire, et ne s'opposait pas à l'application de la loi Bérenger.

En effet, sur la première question, il fut répondu *oui* à la majorité, malgré quelques bulletins blancs émanant de ceux qui ne croyaient pas pouvoir écarter l'hypothèse de la légitime défense. Mais, et c'est ici que cela devient curieux, le jury répondit *non* sur la deuxième question! Or, il s'agissait d'un coup de revolver tiré presque à bout portant dans la tempe, et qui avait foudroyé la victime. La majorité des jurés n'a pas hésité à répondre dans ce cas : « *Non*; en mon âme et conscience, le coup de revolver foudroyant n'a pas déterminé la mort ». Autrement dit : la victime a été, par une coïncidence fatale, atteinte de mort subite au moment même où l'accusé lui tirait un coup de revolver dans la tempe.

Evidemment, aucun des membres du jury ne croyait à cette coïncidence. Tous ont donc, sous la foi du serment, écrit un mensonge volontaire sur leur bulletin de vote; cela, parce que, contrairement à la loi qui veut que les jurés ignorent les conséquences pénales de leur verdict, la cour, l'avocat général et l'avocat avaient en quelque sorte *contraint* le jury à appliquer lui-même la peine, à la graduer.

Peut-être la loi sera-t-elle modifiée bientôt; peut-être le jury sera-t-il officiellement chargé de punir lui-même les coupables, contrairement à l'idée fondamentale des législateurs qui ont créé l'institution. Je ne sais pas jusqu'à quel point il est logique de conserver une loi en remaniant ses côtés essentiels; il vaudrait mieux, sans doute, supprimer entièrement l'ancienne loi reconnue mauvaise, et, après avoir fait table rase, en édifier une autre de toutes pièces. Le tirage au sort ne pouvait se défendre que dans le cas où l'on était bien décidé à poser uniquement au jury des questions de sentiment; si les jurés sont chargés du rôle de juges, il ne faut plus les choisir au hasard, sans aucun égard à leur valeur intellectuelle. En tout cas, si, dans la nouvelle législation, le jury est chargé d'appliquer lui-même la peine, on ne verra plus poser à des gens tirés au sort des questions qui sont du domaine médical. L'institution ne sera peut-être pas meilleure, mais elle présentera un ridicule de moins.

***

Le jury, choisi au hasard, ne peut voter que sentimentalement. Aussi il faut voir quels arguments emploient les défenseurs pour lui arracher des acquittements. Le 31 décembre, dernier jour de la session, un avocat suppliait le jury de terminer l'année par un acte de clémence : « Alors que toutes les familles sont en fête, vous ne voudriez pas faire de la peine à mon pauvre client qui est bien gentil ». Je ne crois pas que l'argument ait porté, et, dans l'espèce, l'accusé était acquitté d'avance; mais il est étonnant qu'un avocat ait eu l'idée de cette manœuvre. Il fallait qu'il eût bien peu de confiance dans la solidité des cerveaux de messieurs les jurés, ou que peut-être, au contraire, il attendit beaucoup de leur vanité. La veille, on leur avait posé une question médicale, et ils avaient répondu sans hésiter; aujourd'hui on leur demandait de faire grâce, prérogative réservée par la constitution au Président de la République; c'était encore plus flatteur. La session terminée, les jurés ont dû être très pénétrés de leur importance, et tout étonnés peut-être de se retrouver simples citoyens comme devant.

D'ordre sentimental aussi sont les effets dramatiques recherchés par les avocats qui n'hésitent pas à conduire à la barre des témoins, un vieux père très honorable, et pleurant de honte à l'idée du crime commis par son fils. Mais des coïncidences bizarres peuvent se produire, qui mettent à la torture les malheureux jurés. Le même jour, deux accusés sont poursuivis pour un même crime. L'avocat du premier invoque la clémence des juges en faisant remarquer que son client n'appartient pas à une famille constituée, qu'il n'a eu que de mauvais exemples sous les yeux et que, par conséquent, il ne pouvait pas devenir autre qu'il n'est, que c'est la société qui est responsable de son crime. Le défenseur du second fait au contraire comparaître le père de cet accusé ; c'est un beau vieillard entouré de l'estime publique ; le jury ne voudra pas jeter sur les dernières années de cet honnête homme un voile de tristesse et de deuil. Auquel entendre ? Les deux arguments portent, et ils sont contradictoires. Pauvres jurés !

Une autre fois, pour innocenter un homme accusé de recel, l'avocat fait comparaître sa femme, ouvrière d'art gagnant 15 francs par jour. Comment voulez-vous admettre que le mari d'une telle femme se soit rendu coupable d'un crime ? Et si vous le croyez coupable, n'aurez-vous pas pitié de cette malheureuse qui vous réclame son mari ? Les jurés sont émus par l'accent de sincérité de l'épouse en pleurs, mais ils ne trouvent pas très beau que le mari aille au café pendant que la femme gagne l'argent du ménage.

Ce n'est pas un métier commode que celui de juré; on entend un si grand nombre d'arguments, tous spécieux, tous contradictoires! On passe, au cours des débats, de la détermination la plus sévère à la détermination la plus indulgente ; on oscille plusieurs fois entre les extrêmes; et, quand les débats sont clos, on ne sait plus! Jugera-t-on d'après sa dernière impression, d'après l'état sentimental où l'on se trouvait à la fin des plaidoiries ; ou fera-t-on table rase des impressions douloureuses que l'on a ressenties sous l'influence du talent de l'avocat, et des mouvements d'indignation que l'on a éprouvés pendant le réquisitoire? Essaiera-t-on de remonter aux faits en oubliant tout commentaire? Quand une cause est grave, le juré qui monte à la salle des délibérations est un homme triste, souvent un homme plein de doute, toujours un homme troublé. Il a trop vu que l'affaire, si simple en apparence au premier abord, peut être envisagée à des points de vue différents. Et il ne sait lequel de ces points de vue il *doit* choisir, auquel d'entre eux il doit se placer « pour ne trahir ni les intérêts de l'accusé ni ceux de la société qui l'accuse ». Il a été désigné au hasard, il va juger au hasard! C'est terrible!

⁂

La question de la peine de mort est à l'ordre du jour. Le public discute sa légitimité et son opportunité, avec des arguments qui dépendent du tempérament de chacun. Mais on oublie de se demander comment elle est appliquée, et ce que vaut le jury qui condamne. Peut-être un farouche partisan des exécutions capitales changerait-il d'opinion s'il était une fois appelé par le sort à siéger à la cour d'assises de son département. J'ai pourtant lu bien souvent, dans les journaux de l'année dernière : « Le jury de tel département a émis, avant de se séparer, un vœu tendant au rétablissement effectif de la peine de mort ». Quand je vous disais que le métier de juré développe la vanité individuelle! Ces messieurs oublient qu'ils ont été tirés à la courte paille : ils se croient du mérite et une compétence universelle : ils sont tout disposés à légiférer. Voilà ce qu'ont obtenu les avocats et le ministère public, en s'adressant chaque jour « à la conscience éclairée de Messieurs les jurés de notre beau département ». Se séparant après une session au cours de laquelle ils ont condamné à mort quelques-uns de leurs concitoyens, ils tiennent à faire savoir que leur conscience est tranquille, et qu'ayant fait bonne justice, ils revendiquent la responsabilité de leurs jugements.

A vrai dire, je ne crois pas que les jurés soient exposés à condamner souvent des innocents; d'ailleurs, s'ils se sont trop grossièrement trompés, la commission des grâces est là pour réparer leurs erreurs. Je crois en revanche qu'ils acquittent bien des coupables, et, si mon humanité s'en félicite, mon sentiment de la justice s'en émeut. Les criminels ont comme tous les hommes un sentiment inné de la justice. Non pas qu'ils désirent être condamnés pour le crime qu'ils ont commis, mais s'ils sont condamnés, ils ne veulent pas voir acquitter un camarade qu'ils savent plus coupable qu'eux-mêmes; ils peuvent subir avec résignation le châtiment qu'ils ne nient pas avoir mérité, mais ils s'insurgent contre l'inégalité des traitements. Si notre idée de la justice est trop haute, si nous nous reconnaissons impuissants à l'appliquer d'une manière absolue telle que nous la fait concevoir notre idéal, nous devons au moins nous efforcer de rendre des jugements *aussi comparables que possible*. Or, avec le jury, c'est l'incohérence absolue!

Cette idée de l'injustice grave qu'il peut y avoir à acquitter un coupable s'est présentée à moi au cours d'une des affaires de la session de décembre dernier :

Deux repris de justice, A et B, anciens camarades des bataillons d'Afrique, étaient accusés du meurtre d'une vieille femme chez laquelle ils s'étaient introduits en plein jour pour la voler. Le recéleur auquel ils avaient confié les bijoux provenant du crime les avait dénoncés pour sauver sa propre tête, car il avait été surpris, revendant, le soir même de l'assassinat, des diamants que la victime portait encore aux oreilles quelques heures auparavant. Les charges provenant de sa dénonciation étaient terribles; en tenant compte de tout ce qui était établi, on ne pouvait douter que le crime eût été commis par A et B agissant de concert. Il y avait même quelques raisons de croire que A était plus coupable que B, et que B n'avait été que son second. Or, ils niaient tous deux de toutes leurs forces; ils niaient même maladroitement, sans distinguer ce qui était prouvé de ce qu'ils pouvaient se défendre d'avoir fait. Mais B avait été plus maladroit que A; il avait conservé pour son usage des mouchoirs marqués au chiffre de la victime, et qui lui avaient vraisemblablement servi à emporter les bijoux dérobés. La présence de ces mouchoirs, constatée chez lui après la dénonciation du recéleur, prouva que le recéleur avait dit vrai : cela condamnait aussi bien A que B. Et néanmoins, il s'en fallut de bien peu que la découverte de ces mouchoirs, chez l'un seulement des deux accusés, ne les fît traiter différemment par le jury; toujours parce que les questions sont mal posées, et aussi parce qu'on additionne des citrouilles avec des poireaux.

Sur la question de meurtre volontaire suivi de vol, il y eut dix *oui* pour A et douze *oui* pour B, ce qui prouve que deux des jurés attachaient plus d'importance aux preuves matérielles directes qu'aux déductions les plus solides. Supposez qu'au lieu de deux jurés ayant cette mentalité, le sort en eût désigné six ce jour-là, et A eût été acquitté, alors que B eût été tout de même condamné à l'unanimité. Je ne saurais trop le répéter, toutes les fois qu'un verdict sur une question de fait n'est pas rendu à l'unanimité, on peut affirmer que le président a tiré ce verdict au sort en constituant le jury.

Mais ce n'est pas de ce premier vote que je veux faire état dans ma démonstration. Ce vote étant acquis, les deux accusés étaient condamnés, et la peine allait dépendre de l'admission des circonstances atténuantes. En bonne logique, la question des circonstances atténuantes devait se poser ici : étant donné que A *est convaincu* d'homicide volontaire suivi de vol, y a-t-il des circonstances atténuantes en faveur de A? » En effet, le premier vote étant acquis, il y avait chose jugée, aussi bien pour les jurés que pour tous les citoyens quels qu'ils fussent. Il ne s'agissait plus de savoir si A était coupable, mais bien de se demander si, étant coupable, il méritait l'indulgence. Ce n'est pas ainsi que le comprirent les jurés, et je vais le montrer.

Au milieu d'un silence morne, on vota sur l'existence de circonstances atténuantes en faveur de A. Ceux qui n'ont pas assisté à une pareille scène ne peuvent se douter de l'angoisse qui étreint les jurés quand se traite la question définitive de vie et de mort. Cette angoisse était décuplée pour moi par les raisonnements que j'ai exposés ici, et qui m'empêchent de croire à la valeur des verdicts du jury. Je m'imaginais voir un enfant qui joue avec un couteau!

Le dépouillement donna six *oui* et six *non;* c'était la mort! Les circonstances atténuantes ne s'accordent qu'à la majorité; il eût fallu sept *oui!* L'un d'entre nous prit la parole au milieu du silence et dit : Messieurs, cela est bien grave! Le déplacement d'une voix eût sauvé une tête; le vote pourrait être définitif, mais je vous demande en grâce de le recommencer ». Tout le monde acquiesça, et l'urne circula de nouveau. Et voici le raisonnement que je faisais pendant que l'on votait pour la seconde fois :

Les six *oui* se décomposent évidemment ainsi : deux qui trouvent que l'absence de mouchoirs marqués chez A ne permet pas d'établir la culpabilité, et quatre qui ne sont pas partisans de la peine de mort. Ces quatre derniers seuls voteront les circonstances atténuantes pour B. à moins que les deux premiers ne soient, en même temps, et accessibles au doute et ennemis de la guillotine.

Or, il est possible qu'une voix se déplace pendant ce second tour de scrutin, car la responsabilité des six jurés qui ont voté *non* est devenue plus grande. Au premier tour, chacun d'eux se disait que sa voix irait grossir le nombre des voix des autres; c'était une responsabilité collective, moins lourde par conséquent. Tandis que, maintenant, une voix se déplaçant change la peine; chacun, en disant *non*, tue personnellement l'accusé; c'est la condamnation à mort par un seul juge! Il est donc possible qu'un juré recule devant une responsabilité aussi terrible : mais alors, les deux accusés seront traités différemment! B sera guillotiné pour avoir gardé des mouchoirs, tandis que A, qui est au moins aussi coupable, sinon plus, sera gracié pour avoir pris la précaution de se débarrasser de témoins gênants. Ainsi, pendant que se décidait le sort de A, je ne pensais qu'à B; je prenais la résolution, au cas où sept *oui* sortiraient de l'urne, d'intervenir de toutes mes forces en faveur de B et de ne laisser aucun répit à mes collègues jusqu'à ce qu'ils eussent accordé à mon client la même grâce qu'à son complice. A cette minute grave, où se jouait la tête d'un homme, mon sentiment de la justice me faisait surtout penser à la nécessité d'appliquer des peines égales à des crimes égaux. Que voulez-vous? on ne se refait pas, et le tirage au sort qui a fait de moi un magistrat temporaire n'a pas augmenté mes capacités intellectuelles. Le dépouillement terminé, il y eut encore six *oui* et si *non*. Personne ne dit mot, et le chef du jury posa la question : « Existe-t-il des circonstances atténuantes en faveur de B? » On vota en silence; il y eut 4 *oui* et 8 *non*. Je ne m'étais donc pas trompé; il y avait, parmi les douze juges, quatre ennemis de la guillotine; mais les deux jurés accessibles au doute étaient partisans de la peine de mort.

C'étaient deux condamnations capitales! Sur les 12 jurés

tirés au sort pour cette affaire grave, il y en avait 4 qui n'admettaient pas le châtiment suprême. Mais, sur les 36 jurés de la session, j'ai pu m'en rendre compte par des conversations quotidiennes, il y en avait au moins 13 ou 14. Rien n'empêchait donc que le tirage au sort en choisit au moins 7 parmi ceux-là[1]. Et le verdict eût été changé.

Le président, en tirant le jury au sort, a joué aux dés les têtes des deux accusés!

1. Et s'il y en avait eu seulement cinq, A était gracié et B décapité. Quelle incohérence!

TABLE DES MATIÈRES

LIVRE II

LES DÉFORMATIONS RÉSULTANT DE LA VIE EN COMMUN

LIVRE III

LE DÉVELOPPEMENT DES SOCIÉTÉS

4297. — Paris. — Imp. Hemmerlé et Cie. — 8-11.

BIBLIOTHÈQUE
DE
PHILOSOPHIE SCIENTIFIQUE

Publiée sous la direction du Dr GUSTAVE LE BON

Collection in-18 jésus à 3 fr. 50 le volume

H. POINCARÉ (*de l'Académie Française*)
La Science et l'Hypothèse

M. POINCARÉ a réuni sous ce titre les résultats de ses réflexions sur la logique des sciences mathématiques et physiques. Dans les unes comme dans les autres, l'hypothèse a joué un grand rôle. Quelques personnes en ont voulu conclure que l'édifice scientifique est fragile; être sceptique de cette façon, c'est encore être superficiel. Douter de tout, ou tout croire, ce sont deux solutions également commodes qui, l'une et l'autre, dispensent de réfléchir. — Un vol.

H. POINCARÉ. — La Valeur de la Science

Cet ouvrage a pour but de rechercher quelle est la véritable valeur objective de la Science; n'est-elle, comme le prétendent ses détracteurs, qu'une accumulation d'hypothèses arbitraires, une simple règle d'action incapable de nous rien faire connaître de la réalité. On pourrait le croire à voir les capricieuses variations de la mode scientifique; le caractère à demi-conventionnel des notions les plus fondamentales, comme celle de temps et d'espace. — Un vol.

Dr GUSTAVE LE BON. — Psychologie de l'Éducation

Ce livre a été écrit pour tous les membres de l'enseignement, et au moins autant pour les pères de famille, soucieux de l'avenir de leurs fils. Le Dr G. LE BON s'est livré à une étude attentive du volumineux Rapport de la Commission d'enquête sur la réforme de l'enseignement; il en est sorti persuadé que toute la réforme n'a malheureusement tourné qu'autour d'une question de programmes; et il craint que les programmes nouveaux n'apportent aucun remède. — Un vol.

DASTRE (*Professeur de Physiologie à la Sorbonne*)
La Vie et la Mort

Ce livre intéressant entre tous, sera bientôt dans toutes les mains. Ce n'est plus, comme jadis, un poète ou un moraliste qui vient disserter sur la destinée humaine et développer les éternels lieux communs que comporte le sujet. L'auteur de cet ouvrage, M. Dastre, professeur de physiologie à la Sorbonne, est l'un de nos savants les plus originaux et les plus profonds. Son livre traite des questions relatives à la Vie et à la Mort au point de vue de la philosophie et de la science. — Un vol.

FRÉDÉRIC HOUSSAY (*Professeur de Zoologie à la Sorbonne*)
Nature et Sciences naturelles

Ce nouveau livre, accessible à tous les esprits cultivés et réfléchis, a pour noyau la plus originale tentative pour montrer, dans l'édification de la science, la continuité de pensée depuis l'antiquité jusqu'à notre époque. Il contient de plus une philosophie opposant la réalité naturelle aux diverses images scientifiques que l'homme s'en est faites, images que les progrès techniques modifient beaucoup moins dans leurs traits essentiels qu'on ne le croit d'ordinaire. — Un vol.

Dr J. HÉRICOURT. — Les Frontières de la Maladie

Les frontières de la maladie, ce sont les maladies de la nutrition qui commencent, s'installant de façon insidieuse et progressant insensiblement, jusqu'au moment où elles se démasqueront en troubles graves et incurables; ce sont les infections latentes et atténuées qu'on laisse évoluer librement, et qu'on répand autour de soi, d'abord dans sa famille, et puis au dehors; ce sont toutes les maladies qui laissent aux patients les apparences de la santé, et qui, par cela même, sont abandonnées à leur libre évolution dans leur phase maniable par l'hygiène, jusqu'à leur transformation en états graves, contre lesquels la thérapeutique est alors le plus souvent impuissante. — Un vol.

Dr HÉRICOURT. — L'Hygiène moderne

Sous une forme toute nouvelle, et qui n'a rien de commun avec les traités d'hygiène classiques, toujours lourds et touffus, *L'Hygiène Moderne* du Docteur J. Héricourt présente aux lecteurs du grand public un ensemble d'idées générales capables de les guider avec sûreté pour la solution de tous les problèmes concernant la conservation et la protection de leur santé. — Un vol.

FÉLIX LE DANTEC (*Chargé de Cours à la Sorbonne*)

Les Influences Ancestrales

Après avoir, dans une courte introduction, mis en évidence les avantages de la narration historique des faits, l'auteur montre comment, de la seule notion de la continuité des lignées, on conclut sans peine aux principes de Lamarck et Darwin. Le premier livre de l'ouvrage est un véritable résumé de la biologie tout entière. — Un vol.

FÉLIX LE DANTEC

La Lutte universelle

Contrairement à Saint-Augustin qui affirme que les corps de la nature se soutiennent réciproquement et « s'aiment en quelque sorte » M. Le Dantec prétend, dans ce nouveau livre, que l'existence même d'un corps quelconque est le résultat d'une lutte. « Etre, c'est lutter » dit-il et il ajoute aussitôt : « Vivre, c'est vaincre ». — Un vol.

FÉLIX LE DANTEC

L'Athéisme

Voici, nous dit l'auteur, un livre de bonne foi; et, réellement, le ton de l'ouvrage est tel qu'on pourrait se demander, le plus souvent, si l'on est en présence d'un plaidoyer pour l'athéisme ou pour la nécessité d'une foi religieuse. — Un vol.

FÉLIX LE DANTEC

Philosophie du XXe Siècle

★ DE L'HOMME A LA SCIENCE

Les études biologiques de M. Le Dantec, ses efforts pour placer la vie au milieu des autres phénomènes naturels, devaient l'amener à écrire une œuvre de synthèse. — Un vol.

★★ SCIENCE ET CONSCIENCE

Science et Conscience nous est donné par M. Le Dantec comme son dernier livre de Biologie; mais son œuvre considérable ne saurait manquer d'avoir une grande influence sur la pensée moderne. — Un vol.

E. BOINET (*Professeur de Clinique médicale*)
Les Doctrines médicales. — Leur Évolution

La nécessité d'une doctrine directrice s'impose à la médecine, qui est à la fois un art par ses applications et une science par ses moyens d'étude. Les doctrines médicales ont donc une portée pratique et théorique, et leur évolution marque les étapes de la médecine. — Un vol.

ÉMILE PICARD (*Membre de l'Institut, Professeur à la Sorbonne*)
La Science moderne et son Etat actuel

M. PICARD s'est proposé de donner, dans ce volume, une idée d'ensemble sur l'état des sciences mathématiques, physiques et naturelles dans les premières années du XXe siècle. Ces trois cents pages forment une véritable encyclopédie, où sont condensés les résultats positifs les plus importants, en même temps qu'un livre de philosophie scientifique, où les liens qui unissent les diverses sciences sont mis en évidence. — Un vol.

ALFRED BINET (*Directeur du Laboratoire de Psychologie à la Sorbonne*)
L'Ame et le Corps

Depuis quelques années, le vrai problème de l'âme et du corps sollicite de nouveau l'attention du monde savant. M. BINET a voulu montrer que les progrès récents de la psychologie expérimentale ont eu un retentissement sur les spéculations les plus hautes et les plus abstraites de la philosophie. L'analyse de la sensation, de l'image, de l'idée, de l'émotion, telle qu'elle résulte des travaux les plus précis, oblige à poser en termes nouveaux la distinction du physique et du mental. — Un vol.

JULES COMBARIEU (*Chargé de Cours d'Histoire musicale au Collège de France*)
La Musique. — Ses Lois et son Évolution

Dans ce travail, l'auteur s'est placé à un point de vue nouveau, qui n'est pas celui de Marx, de Gevaërt, de Riemann, et des autres grands théoriciens. M. Jules COMBARIEU ne s'est pas contenté d'exposer en langage très clair, avec exemples à l'appui, les *lois* de la musique : il les explique, en rattachant un état donné de l'art et de la théorie à l'état correspondant de la vie sociale; de plus, il montre que la musique, tout en étant la forme la plus libre de la pensée, est en harmonie avec les lois fondamentales de la nature. — Un vol. illustré.

Dr GUSTAVE LE BON. — L'Évolution de la Matière

Cet ouvrage présente un intérêt scientifique et philosophique considérable. L'auteur y a développé les recherches nombreuses que sous ces titres : *La Lumière Noire*, *La Dématérialisation de la Matière*, etc., il a publié depuis plusieurs années. On sait qu'elles ont eu en France et surtout à l'étranger un retentissement énorme. Il a montré que, contrairement à une croyance bien des fois séculaire, la matière n'est pas éternelle et peut être détruite sans retour, qu'elle est le siège d'une énergie colossale insoupçonnée jusqu'ici et dont l'intensité est telle que la dissociation complète d'une pièce de 1 centime représenterait autant d'énergie qu'on pourrait en obtenir en brûlant 68.000 francs de houille.

Les expériences sur le radium et leur analyse critique forment un des chapitres intéressants de l'ouvrage. On y voit que tous les corps de la nature possèdent les mêmes propriétés que le radium bien qu'à un degré moindre. — Un vol. illustré de 62 gravures photographiées au laboratoire de l'auteur.

Dr GUSTAVE LE BON. — L'Évolution des Forces

Ce livre est consacré à developper les conséquences des principes exposés par Gustave Le Bon dans son ouvrage l'*Evolution de la Matière*, dont le 15e mille a paru récemment. — Un vol. illustré de 42 figures.

LUCIEN POINCARÉ (*Inspecteur général de l'Instruction publique*)

La Physique moderne. — Son Évolution

Ouvrage couronné par l'Académie des Sciences

L'auteur a pensé qu'il serait utile d'écrire un livre où, tout en évitant d'insister sur les détails techniques, il ferait connaître, d'une façon aussi précise que possible, les résultats si remarquables qui, depuis une dizaine d'années, sont venus enrichir le domaine de la physique et modifier profondément les idées des philosophes aussi bien que celles des savants. — Un vol.

LUCIEN POINCARÉ. — L'Électricité

Dans ce volume, M. Lucien Poincaré étudie les modes de production et d'utilisation des courants électriques et les principales applications qui appartiennent au domaine de l'électrotechnique.

L'auteur s'adresse au public éclairé qui s'intéresse aux progrès des sciences et lui présente, sous une forme très simple et facilement accessible, un tableau fidèle de l'état actuel de l'électricité. — Un vol.

HENRI LICHTENBERGER (*Maître de Conférences à la Sorbonne*)

L'Allemagne moderne. — Son Évolution

La science allemande s'est efforcée, depuis quelques années surtout, en de nombreuses publications individuelles ou collectives, de dresser le bilan du siècle écoulé. Il a semblé qu'il pouvait être intéressant de présenter au public français, sous une forme aussi simplifiée que possible et dans un esprit de stricte impartialité, quelques-uns des résultats généraux de cette vaste enquête. Dans cet ouvrage on a donc essayé de donner, en quatre livres, un tableau sommaire de l'évolution économique, politique, intellectuelle, artistique de l'Allemagne moderne. — Un vol.

ERNEST VAN BRUYSSEL (*Consul général de Belgique*)

La Vie sociale. — Ses Évolutions

Ce livre expose dans son ensemble toute l'histoire de l'humanité. Il a pour but l'étude des idées sociales dès leur origine et à travers leurs évolutions, durant la succession des siècles. Ecrit largement, d'une synthèse claire et rigoureuse, il nous met, par une analyse raisonnée, en face de l'immense progrès qu'a réalisé l'esprit de l'homme dans le sens de la conquête de sa liberté matérielle et intellectuelle, simplement en exposant les faits ainsi qu'ils se sont succédé. C'est une leçon encyclopédique et à la fois un enseignement moral d'une haute portée. — Un vol. in-18.

GASTON BONNIER (*Membre de l'Institut, Professeur à la Sorbonne*)

Le Monde végétal

L'ouvrage que vient de rédiger M. Gaston Bonnier n'est pas, à proprement parler, un livre de Botanique.

Dans *Le Monde Végétal*, l'auteur, avant tout, expose les faits qui éclairent la philosophie des sciences naturelles ; il y passe en revue la succession des idées que les savants ont émises sur les végétaux ; il les commente et il les discute. — Un vol. illustré de 230 figures.

COLONEL BIOTTOT

Les Grands Inspirés devant la Science

JEANNE D'ARC

Cette œuvre s'adresse également aux penseurs et aux simples curieux d'une explication scientifique de Jeanne d'Arc, l'héroïne du patriotisme. — Un vol.

L. DE LAUNAY (*Professeur à l'École des Mines*)

L'Histoire de la Terre

Ecrire un ouvrage de géologie, sans termes rébarbatifs, sans mots latins, sans énumérations fastidieuses, sans termes techniques, sans figures; faire une *Histoire de la Terre*, qui soit, à proprement parler, une Histoire, c'est-à-dire qui raconte simplement les faits du passé dans leur succession chronologique et qui ne devienne pas, pour cela, un roman, tel est le but difficile que s'est proposé M. De Launay. — Un vol.

L. DE LAUNAY

La Conquête minérale

Le but de cet ouvrage est d'étudier le rôle industriel, économique, social et politique de cette richesse minérale dans l'histoire, en indiquant l'évolution subie, aussi bien dans la conception de sa propriété, que dans son mode de découverte, d'extraction et d'application dans l'industrie. — Un vol.

CHARLES DEPÉRET (*Doyen de la Faculté des Sciences de Lyon*)

Les Transformations du Monde animal

Ce livre est destiné à exposer ce que nous savons, à l'heure actuelle, des lois qui ont présidé aux incessantes transformations du monde animal, depuis l'apparition de la vie sur le globe jusqu'à nos jours. — Un vol.

E.-A. MARTEL

L'Évolution souterraine

Pour offrir le tableau réduit mais complet des phénomènes révolus sous l'écorce terrestre, l'auteur a dû tenter en même temps la synthèse des travaux accomplis par d'innombrables chercheurs souterrains dans les plus divers ordres d'idées. Il montre ainsi le rôle capital de la fissuration de la planète dans l'évolution grandiose et continue de la Terre. — Un vol. illustré de 80 belles gravures.

ÉMILE BOUTROUX (*Membre de l'Institut*)

Science et Religion

DANS LA PHILOSOPHIE CONTEMPORAINE

Etude critique des principales solutions que reçoit actuellement, parmi les hommes qui réfléchissent, le problème des rapports de la religion et de la science. Il n'est plus possible aujourd'hui, à un homme qui participe au mouvement intellectuel de son milieu et de son temps, de s'en tenir à la commode solution dite de la cloison étanche. Religion et science interfèrent nécessairement, et l'heure vient où elles ne subsisteront ensemble dans une même conscience que si un accord rationnel s'établit entre elles. — Un vol.

M. MACH (*Professeur à l'Université de Vienne*)

La Connaissance et l'Erreur

Traduction du Dr Dufour (*Professeur à la Faculté de Nancy*)

M. Mach est un physicien dont la pensée a été fortement influencée par la théorie de l'évolution. Il envisage la vie psychique et notamment le travail scientifique comme un aspect de la vie organique, et il en cherche les origines profondes dans les exigences biologiques. Selon lui, le but de la science est de mettre de l'ordre dans les données sensibles, et de chercher avec toute *l'économie de pensée* possible les relations de dépendance qui existent entre nos sensations. — Un vol.

JEAN CRUET (*Docteur en droit, Avocat à la Cour d'appel*)

La Vie du Droit

ET L'IMPUISSANCE DES LOIS

Cet ouvrage examine s'il n'y a pas, contre le droit du législateur et à côté de lui, un droit du juge et un droit des mœurs. Il convient d'apporter au moule dans lequel doit être coulée la pensée législative, certaines retouches ou corrections. Le législateur ne devrait pas promettre ce qu'il ne saurait tenir.

EN PRÉPARATION :

GUILLAUME DUBUFE. — **Le Témoignage de l'Art.**
ABEL REY. — **La Philosophie moderne.**
BOUTY. — **La Vérité scientifique, sa poursuite.**
EDMOND PICARD. — **Le Droit pur.**

Paris. — Imp. Hemmerlé et Cie.

www.ingramcontent.com/pod-product-compliance
Ingram Content Group UK Ltd.
Pitfield, Milton Keynes, MK11 3LW, UK
UKHW012154240726
13966UKWH00002B/333